OS FUNDAMENTOS ÉTICOS DA CULTURA JURÍDICA OCIDENTAL

Dos gregos aos cristãos

OS FUNDAMENTOS ÉTICOS DA CULTURA JURÍDICA OCIDENTAL

Dos gregos aos cristãos

Marcelo Maciel Ramos

Copyright © 2012 Marcelo Maciel Ramos

Grafia atualizada segundo o Acordo Ortográfico da Língua Portuguesa de 1990, que entrou em vigor no Brasil em 2009.

Publishers: Joana Monteleone/ Haroldo Ceravolo Sereza/ Roberto Cosso
Edição: Joana Monteleone
Editor assistente: Vitor Rodrigo Donofrio Arruda
Projeto gráfico e diagramação: João Paulo Putini
Assistente de produção: Allan Rodrigo
Revisão: Agnaldo Alves
Capa: Sami Reininger
Imagem da capa: *Iustitiae* (1509-15011) de Raffaello Sanzio, Stanza della Segnatura do Museu do Vaticano.

CIP-BRASIL. CATALOGAÇÃO-NA-FONTE
SINDICATO NACIONAL DOS EDITORES DE LIVROS, RJ

R144f

Ramos, Marcelo Maciel
OS FUNDAMENTOS ÉTICOS DA CULTURA JURÍDICA OCIDENTAL:
  DOS GREGOS AOS CRISTÃOS
Marcelo Maciel Ramos
São Paulo: Alameda, 2012.
300p.

  Inclui bibliografia
  ISBN 978-85-7939-074-6

1. Religião e direito. 2. Religião e cultura. 3. Religião e sociologia.
4. Religião - História. 5. Ética religiosa. 6. Ética cristã. I. Título.

11-8215. CDD: 261.50981
  CDU: 261.6:34(81)

031935

ALAMEDA CASA EDITORIAL
Rua Conselheiro Ramalho, 694 – Bela Vista
CEP 01325-000 – São Paulo – SP
Tel. (11) 3012-2400
www.alamedaeditorial.com.br

Aos meus pais,
Eliane e Mario David.

Coleção Direito e Cultura

Prof. Dr. Arno Dal Ri Jr. (UFSC)
Prof. Dr. Carlos Eduardo de Abreu Boucault (Unesp)
Prof. Dr. Daury Cesar Fabriz (UFES)
Prof. Dr. Joaquim Carlos Salgado (UFMG)
Prof. Dr. José Luiz Borges Horta (UFMG), Coordenador da Coleção
Profa. Dra. Mariá Brochado (UFMG)
Prof. Dr. Nuno M. M. dos Santos Coelho (USP)
Prof. Dr. Ricardo Marcelo Fonseca (UFPR)

SUMÁRIO

SOBRE TEMPOS, FRUTOS E
PERSPECTIVAS – UM PREFÁCIO 9

INTRODUÇÃO 15

PRIMEIRA PARTE:
CULTURA, CIVILIZAÇÃO E DIREITO 23

1. AS MATRIZES CULTURAIS DA CIVILIZAÇÃO OCIDENTAL 25

O conceito de cultura 25

O conceito de civilização 31

A civilização ocidental 40

2. CULTURA, ÉTICA E DIREITO 51

A manifestação do direito na história 51

A eticidade do fenômeno jurídico 59

Direito, moral e costume social 71

Direito e religião 82

Direito e cultura 87

O *ethos* ocidental 96

SEGUNDA PARTE:
A FORMAÇÃO DA CULTURA JURÍDICA
DO OCIDENTE 101

3. A CULTURA JURÍDICA DO OCIDENTE 103

A gênese do direito em Roma 103

As contribuições gregas à experiência jurídica romana 111

O "direito" medieval 117

O sistema jurídico romanístico 122

O Ocidente latino e o sistema jurídico romanístico 129

TERCEIRA PARTE: 133
AS MATRIZES ÉTICAS DO OCIDENTE:
DOS GREGOS AOS CRISTÃOS

4. A ÉTICA GREGA 135

Ética clássica 135

Ética helenística 175

Da ética grega à ética cristã 187

5. A ÉTICA CRISTÃ 197

As origens do cristianismo 197

O *ethos* judaico 212

O *ethos* cristão 217

As principais doutrinas da Igreja 241

CONSIDERAÇÕES FINAIS: 269
OS FUNDAMENTOS ÉTICOS GREGO E CRISTÃO DO
SENTIDO OCIDENTAL DE JUSTIÇA E DE DIREITO

REFERÊNCIAS 285

AGRADECIMENTOS 297

SOBRE TEMPOS, FRUTOS E PERSPECTIVAS

Um prefácio

VIVEMOS ANOS EXTREMAMENTE CONTURBADOS, do ponto de vista intelectual, nas últimas décadas do abominável século XX. Num tempo que Gonçal Mayos chama de Era Post, parecia que tudo se fragmentava e se dissolvia, que já não havia qualquer solidez, nem de conceitos, nem de perspectivas.

Foi longa, a noite que se abateu sobre o pensamento ocidental, tanto após a irrupção dos movimentos libertários desde fins dos anos 1960 quanto, especialmente, após o fim das certezas ideológicas gerado pela queda do Muro de Berlim e a ascenção dos nefastos acordos neoliberais, aliás, tão anglo-saxões quanto o fôra o século, como um todo.

Recordo-me de ouvir, em algum momento, sobre o desabafo do Papa João Paulo II, diante da veneranda Catedral de São Tiago de Compostela, na Galícia: "Europa, relembra quem tu és". Não falava o Papa Wojtila somente para a Europa, mas para a civilização de cultura europeia, onde estamos também nós inseridos. Lembremo-nos de nossas tradições – elas são constitutivas de nós.

Esse é também o sentido do legado de Hegel. Não pode haver plena compreensão do tempo presente sem profunda reivindicação da história como parte do tempo, do nosso tempo. Se a Filosofia nada mais é que História (ou a História, que Filosofia), na inspiradora reflexão da Filosofia da História de Hegel, nenhum conhecimento faz ou fará sentido se não voltar-se para dentro de si, compreendido esse dentro como o espaço daquilo que foi tragado pela dialética – negado, mas conservado e elevado – mas por isso mesmo reside no interior de nós mesmos.

Na longa duração, esse tempo vasto de que nos fala Fernand Braudel, nos encontramos diante de nós mesmos, sabemos de nós mesmos e podemos então viver, ou seja, intervir no tempo presente. Aliás, nenhuma Filosofia que não pretenda influir no debate que lhe é contemporâneo merece crédito. A Filosofia, como saber de totalidade, exige de nós uma espécie de doação ao presente, um respeito às nossas próprias contingências e circunstâncias, ao contexto no qual podemos e devemos atuar.

Melhor intervém quem conhece e reconhece o seu próprio tempo; melhor conhece seu tempo quem o sabe fruto da História, do evolver das gerações, da acumulação contraditória mas evidente das reflexões e descobertas do passado.

Em meio ao vazio (ideológico, político, valorativo, ético, jurídico), esse aterrador vazio particularmente evidente nos anos 1990, encontrei um porto seguro na Filosofia do Direito, sob a sólida liderança de Joaquim Carlos Salgado.

Em 1999, ingressei no Doutorado em Filosofia do Direito, sob a orientação de Salgado, e no magistério jusfilosófico, na Faculdade de Direito da Universidade Federal de Minas Gerais. Defendi naquele ano meu mestrado em Direito Constitucional, campo ao qual me dedicara por uma década, e permiti-me caminhar pelas brumas do crepúsculo. Era o meu próprio giro filosófico, de cientista a estudioso da totalidade.

Foi então, no hoje longínquo primeiro semestre de 2000, que, numa sala de aula do segundo período do curso de bacharelado em

Direito, recebi das Moiras a tarefa prazerosa de interagir com o então bacharelando Marcelo Maciel Ramos.

É espantoso, mesmo para os que vivemos o devir dos tempos, repassar a intensidade dessa relação de orientação, de amizade e de comunhão. Mais de uma década depois, me orgulho profundamente de tudo que pudemos construir juntos. Tenho em meu íntimo que poucas vezes na história de um acadêmico tamanha sintonia se manifeste de forma tão evidente e tão impactante.

Não existe mais o jovem professor recém egresso do mestrado e nem existe mais o ainda mais jovem aluno recém egresso do ciclo básico da Faculdade de Filosofia e Ciências Humanas da UFMG. Quando deixei Minas pela primeira vez – rumo a um cargo de confiança no Ministério da Educação –, Marcelo foi o guardião dos meus arquivos pessoais, tendo incumbido a ele dar-lhes a feição de organização que até hoje possuem. Quando redigi minha tese de doutorado, lá estava Marcelo colaborando no processo de pesquisa e em cada etapa da redação (éramos eu, ele e Saulo de Oliveira Pinto Coelho, também ele hoje professor doutor); em muitos sentidos, minha tese foi construída com sua direta intervenção. No longo caminho que me levou de Minas a Natal, quando lá estive como professor na Universidade Federal do Rio Grande do Norte, e de volta a Minas Gerais, lá estava, quase às beiras de graduar-se, o mesmo Marcelo, que também esteve como ouvinte de graduação ou como matriculado em sede de pós-graduação nas minhas primeiras disciplinas ofertadas em nível de mestrado, quer na UFRN, quer na UFMG. Quando fundei, na UFMG, os estudos em sede de Filosofia do Estado, lá estava ele, onde também estaria no feliz momento em que Salgado e eu fundamos os Seminários Hegelianos, mais bem sucedida experiência pedagógica e de investigação avançada desenvolvida em nosso Programa de Pós-Graduação.

Em momentos decisivos das grandes batalhas políticas travadas em nossa Universidade, Marcelo lá esteve, como representante discente no Colegiado de Pós-Graduação, como primeiro presidente da Associação Mineira de Pós-Graduandos em Direito, como dirigente da Associação de Pós-Graduandos da UFMG e mesmo da Associação Nacional de Pós-Graduandos; lá estava ele, combatendo em defesa do audacioso projeto de construção de uma Universidade de excelência no nosso país.

Marcelo e eu estudamos juntos. Juntos, construímos o projeto Direito, Cultura e Civilizações, que coordeno. Juntos, descobrimos a riqueza da interdisciplinaridade tão característica do tempo novo – esse que chamamos, com Gonçal Mayos, de tempo do giro cultural, um tempo em que as humanidades tomam consciência de que o saber humanístico, outrora chamado de Ciências da Cultura ou do Espírito, se dá não como um dado materialista ou abstrato, mas na forma genuína e verdadeira da cultura que se manifesta no tempo ou, em termos mais estritamente hegelianos, da Razão que se manifesta na História.

Hegel, aliás, é uma das matrizes que vimos investigando juntos nesses anos, sempre sob a generosa e acolhedora inspiração de Salgado, que nos recebeu a ambos em seu frutuoso convívio intelectual.

Juntos, Marcelo e eu entabulamos a proposta teorético-metodológica de uma alteração radical dos paradigmas do Direito Comparado, na direção de um comparativismo revivificado pelos estudos culturais ou, como prefiro, pelo enfoque civilizacional que trago de Samuel Huntington (e também de Toynbee, Spengler e sobremaneira de Braudel). Em outras palavras, um Direito Comparado de matriz jusfilosófica, que resgate um comparatismo aliás perdido em nossa Faculdade de Direito, hoje esquecida do tempo em que os grandes catedráticos Raul Machado Horta e Albertino Daniel de Melo pontificavam em suas lições de Direito Público Comparado e de Direito Privado Comparado, mas o resgate, por assim dizer, como um comparativismo jusfilosófico. Quando percebemos a necessidade de internacionalizarmos as reflexões do nosso grupo, Marcelo foi o primeiro a sair, de vez que obteve, após uma sangrenta batalha, sua bolsa de doutorado sanduíche junto à Université de Paris VII – Diderot. Em Paris, esteve por um ano trabalhando com um dos mais prestigiados filósofos da contemporaneidade, o filósofo François Jullien, ali construindo parte substancial da tese de doutorado que tive também eu o prazer de orientar. No mestrado, Marcelo já me havia dado esta mesma honra, ao me escolher para orientar a dissertação de mestrado que, em nova e instigante roupagem, trazemos a lume no presente volume.

Seu trabalho integra a coleção Direito e Cultura, que dirijo e criei em parceria com a Editora Alameda e sob os auspícios do Programa Pesquisador Mineiro da Fundação de Amparo a Pesquisa do Estado de Minas Gerais (Fapemig). Construímos o projeto da obra para atendermos a uma necessidade premente em nosso grupo e a uma angústia marcante na nossa trajetória intelectual: compreender, afinal, o que é o Ocidente.

Creio ter sido Voltaire quem disse jamais ter conhecido um gênio tão meticuloso quanto o de John Locke; assim, me sinto diante do intelectual que ajudei a revelar-se: Marcelo redige com grande elegância e possui invejável domínio metodológico. O leitor encontrará, nas inspiradas páginas de seu trabalho, um cuidadoso processo de reconstrução das matrizes greco-cristãs da civilização ocidental e do Direito contemporâneo.

Se ao leitor que se inicia no estudo da Filosofia e da História do Direito o texto trará um agradável e compreensível aporte, o mesmo se poderá dizer aos já iniciados nos meandros da Filosofia e da Filosofia do Direito, que encontrarão em suas páginas dados coletados com imenso rigor e reflexões altamente provocadoras.

Sem dúvida, Marcelo Maciel Ramos, já agora Doutor em Direito, representa o que de melhor tem a oferecer a Escola Jusfilósofica Mineira. Orgulho-me profundamente de tê-lo tido como aluno, de ter sido seu orientador, de poder tê-lo como colega, agora e para sempre, como colega. Agradeço aos céus por me haverem permitido uma interlocução tão duradoura, tão consistente e tão valorosa: se muito devo à Universidade Federal de Minas Gerais, mais ainda devo por me ter permitido trabalhar com um intelectual deste porte. Hoje, investigador na Facultat de Filosofia da Universitat de Barcelona, meu maior orgulho é contar aos colegas europeus como me sorriu a Fortuna.

Sou eternamente grato. Ao Destino, à UFMG e ao Marcelo.

CASA DE AFONSO PENA, VERÃO DE 2011

PROF. DR. JOSÉ LUIZ BORGES HORTA

INTRODUÇÃO

O MODO PELO QUAL UMA CIVILIZAÇÃO estabelece e justifica suas normas de comportamento só pode ser plenamente compreendido se considerarmos o complexo patrimônio cultural no qual se insere. O direito, como qualquer outro elemento da cultura, é o resultado de um processo histórico-cultural que o determina e que é, ao mesmo tempo, por ele determinado.

Não se pode olvidar que as normas de conduta observadas por uma sociedade representam os padrões de comportamento aceitos ou impostos segundo os valores dominantes no seio cultural. Nesse sentido, as concepções filosóficas e a religião são fatores fundamentais para o estabelecimento e a justificação dessas normas. Afinal, são elas que irão fornecer o sentido da vida, das relações humanas, bem como o significado e o valor do homem e dos seus bens materiais e espirituais. É esse complexo repertório de significados e valores – produzido, transmitido e reinventado continuamente por uma tradição cultural – que fornecerá as medidas ou os critérios que serão utilizados na determinação dos modos de agir.

Todavia, nos últimos séculos, na tentativa de conquistar autonomia científica, a Ciência do Direito passou a ignorar os seus fundamentos, afastando das suas considerações o seu conteúdo axiológico e concentrando-se quase que exclusivamente na estrutura lógico-formal das normas.

Nesse contexto, as normas jurídicas passaram a ser identificadas com a força irresistível que as tornava obrigatória e os juristas passaram a ocupar-se apenas do exame da *forma* através da qual essa força poderia se impor validamente. As considerações acerca do conteúdo substancial e do fim do direito foram, pois, extirpadas da Ciência Jurídica. Isto porque, uma vez que tais informações precisariam ser buscadas com o auxílio de outras ciências – História, Filosofia, Política, entre outras –, restaria comprometida a emancipação do Direito enquanto saber autônomo.

Com isso, o direito acabou sendo privado de seus próprios fundamentos e transformado num corpo sem espírito, movido por um argumento formal de autoridade, que o afastava de sua realidade ontológica.

Vale anotar que a perspectiva proposta nesta obra assume a interdependência necessária entre as diversas ciências da cultura (ciências humanas), o que implica, ao arrepio de algumas orientações juspositivistas, ultrapassar os supostos limites epistemológicos do direito e buscar em outras searas do conhecimento elementos que o fundamentem e justifiquem.

Por mais que os discursos da atualidade concordem em criticar o exagero do positivismo jurídico, tal concepção está tão enraizada nas construções teóricas ensinadas nos cursos de Direito, que ainda é difícil superar a resistência silenciosa oposta às novas perspectivas.

Se, por um lado, as posições juspositivistas tiveram o mérito de promover a emancipação da Ciência do Direito e de estabelecer uma vasta teoria sobre as características estruturais da norma, dos seus processos de produção e aplicação e dos seus fundamentos formais de validade, por outro lado, promoveram um isolamento artificial do fenômeno jurídico, que o afasta de suas relações inevitáveis com os fenômenos político, social, cultural e econômico.

Se não bastasse, o positivismo promoveu uma ostensiva desvalorização da Filosofia, até então reduto indispensável das questões mais essenciais da vida, do homem e de suas relações, inclusive as jurídicas. Afinal, a essência não poderia ser demonstrada empiricamente, a exemplo das verdades "verdadeiras" das ciências da natureza, ou provada de forma inconteste por meio de um teorema, como as certezas matemáticas. Dessa forma, a Filosofia restou exilada das reflexões positivistas que, encantadas pelo progresso das ciências naturais e seus métodos acurados de mensuração do real, tentavam aplicá-los às questões imensuráveis do homem.

Mesmo após Wilhelm Dilthey (1833-1911)[1] ter estabelecido a distinção metodológica entre as ciências da natureza e as ciências culturais, fornecendo-nos os primeiros indícios de que as coisas da cultura não poderiam ser estudadas da mesma forma que se estuda a natureza, ainda é difícil demover um imenso grupo de juristas do apego à forma. Afinal, a forma é supostamente o que há de mais concreto e verificável no infinito inconcreto das coisas humanas.

Além disso, não podemos mais insistir na cisão artificial de campos absolutamente independentes dos saberes sobre o homem e suas criações. O fato de o Direito necessitar dos conhecimentos produzidos pela Antropologia, pela Ética, pela Política, enfim, pelas diversas ciências culturais, não implica numa negação de sua autonomia científica.

Embora os limites materiais das ciências humanas, isto é, a demarcação de seus objetos de estudo, não sejam passíveis de definição precisa, o que implica o frequente compartilhamento de objeto material, o foco e o olhar de cada uma delas lhes é sempre peculiar. É justamente a perspectiva específica de cada uma dessas ciências que projeta suas fronteiras epistemológicas, sempre permeáveis.

Desse modo, para a consecução de nosso objetivo, foi necessário aventurarmos-nos nos meandros da Antropologia, da Ética, da Filosofia da Religião e da História para buscarmos os conceitos indispensáveis para a solução das questões aqui levantadas.

---

1 DILTHEY, Wilhelm. *Introducción a las Ciencias del Espíritu*. Trad. Eugenio Imaz. México: Fondo de Cultura Económica, 1949.

Diante disto, os nossos estudos estão inseridos numa nova forma de pensar o Direito, que procura compatibilizar o sentido de totalidade das reflexões filosóficas com as peculiaridades histórico-culturais dos exames antropológicos.

No itinerário proposto neste livro, o direito aparece como o *resultado* (ou "síntese") de um complexo processo histórico-cultural. O jurídico, em nossas reflexões, representa o ponto de chegada, ou, conforme ensina Joaquim Carlos Salgado,[2] o máximo ético da nossa civilização, albergando toda a contradição e mutabilidade axiológicas produzidas em seu percurso histórico.

Se tomarmos o direito como o conjunto de processos normativos que impõe aos homens uma conduta obrigatória (um dever) e, ao mesmo tempo, o poder (o direito) de exigir dos demais a sua observância, temos que o conteúdo do modelo de ação estabelecido pelo direito é produto de uma decisão que é expressão da tradição cultural na qual se insere.

Por isso, o direito, como produto da cultura, precisa estar constantemente conectado aos seus fins e fundamentos, sem os quais o seu sentido, a sua compreensão e a sua própria manifestação na vida social ficam comprometidos.

Afinal, a realidade ontológica de um bem cultural, isto é, a sua essência, é necessariamente teleológica. São os fins, os quais já são em si construções humanas, que constituem o sopro de vida dos fenômenos culturais. Desse modo, o direito apenas pode encontrar sua razão de ser nos valores que se propõe a realizar, os quais só podem ser encontrados no processo histórico da cultura que o produz.

Além disso, como um bem cultural, o direito não se apresenta como um objeto de estudo estático e acabado. Ele é, na verdade, um complexo

---

2 SALGADO, Joaquim Carlos. *A Ideia de Justiça no Mundo Contemporâneo*. Fundamentação e Aplicação do Direito como *Maximum* Ético. Belo Horizonte: Del Rey, 2006.

sistema de ordenação da vida social em constante construção. Ele é produto da criatividade humana que precisa definir o modo como as pessoas de um determinado grupo devem agir a fim de garantir a paz e a consecução de interesses comuns. Logo, à medida que o grupo se transforma, suas obras, incluindo-se aí o direito, incorporam suas transformações.

O direito, objeto de estudo do jurista, não é um dado da natureza, passível de ser descrito enquanto algo exterior e distinto do sujeito que o examina. Não é, tampouco, passível de ser testado empiricamente a fim de se alcançar a verdade inabalável e imutável das suas disposições. Ele é, ao contrário, obra humana e, como tal, carrega em si toda contradição e mutabilidade da humanidade da qual é expressão.

Por isso, para compreender o direito é preciso mergulhar no próprio homem, autor do seu sentido, dos seus significados e dos seus fins. Veja-se que o homem ao qual nos referimos não é uma consciência subjetiva isolada ou um estranho diferente de nós. Este homem somos nós, resultado dos vários homens individuais, que, do confronto de suas diferenças (contradições), foram capazes de construir e transmitir um sentido comum de si, que nós apreendemos, reconstruímos (a partir das novas contradições e embates) e retransmitimos constantemente.

Portanto, o direito alberga em si toda a contradição e mutabilidade das quais é resultado. Daí a importância crucial de se conhecer a tradição cultural que construiu e continua a construir o seu sentido.

A grande dificuldade reside na necessidade de se compatibilizar essa perspectiva com o caráter positivo e definitivo do direito em sua contingência histórica. Em seu papel de pacificar as relações sociais e promover a segurança, as disposições do direito acabam por se revestir de um caráter rígido e permanente. Afinal, é preciso ter o mínimo de certeza sobre qual é a ação devida, sobre suas consequências e sobre o modo como ela será cobrada. Diante das infinitas possibilidades de comportamento em determinada circunstância, é preciso escolher uma apenas e afirmá-la como diretriz permanente da ação para os membros daquele grupo. Além disso, é preciso saber qual direito aplicar para apaziguar os conflitos e restabelecer a ordem. Todavia, quando da solução dos conflitos, o sentido das normas jurídicas, mesmo daquelas mais rígidas, como a lei, precisa ser constantemente atualizado pelo juiz, que em suas decisões individuais e contingentes acaba por expressar um pouco da tradição ética da qual é obra e, ao mesmo tempo, autor. E esta tradição ética está, em vista dos constantes conflitos e contradições suscitados pelas manifestações individuais do *ethos* cultural, em transformação permanente.

O caráter peremptório do direito só prevalece no momento da "síntese" cultural que realiza. A transformação da própria cultura produzirá sempre novos elementos que reclamarão sua inclusão, promovendo, consequentemente, novas "sínteses".

Portanto, o direito constitui o momento de ordenação da conduta humana, a estabelecer provisoriamente o melhor modo de agir, segundo os valores ou os interesses eleitos pelos complexos processos socioculturais.

A substância da norma jurídica (o conteúdo do dever) expressa sempre a escolha e a imposição de um único modo de agir em detrimento da infinita possibilidade de ação que a criatividade e as paixões humanas são capazes de produzir. E essa escolha é sempre alimentada por filosofias ou perspectivas historicamente construídas.

Na civilização ocidental, fundada sobre as perspectivas racionais dos gregos, as várias filosofias, enquanto saberes comprometidos com a ordenação coerente e lógica de suas afirmações, apresentaram-se como os elementos culturais basilares, essenciais para a compreensão de tudo o mais que se produziu. Mesmo a sua experiência mitológica e religiosa acabou incorporando muito desta perspectiva. O cristianismo, religião por excelência desta civilização, construiu-se e adaptou-se constantemente aos ditames da razão, ainda que tivesse mantido o caráter mítico e dogmático de suas afirmações fundamentais.

Dessa maneira, o que apresentamos neste livro é uma tentativa de resgate dos elementos culturais basilares da civilização ocidental, em especial, dos aspectos éticos ou normativos que concorreram para a construção do sentido e dos fundamentos da sua cultura jurídica.

Para tanto, procuramos reunir os elementos culturais matriciais que moldaram todo o desenvolvimento do direito no Ocidente, destacando, ao lado do direito romano, as reflexões éticas gregas e cristãs, cujas formulações constituíram o ponto de partida de qualquer pensamento que os sucedeu.

A fim de privilegiar um maior aprofundamento das reflexões, optamos por abordar apenas as filosofias éticas produzidas desde Platão até Tomás de Aquino, deixando para considerações futuras as reflexões dos pensadores modernos e contemporâneos. Além disso, é importante esclarecer que o que entendemos nesta obra como cultura jurídica ocidental é aquela desenvolvida no Ocidente latino, herdeira direta do direito romano e assumida de forma mais evidente pelos países da Europa continental e da América Latina.

Portanto, nas páginas que se seguem apresentamos nossa tentativa de situar o direito ocidental na tradição cultural em que está inserido.

No primeiro capítulo procuramos desenvolver os sentidos e limites dos conceitos utilizados no livro, muitos dos quais, embora usados com certa recorrência nos meios jurídicos, são pouco debatidos, o que leva, não raro, a um uso pouco preciso destes. Desse modo, antes de tratar da cultura jurídica da civilização ocidental, procuramos esclarecer os sentidos de cultura e civilização e os alcances do que chamamos de Ocidente, a fim de melhor respaldar, a partir dos textos de antropólogos, sociólogos e historiadores, esta nova perspectiva culturalista que se dissemina nas reflexões jurídicas.

No segundo capítulo tratamos das relações entre o direito e a cultura e, mais especificamente, entre o direito e as demais formas de normatividade da cultura. A fim de promover uma melhor compreensão do sentido cultural e ético da experiência jurídica, revisitamos algumas distinções tradicionais da teoria geral do direito, incorporando a elas, além do resgate das reflexões de cunho filosófico – que haviam sido afastadas pelo positivismo –, a introdução dos novos elementos fornecidos pela perspectiva antropológica.

No terceiro capítulo apresentamos um breve panorama da formação da cultura jurídica ocidental desde seus fundamentos, firmados definitivamente pelos romanos na Antiguidade clássica, até a reabilitação do direito romano no fim da Idade Média e, a partir dele, o desenvolvimento de um direito comum europeu, mais tarde transmitido às Américas e a várias regiões do globo.

Por fim, no quarto e quinto capítulos tratamos do conteúdo ético matricial da tradição ocidental, construído, sobretudo, pelas culturas grega e cristã. Como no Ocidente a filosofia, ao lado da religião, sempre ocupou uma posição preeminente na sistematização dos costumes sociais e na busca de um sentido universal para a ação humana, ela apresenta-se como o elemento cultural que subjaz as determinações normativas da tradição ocidental, orientando-lhe o conteúdo. O direito no Ocidente alimentou-se sempre das perspectivas filosóficas ocidentais, incluindo-se aí o pensamento cristão. Desse modo, nos capítulos finais do livro reinserimos o debate ético travado pelos pensadores gregos e cristãos, os quais forneceram as diretrizes fundamentais das concepções de justiça e muitos dos valores basilares que permearam a experiência jurídica ocidental.

A todo tempo, procuramos elaborar o texto de forma clara e informativa, a fim de torná-lo acessível àqueles que se iniciam no estudo do direito. Por isso, o grande número de notas explicativas, a esclarecer sentidos e incorporar informações, além de indicações bibliográficas para aqueles que desejam aprofundar-se nos temas tratados.

PRIMEIRA PARTE

CULTURA, CIVILIZAÇÃO E DIREITO

1. AS MATRIZES CULTURAIS DA CIVILIZAÇÃO OCIDENTAL

Quando o homem se põe a estudar a cultura,
não faz senão estudar a si mesmo, na riqueza
imprevisível de suas energias criadoras, como se o
espírito se reencontrasse ou se reconhecesse
espelhando-se nos feitos da História.

MIGUEL REALE, *Filosofia do Direito*, p. 221

O conceito de cultura

O TERMO CULTURA deriva das expressões latinas *cultura agri* e *cultura animi*,[1] que significavam, respectivamente, o processo de cultivo da natureza e o do espírito. Ambos os sentidos ainda estão presentes no uso moderno da palavra. Da primeira expressão originou-se o termo agricultura, que se refere à preparação coordenada de lavouras para a produção de alimentos e de matéria primas para o homem. Daí falarmos em cultura de arroz, de milho, de pérolas etc. Da segunda expressão

---

1   KROEBER, A. L.; KLUCKHOHN, Clyde. *Culture;* A Critical Review of Concepts and Definitions. Nova York: Vintage Books, 1952, p. 15. *Vide* também EAGLETON, Terry. *A Ideia de Cultura.* Trad. Sandra Castello Branco. São Paulo: Unesp, 2005, p. 1. O vocábulo latino *cultura* deriva do verbo *colere*, que significava cultuar, habitar, adorar e proteger. No supino (forma nominal) do verbo *colere* temos *cultum*, donde derivaram os substantivos *cultus* e *cultura*, os quais se referiam ao trato da terra, ao culto ou adoração da natureza ou dos deuses e também denotavam a ideia de instrução e erudição.

resultou a noção de cultura, no sentido de *educar o espírito*, de *instruir--se*, acepção que está ainda hoje amplamente difundida no uso comum (ou vulgar) da palavra.

Modernamente, o vocábulo latino *cultura* passou a ser empregado pelos alemães, sob a forma de *Kultur* ou *Cultur*, como termo técnico para se referir não mais ao processo de cultivo do espírito, mas *aos costumes e hábitos de determinados grupos humanos.*

Segundo Kroeber e Kluckhohn, o termo *Kultur* aparece na língua alemã pela primeira vez no fim do século XVIII, como variação do vocábulo latino *cultura,* mantendo num primeiro momento seu sentido original, ao modo da expressão *cultura animi* utilizada por Cícero.[2] O termo era utilizado então para se referir ao *cultivo do espírito, ao desenvolvimento da capacidade intelectual e moral do homem.*[3] Somente após meados do século XIX o vocábulo cultura começou a ser utilizado num

---

2   Na obra *Tusculan Disputations,* afirma Cícero: *"Atque, ut in eodem simili verser, ut ager quamvis fertilis sine cultura fructuosus esse non potest, sic sine doctrina animus; ita est utraque res sine altera debilis.* **Cultura autem animi** *philosophia est; hæc extrahit vitia radicitus et præparat animos ad satus accipiendos eaque mandat eis et, ut ita dicam, serit, quæ adulta fructus uberrimos ferant".* (E, para seguirmos com a comparação, como um campo, embora possa ser naturalmente frondoso, não pode produzir uma colheita sem adubo, também tampouco pode o espírito sem a educação. Essa é a debilidade de um sem o outro. Considerando que a filosofia é a **cultura do espírito,** isso é o que pode extirpar o mal pela raiz, preparar o espírito para receber as sementes, confiá-las a ele, ou, como poderia dizer, plantá-las, na esperança de que, com a maturidade, produza uma colheita opulenta). CÍCERO, Marcus Tullius. *Tusculan Disputations.* Livro II, Capítulo V, § 13. Disponível em: http://www.dominiopublico.gov.br (acesso: outubro de 2006); (grifos nossos).

3   Nesta acepção, temos a definição de K. F. von Irwing (1725-1801), recolhida por Kroeber e Kluckhohn, segundo a qual cultura é o processo de cultivo ou de aperfeiçoamento das capacidades humanas, o qual retira o homem de seu estado bruto original. IRWING, K. F. von. *Erfahrungen und Untersuchungen über den Menschen.* Berlin, 1777, p. 122-23, 127 of § 188 *apud* KROEBER; KLUCKHOHN, *Culture, cit.,* p. 34-35. Esta também é a opinião de Johann Gottfried Herder (1774-1803), para quem cultura é o progressivo cultivo ou desenvolvimento das faculdades humanas.

sentido renovado, passando a significar de modo geral *o conjunto de atributos que compõem o modo de vida de um povo.*[4]

Segundo Kroeber e Kluckhohn, o primeiro a utilizar-se da palavra *Kultur* no sentido moderno foi Gustav Klemm (1802-1867), inspirado pelos trabalhos de Adelung e Herder, que apesar de estarem ainda presos ao antigo sentido, introduziram ao conceito uma abordagem histórica que abrangia implicitamente os costumes como resultados do processo de cultivo do espírito e de negação da natureza.[5] Klemm não chegou a estabelecer uma definição explícita para o termo,[6] mas em suas obras o emprego do vocábulo *Cultur* (variação no próprio alemão de *Kultur*) apontava para uma mudança de sentido, que deixava para trás a antiga acepção.[7]

A primeira definição formal da palavra cultura em sua acepção moderna foi elaborada em língua inglesa por Edward Burnet Tylor (1832-1917) em 1871, em sua obra *Primitive Culture (Cultura Primitiva)*, mais tarde reeditada sob o título *The Origins of Culture (As Origens da Cultura)*. O autor, que havia bebido das fontes germânicas, em especial da obra de Klemm, tomou a palavra *Cultur (Kultur)* e a introduziu na língua inglesa, sob a forma de *culture*, definindo-a nos seguintes termos:

HERDER, Johann Gottfried. Ideen zur Philosophie der Menschheit. Samtliche Werke. Berlin: B. Suphan, [s/p] *apud* KROEBER; KLUCKHOHN, *Culture, cit.*, p. 39.

4 KROEBER; KLUCKHOHN, *Culture, cit.*, p. 30-31.

5 KROEBER; KLUCKHOHN, *Culture, cit.*, p. 14.

6 KROEBER; KLUCKHOHN, *Culture, cit.*, p. 285-286.

7 Estes escritos são *Allgemeine Culturgeschichte der Menschheit*, cujo primeiro volume foi publicado em 1843, e *Allgemeine Culturwissenschaft*, publicadao em 1854; o primeiro uma História da Cultura e o segundo uma Ciência da Cultura. Cf. KROEBER; KLUCKHOHN, *Culture, cit.*, p. 14.

> Cultura ou civilização, tomadas em seus sentidos etnográficos, é aquele todo complexo que inclui o conhecimento, as crenças, a arte, a moral, o direito, os costumes e várias outras capacidades e hábitos adquiridos pelo homem, enquanto membro da sociedade.[8]

Com isso, a palavra cultura passou progressivamente a ser utilizada nos meios científicos para significar o conjunto dos atributos e produtos de uma sociedade humana, transmitido através das gerações, num processo contínuo de acumulação e transformação.

Neste novo sentido, vale ressaltar os aspectos histórico, simbólico e criativo que se associaram ao conceito e que compõem o essencial do novo significado que foi sendo estabelecido.

O primeiro aspecto reside no fato de que a cultura não é algo que se adere em nossa composição material (ou animal) ou que se propaga por mecanismos biológico-hereditários, mas é algo que se transmite historicamente por meio da capacidade do homem de aprender, recriar e comunicar o patrimônio criativo do qual é, ao mesmo tempo, portador e autor.[9]

A nossa capacidade de comunicar sentimentos e conhecimentos e mesmo nossa forma de pensar chegaram-nos graças à tradição da qual

---

8   (tradução nossa). No original: *"Culture or civilization, taken in its ethnographic sense, is that complex whole which includes knowledge, belief, art, morals, law, custom, and any other capabilities and habits acquired by man as a member of society"*. TYLOR, Edward Burnet. *The Origins of Culture*. Nova York: Peter Smith, 1970, p. 1. Vale observar que Tylor ainda não fazia nenhuma distinção entre cultura e civilização.

9   Nesse sentido temos a distinção de Kroeber: *"En resumen, la evolución orgánica está esencial e inevitablemente conectada con los procesos hereditarios; la evolución social que caracteriza al progreso de la civilización, por otra parte, no está ligada, o al menos no necesariamente, con los factores hereditarios"*. KROEBER, "Lo Superorgánico". In: KAHN, J. S. (org.). *El Concepto de Cultura*: Textos Fundamentales. Trad. José R. Llobera, Antonio Desmonts y Manuel Uría. Barcelona: Anagrama, 1975, p. 50.

fazemos parte, através de um processo de educação, pelo qual assimilamos os símbolos e valores da nossa cultura.

O conteúdo da cultura, segundo Ward H. Goodenough, compreende as concepções acerca do mundo, as crenças, os significados e os valores, mediante os quais se explicam os acontecimentos, desenvolvem-se as técnicas para se alcançar fins concretos, organizam-se os sistemas de conhecimentos e sentimentos e estabelecem-se as regras de comportamento.[10]

Desse modo, a cultura nos forneceria as proposições lógicas e as regras de raciocínio que nos permitem relacionar os dados da experiência ou elaborar conceitos e, também, as técnicas desenvolvidas para a produção de artefatos e bens ou para a execução de serviços considerados úteis ou valorosos. Além das normas de comportamento que nos informam sobre os limites à nossa ação e sobre a organização social.

Nesse sentido ensina Malinowski que:

> *Las reglas de conducta deben ser grabadas en cada nueva generación mediante la educación; es decir, debe asegurarse la continuidad de la cultura a través de la instrumentalización de la tradición. La primera condición es la existencia de signos simbólicos mediante los cuales pueda traspasarse de una generación a otras la experiencia acumulada. El lenguaje constituye el tipo más importantes de tales signos simbólicos.*[11]

---

10 GOODENOUGH, Ward H. "Cultura, Lenguage y Sociedad (1971)". In: KAHN, J. S. (org.). *El Concepto de Cultura:* Textos Fundamentales. Trad. José R. Llobera, Antonio Desmonts y Manuel Uría. Barcelona: Anagrama, 1975, p. 198.

11 MALINOWSKI, Bronislaw. "La Cultura (1931)". In: KAHN, J. S. (org.). *El Concepto de Cultura:* Textos Fundamentales. Trad. José R. Llobera, Antonio Desmonts y Manuel Uría. Barcelona: Editorial Anagrama, 1975, p. 106. Malinowski entende que "a Antropologia científica consiste numa teoria de instituições, ou seja, numa

Portanto, a cultura é algo que se aprende. E, segundo Goodenough, o que se aprende são as percepções, os conceitos, os costumes e as técnicas. Os artefatos criados pelos homens, a cultura material, embora possam ser legados às gerações seguintes, não são coisas que se podem literalmente apreender. O que se aprende são as normas para fazê-los e os valores para compreendê-los.[12]

Por isso, o que realmente importa num estudo da cultura é, conforme Clifford Geertz, compreender os significados atribuídos a determinada ação e saber qual destes significados esta ação alberga num dado contexto.

Conforme o autor:

> Acreditando, como Max Weber, que o homem é um animal amarrado a teias de significados que ele mesmo teceu, assumo a cultura como sendo essas teias e sua análise; portanto, **não como uma ciência experimental em busca de leis, mas como uma ciência interpretativa, à procura do significado.**[13]

---

análise concreta das unidades tipo de uma organização". Na verdade, o que faz o autor é apenas transferir o foco das normas que estabelecem as instituições para as próprias instituições já estabelecidas. Afinal, toda instituição pressupõe normas (no sentido amplo) que a constituem, definindo sua função, o papel de seus membros, a hierarquia etc. Vale ressaltar que a leitura do autor é sociológica. Ele busca descrever as regras gerais de uma instituição, acreditando que estas estão mais associadas ao meio ambiente natural do que com a capacidade simbólica, valorativa e normativa do homem. Cf. MALINOWSKI, Bronislaw. *Uma Teoria Científica da Cultura.* Trad. José Auto. 3ª ed. Rio de Janeiro: Zahar, 1975, p. 47.

12 GOODENOUGH, *Cultura,* "Lenguage y Sociedad, 1971". In: KAHN, *El Concepto de Cultura, cit.,* p. 190.

13 GEERTZ, Clifford. *A Interpretação das Culturas.* Rio de Janeiro: LTC, 1989, p. 15 (grifo nosso).

Miguel Reale, numa perspectiva aproximada, explica que todo bem cultural apresenta um "suporte" e um "significado". O primeiro compreende a faceta aparente da cultura: os utensílios empregados na vida cotidiana, os modos de agir, as técnicas utilizadas na produção de bens, o modo de pensar, as manifestações artísticas e intelectuais e seus produtos. Ao suporte de um bem cultural corresponde um significado que consiste no dado mais importante para a compreensão desse bem. Os significados e valores seriam, nesse sentido, os elementos básicos e primários da cultura.[14]

Portanto, a cultura não pode ser reduzida aos seus produtos materiais (aos seus suportes). Ela é, conforme vimos, a forma desenvolvida para produzi-los e também os sentidos e significados estabelecidos para entendê-los.

Por fim, vale dizer que, em oposição à natureza, que é um *dado* do mundo, a cultura é uma *construção* do homem que, ao transformar a natureza e cobri-la de significados, produz cultura.

Portanto, todos os elementos da cultura – as crenças, os valores, os significados, os conhecimentos, as técnicas e as normas de conduta – são produtos da inteligência humana e de sua capacidade de aprender, reinventar e transmiti-los historicamente.

O conceito de civilização

A palavra civilização é, segundo Kroeber e Kluckhohn, mais antiga que o termo cultura, tanto no francês e no inglês, quanto no alemão. Wundt ensina que o termo latino *civis* (cidadão) deu origem a *civitas* (cidade-estado) e *civilitas*[15] (cidadania), donde derivou o vocábulo

---

14 REALE, Miguel. *Filosofia do Direito*. 20ª ed. São Paulo: Saraiva, 2002, p. 223-227.

15 A palavra *civilitas* foi recepcionada com poucas variações pelas principais línguas europeias. Temos no francês *civilité*, no inglês *civility*, no italiano *civilità* e no alemão *zivilität*.

medieval *civitabilis*, significando aquele que reclama o título de cidadão (de urbano),[16] e mais tarde os termos *civilitate* e *civilisation*.

Segundo Norbert Elias, Erasmo de Rotterdam (1466-1536), em sua obra *De civilitate morum puerilium*, utilizou-se do vocábulo *civilitate* (civilidade) para se referir aos modos de elegância e distinção, numa acepção que antecipava o uso da futura palavra *civilisation*,[17] que, segundo Wundt, teria sido empregada pela primeira vez por Jean Bodin (1530-1596),[18] significando o estado ou a condição de ser civilizado.

Fernand Braudel, ao contrário, afirma que a primeira utilização da palavra civilização em um texto impresso teria ocorrido em 1756 numa obra de Mirabeau (1715-1789), intitulada *Traité de la Population*, mas que teria sido Voltaire (1694-1778), no livro *Essai sur les Moeurs et sur l'Esprit des Nations*, publicado no mesmo ano, quem, apesar de não ter empregado o vocábulo, forneceu o primeiro esboço de uma história geral da civilização.[19]

---

16 KROEBER; KLUCKHOHN, *Culture, cit.*, p. 15-16; WUNDT, W. *Völkerpsychologie*. V. 10. Leipzig, 1910-1920, § 1 *apud* KROEBER; KLUCKHOHN, *Culture, cit.*, p. 15.

17 ELIAS, Norbert. *O Processo Civilizador*. V. I. Trad. Ruy Jungmann. Rio de Janeiro: Zahar, 1994, p. 68.

18 WUNDT, *Völkerpsychologie*, § 1 *apud* KROEBER; KLUCKHOHN, *Culture, cit.*, p. 15.

19 BRAUDEL, Fernand. *Gramática das Civilizações*. Trad. Antônio de Pádua Danesi. São Paulo: Martins Fontes, 2004, p. 25-26. De fato, na obra de Voltaire, *Essai sur les mœurs et l'esprit des nations* (Ensaio sobre a moral e o espírito das nações), a palavra *civilisation* aparece apenas no título da primeira parte, *Méthode et civilisation* (Método e civilização), não aparecendo no texto nenhuma vez, a não ser se considerarmos a forma *civilisés* (civilizado), que aparece uma única vez no seguinte trecho: "*Parmi les peuples qu'on appelle si improprement civilisés, je ne vois guère que les Chinois qui n'aient pas pratiqué ces horreurs absurdes*" (Entre os povos que chamamos tão impropriamente civilizados, eu dificilmente vejo senão os chineses, que não praticaram esses horrores absurdos). VOLTAIRE. *Essai sur les mœurs et l'esprit des nations*. Paris: Éditions sociales, 1962, p. 13 (texto digitalizado pela Université du Quebec à Chicoutimi). *Disponível em:* http://

Os fundamentos éticos da cultura jurídica ocidental   33

O verbo francês *civiliser*, em uso desde o século XVII, segundo Havelock Ellis, referia-se à ideia de adquirir maneiras polidas, de ser sociável, de tornar-se urbano em virtude de uma vida citadina.[20] Civilizar significava passar de um estado bruto a um estado mais evoluído de vida social. A ideia de civilização opunha-se, portanto, à de barbárie, considerada assim o estágio rudimentar de desenvolvimento em que se encontravam determinados povos. Em língua inglesa, a palavra civilização estava associada ainda à noção de espalhar desenvolvimento, sobretudo político, aos povos que não haviam alcançado tal estágio.

Nesse sentido, Kroeber e Kluckhohn ensinam que:

---

classiques.uqac.ca/classiques/Voltaire/voltaire.html (acesso em janeiro de 2007). Já em Mirabeau, o termo *civilisation* aparece por três vezes, nos seguintes trechos: "[...] *ce revenant-bon de la barbarie et de l' oppression sur la civilisation et la liberté*" ([...] este fantasma da barbárie e da opressão sobre a civilização e a liberdade) [p. 238]; "*La religion est sans contredit le premier et le plus utile frein de l' humanité: c' est le premier ressort de la civilisation; elle nous prêche, et nous rappelle sans cesse la confraternité, adoucit notre coeur, éleve notre esprit, flatte et dirige notre imagination en étendant le champ des récompenses et des avantages dans un territoire sans bornes, et nous intéresse à la fortune d' autrui en ce genre, tandis que nous l' envions presque par-tout ailleurs*" (A religião é sem dúvida o primeiro e mais útil controle da humanidade: é a primeira mola da civilização; ela nos prega e nos chama sem cessar à confraternização, adoça nosso coração, eleva nosso espírito, endireita e direciona nossa imaginação, estendendo o campo de recompensas e de vantagens em um território sem fronteiras, e nos faz querer a fortuna do outro nesse gênero, enquanto nós a invejamos em quase todas as partes) [p. 377]; "[...] *le cercle naturel de la barbarie à la décadence par la civilisation et la richesse peut être repris par un ministre habile et attentif, et la machine remontée avant d' être à sa fin*" ([...] do ciclo natural da barbárie à decadência da civilização e da riqueza pode ser tomada novamente por um ministério habilidoso e atento, e a máquina remontada antes de chegar a seu fim) [p. 468]. MIRABEAU, Victor Riqueti. *L'ami des hommes, ou Traité de la population*. Paris: Avignon, 1756 (texto digitalizado pelo *l'Institut National de la Langue Française*). In: http://gallica.bnf.fr/ark:/12148/bpt6k89089c.item (acesso: janeiro de 2007).

20 ELLIS, Havelock. *The Dance of Life*. Nova York, 1923, p. 288 *apud* KROEBER; KLUCKHOHN, *Culture, cit.*, p. 16.

> As línguas latinas, e, em seu rastro, o inglês, empregavam há muito o vocábulo civilização em vez de cultura para denotar cultivo social, desenvolvimento, refinamento ou progresso. Este termo remete-se ao latim *civis, civilis, civitas, civilitas*, cuja referência central é política e urbana: é o cidadão num estado organizado em contraposição ao homem da tribo. O termo civilização não existia no latim clássico, mas parece ser uma formação do Renascimento românico, provavelmente do francês, tendo derivado do verbo *civiliser*, significando alcançar ou comunicar maneiras refinadas, urbanização e desenvolvimento.[21]

Os termos civilização ou civilizado, na França do século XVII, aproximavam-se, segundo Elias, das palavras *courtois* e *courtoisie*, que se referiam às formas de comportamento desenvolvidas nas cortes dos senhores feudais,[22] tidas como referência de elegância e distinção. Aos poucos, passa-se a preferir os novos termos, os quais continham uma significação mais atual, que albergava uma conotação política alinhada aos novos tempos de centralização e expansão do poderio francês. Conforme relato de Bouhours, recolhido por Elias: "As palavras *courtois* e *courtoisie*, diz um

---

21 (tradução nossa). No original: *"The Romance languages, and English in their wake, long used civilization instead of culture to denote social cultivation, improvement, refinement, or progress. This term goes back to Latin civis, civilis, civitas, civilitas, whose core of reference is political and urban: the citizen in an organized state as against the tribesman. The term civilization does not occur in classical Latin, but seems to be a Renaissance Romance formation, probably French and derived from the verb civiliser, meaning to achieve or impart refined manners, urbanization, and improvement"*. KROEBER; KLUCKHOHN, *Culture, cit.*, p. 283.

22 ELIAS, *O Processo Civilizador, cit.*, p. 111.

Os fundamentos éticos da cultura jurídica ocidental 35

autor francês em 1675, começam a envelhecer e não constituem mais bom uso. Dizemos hoje *civil, honneste; civilité, honnesteté*".[23]

Embora os termos cultura e civilização não raro sejam usados indiscriminadamente, mesmo nos círculos acadêmicos, é importante perceber os diferentes significados que lhes foram sendo associados em sua evolução histórica. Enquanto o termo cultura, conforme visto, refere-se modernamente ao conjunto dos produtos elaborados historicamente por um grupo social, a despeito da sofisticação e do estágio de desenvolvimento no qual se encontra ou, mesmo, de seu *locus* urbano ou rural, a palavra civilização, por outro lado, apresenta uma conotação mais restrita, sendo utilizada para referir-se a culturas avançadas, que apresentam um maior grau de complexidade social.

Do mesmo modo, Malinowski afirma que:

> *La palabra cultura se utiliza a veces como sinónimo de civilización, pero es mejor utilizar los dos términos distinguiéndolos, reservando civilización para un aspecto especial de las culturas mas avanzadas.*[24]

A confusão no emprego dos termos justifica-se, em parte, pelo fato de a palavra cultura ser tomada frequentemente em sua acepção vulgar, mais próxima do seu antigo uso, segundo o qual é compreendida como cultivo ou desenvolvimento do espírito, denotando, como dito, o processo pelo qual o homem sai do estado bruto de sua natureza animal para uma forma mais evoluída de vida: a vida sociocultural.

Todavia, é preciso notar que a palavra cultura, mesmo em sua antiga acepção, distingue-se do sentido atribuído ao termo civilização. A

---

23 BOUHOURS, *Remarques nouvelles sur la langue française*, Paris, 1676, p. 51 *apud* ELIAS, *O Processo Civilizador, cit.*, p. 112.

24 MALINOWSKI, *La Cultura*. In: KAHN, *El Concepto de Cultura, cit.*, p. 85.

afirmação de que civilizar é passar de um estado social rudimentar a um estado social sofisticado não se confunde com o processo de cultivo do espírito acima descrito como cultura. Nesta, a noção de cultivo ou desenvolvimento circunscreve-se aos limites do próprio homem, que nega sua natureza, renascendo como ser cultural. Na civilização, o desenvolvimento refere-se ao estágio e à configuração geral de uma sociedade que abandona suas formas primitivas e tribais e assume modos mais elaborados e avançados de vida social e política.

Nesse mesmo sentido, Kroeber e Kluckhohn chamavam atenção para o fato de que o sentido da palavra cultura era, desde o início, bem similar ao significado do termo civilização, ambos contendo a ideia de desenvolvimento.[25] E foi este o sentido que continuou sendo utilizado popularmente e nas literaturas não especializadas. Mesmo o novo sentido estabelecido pelos alemães a partir da palavra *Kultur* manteve a ideia de desenvolvimento, mas, ao contrário do uso anterior que se referia a indivíduos, passou a referir-se às configurações sociais cultivadas por um conjunto de indivíduos.[26]

Nada obstante, a sutileza da diferença entre os dois termos, frequentemente negligenciada, estava em perceber que a palavra cultura em sua formação histórica, ao contrário do vocábulo civilização, nunca teve a pretensão de albergar a noção de sofisticação e de complexidade social em contraste com as formas sociais rudimentares ou bárbaras.

---

25 *"Thus both terms, culture and civilization, began by definitely containing the idea of betterment, of improvement toward perfection. They still retain this meaning today, in many usages, both popular and intellectual".* KROEBER; KLUCKHOHN, *Culture, cit.*, p. 283.

26 KROEBER; KLUCKHOHN, *Culture, cit.*, p. 66-67.

O termo civilização, ao contrário, começou a ser empregado por ingleses e franceses[27] para referirem-se aos avanços sociais de suas próprias nações, cada qual proclamando ter alcançado o mais alto patamar de sofisticação atingido pelo homem, o qual eles tinham o "dever" de "transmitir" para outros povos. Destarte, na palavra civilização subjazia tanto um sentido de universalidade quanto um de poderio político. O termo continha a ideia de que aquelas conquistas eram conquistas da humanidade e deveriam, portanto, ser difundidas. Por outro lado, estes avanços traduziam o orgulho e o sucesso político de ingleses e franceses.

Nesse sentido, afirma Norbert Elias que a palavra civilização representava tanto na Inglaterra quanto na França o "orgulho pela importância de suas nações para o progresso do Ocidente e da humanidade".[28]

Ao que tudo indica, esta é a razão pela qual foram os alemães que pela primeira vez chegaram à ideia moderna de cultura, em contraposição à noção de civilização. Conforme ensinam Kroeber e Kluckhohn, os alemães começaram efetivamente a contribuir criativamente para com a civilização europeia em pé de igualdade com ingleses e franceses a partir de 1770. Nada obstante, eles ainda não haviam formado uma nação unificada e compensavam seu débito político com suas conquistas artísticas e intelectuais. Nesse contexto, precisavam encontrar uma palavra que representasse suas contribuições culturais e fosse mais inclusiva que o termo *zivilisation*. Desse modo, eram levados a compreender a cultura como o conjunto de elementos característicos de um grupo humano, a despeito de seus avanços políticos.[29]

---

27 No francês e no inglês temos *civilisation*. Em língua inglesa, a palavra também é grafada na forma de *civilization*.

28 ELIAS, *O Processo Civilizador, cit.*, p. 24.

29 KROEBER; KLUCKHOHN, *Culture, cit.*, p. 51-52.

No período que antecedeu a Primeira Guerra Mundial, os alemães ficaram notórios por suas alegações de terem descoberto algo superior e original que eles denominavam *Kultur*. Acreditavam que sua moderna conformação civilizacional, apesar de tardia, era mais avançada e mais valorosa que a das demais nações ocidentais. Franceses, ingleses e americanos sustentavam o mesmo, mas os dois primeiros, por sua precedência e pelo fato de terem difundido muito mais de suas culturas para outros povos, estavam mais seguros de sua posição. É interessante notar que nesta disputa, enquanto franceses, ingleses e americanos referiam-se ao conjunto de suas conquistas e valores sociais como civilização (*civilization* ou *civilisation*), os alemães referiam-se ao deles como cultura (*kultur* ou *cultur*).[30]

Desse modo, Norbert Elias, em sua distinção dos termos, esclarece que:

> O conceito francês e inglês de civilização pode se referir a fatos políticos ou econômicos, religiosos ou técnicos, morais ou sociais. O conceito alemão de *Kultur* alude basicamente a fatos intelectuais, artísticos e religiosos e apresenta a tendência de traçar uma nítida linha divisória entre fatos deste tipo, por um lado, e fatos políticos, econômicos e sociais, por outro.[31]

Por isso, o moderno sentido de cultura traduzia as peculiaridades de um grupo social, enquanto a palavra civilização passava a significar um processo universalizante de progresso da humanidade, promovido à custa dos avanços políticos de um grupo específico, que se compreendia como a expressão máxima do desenvolvimento do homem.

---

30 KROEBER; KLUCKHOHN, *Culture, cit.*, p. 52-53.

31 ELIAS, *O Processo Civilizador, cit.*, p. 24.

Nesse sentido, afirma Norbert Elias que:

> Até certo ponto, o conceito de civilização minimiza as diferenças nacionais entre os povos: enfatiza o que é comum a todos os seres humanos ou – na opinião dos que a possuem – deveria sê-lo. [...] Em contraste, o conceito alemão de *Kultur* dá ênfase especial a diferenças nacionais e à identidade particular de grupos.[32]

E, mais adiante, completa:

> Enquanto o conceito de civilização inclui a função de dar expressão a uma tendência continuamente expansionista de grupos colonizadores, o conceito de *Kultur* reflete a consciência de si mesma de uma nação que teve de buscar e constituir incessantemente e novamente suas fronteiras, tanto no sentido político como espiritual.[33]

Embora tenha prevalecido nos últimos tempos um uso indiscriminado dos termos civilização e cultura, por parte de sociólogos e antropólogos, optamos neste trabalho por utilizar o termo civilização para nos referirmos às culturas que apresentam um modo de vida altamente desenvolvido, aliado a uma sofisticada organização política capaz de se fazer impor e espalhar-se. E a palavra cultura para indicar genericamente qualquer tradição de um grupo social.

---

32 ELIAS, *O Processo Civilizador, cit.*, p. 25.

33 ELIAS, *O Processo Civilizador, cit.*, p. 25.

A civilização ocidental

Feitas considerações acerca dos significados dos termos cultura e civilização, cumpre-nos definir o que é, afinal, a civilização ocidental, para que possamos, mais adiante, estabelecer as relações entre o direito e as demais manifestações culturais do Ocidente, sobretudo as de caráter ético.

É importante salientar que identificar os limites do Ocidente consiste numa tarefa extremamente espinhosa. As fronteiras de uma civilização nem sempre se confundem com as orientações geográficas[34] ou com os contornos políticos das nações, impérios ou Estados que a integram.

Conforme Samuel Huntington, "as civilizações são entidades culturais e não políticas".[35] No caso do Ocidente, não é possível identificá-lo com uma única nação. Ele alberga, na verdade, um grupo relativamente grande de países.

Dessa maneira, parece-nos que o modo mais adequado para identificar os limites de uma civilização seria através da análise dos elementos culturais que caracterizam o seu modo de vida, bem como pelo exame das várias culturas que concorreram para a constituição da sua identidade nuclear.

---

34 A porção ocidental do planeta, conforme convencionado, corresponde ao espaço compreendido entre as linhas imaginárias que cortam o planeta de norte a sul, localizadas respectivamente a 30° e 150° de longitude. Desse modo, o Ocidente geográfico abrange toda a Europa ocidental, parte da Ucrânia e da Turquia, a maior parte da África, incluindo porção do Egito, Sudão, Zâmbia e Zimbábue, todo o Oceano Atlântico, as Américas, parte do Oceano Pacífico e algumas das ilhas da Polinésia Francesa. No limiar desta extensão geográfica, excluem-se de um lado a Rússia, o Oriente Médio e os países da costa oriental da África (Etiópia, Somália, Moçambique etc.), e, do outro lado, o Havaí e parte do Alasca. Nada obstante, toda esta extensão alberga, conforme veremos, mais de uma civilização, além de separar civilizações que ultrapassam seus limites.

35 HUNTINGTON, Samuel P. *O Choque de Civilizações*; e a Recomposição da Ordem Mundial. Trad. M. H. C. Côrtes. Rio de Janeiro: Objetiva, 1997, p. 49.

Conforme vimos, vários são os elementos que caracterizam o modo de vida de uma cultura, dentre os quais podemos destacar três: as *formas de pensamento e raciocínio*, através das quais se estabelecem conceitos e princípios que fundamentam os conhecimentos; as *crenças religiosas prevalecentes*, que fornecem os valores centrais que orientam as concepções de mundo, influindo sobre a produção de conhecimentos, o estabelecimento de regras de comportamento e a organização social e política do grupo; e as *formas de organização da vida social e política*, que representam o modo de vida ética de um grupo, o qual reflete todos os demais elementos de uma cultura.

Mesmo numa civilização tão plural como a ocidental, e mesmo que consideremos todas as suas mudanças históricas e suas variações contingenciais, é inegável a continuidade dos elementos nucleares dessa civilização, a qual, embora se manifeste sob diversas formas particulares, alberga um grande número de culturas fundadas sobre os mesmos pilares: a *razão grega*, o *cristianismo* e o *direito romano*.

A razão grega

A civilização ocidental desenvolveu uma forma de pensar que teve início com a invenção grega do discurso lógico.[36] Este evento marcou profundamente a civilização grega, tendo sido, mais tarde, transferido à civilização greco-romana,[37] à religião cristã e, enfim, ao homem ocidental, produto deste encontro cultural.

---

36 Sobre a gênese da Filosofia e da razão demonstrativa (*logos*), *vide* REALE, Giovanni. *História da Filosofia Antiga I*: Das Origens a Sócrates. Trad. Marcelo Perine. São Paulo: Loyola, 1993.

37 A civilização greco-romana é aquela forjada no período helenístico, quando, com o fim da antiga *polis*, estabelecia-se uma cultura cosmopolita a congregar elementos

O discurso lógico foi estabelecido como alternativa à narrativa mítica, a qual formulava suas verdades a partir de crenças fundadas em forças sobrenaturais. As verdades míticas revestiam-se de um caráter sagrado, misterioso, inacessível para a maioria dos homens, que as aceitavam por temor ou por respeito à autoridade que as impunham, sem poder questioná-las.

Todavia, a partir do século VI a.c., os gregos passaram a buscar o fundamento de suas verdades na própria natureza e, mais tarde, na própria capacidade humana de produzir conhecimentos. Passaram a duvidar das verdades impostas pela tradição e a estabelecer raciocínios comprometidos com a coerência e ordenados de maneira a garantir o encadeamento lógico de suas afirmações – afirmações permanentemente abertas ao questionamento e à correção.

Eis a "invenção" da razão demonstradora, feito que marcou definitivamente os rumos do que viria a ser o Ocidente. O discurso racional tornou-se instrumento de quase todo o conhecimento produzido pela civilização ocidental. A própria religião, construção mítica por excelência, passou progressivamente a utilizar-se da argumentação racional para justificar muitos dos seus preceitos. O cristianismo, que viria a ser a religião por excelência do Ocidente, rendeu-se à filosofia grega, recorrendo à razão demonstradora para a formulação de sua doutrina e para a justificação de seus mandamentos.

---

dos mais diversos povos do Mediterrâneo. Distingue-se, pois, da civilização grega ou helênica, que a antecedeu.

O cristianismo

Samuel Huntington afirma que "de todos os elementos objetivos que definem as civilizações, o mais importante geralmente é a religião".[38] Nesse sentido, dos elementos que definem a civilização ocidental, o cristianismo aparece como o aspecto conformador do seu próprio caráter essencial, a estabelecer os valores centrais que orientaram e ainda orientam a sua visão de mundo e de homem.

Nascida do embate entre o mito judaico e as filosofias greco-romanas, a religião cristã ocupou o centro das referências ocidentais nos últimos dois milênios. Mesmo a partir do Iluminismo, com a negação progressiva da religião e da fé como fonte de conhecimento e de ordenação social, seu conteúdo continuou impregnado nas construções da civilização ocidental.

Ao mesmo tempo que forneceu os conteúdos éticos dos processos normativos sobre os quais se fundou o Ocidente, o cristianismo guardou no interior de seu casulo as obra primas da civilização greco-romana, libertas na Modernidade sob a forma de uma bela mariposa a proclamar o racionalismo dos antigos.

Vale ressaltar que foi a civilização greco-romana que, em seu ocaso, produziu paradoxalmente a religião cristã, através da qual ela se perpetuaria no Ocidente.

O paradoxo a que nos referimos está no fato de a racionalidade grega e de o direito romano, obras-primas da antiga civilização, terem sido transmitidos à civilização ocidental por meio de uma religião. Esta transferência não se deu, todavia, de maneira evidente. De fato, o que marcou os primeiros séculos da Idade Média foi um retrocesso significativo da vida política, jurídica e científica do homem ocidental. À própria Igreja interessava a disseminação da ignorância, que opunha

---

38 HUNTINGTON, *O Choque de Civilizações, cit.,* p. 46-47.

menor resistência às suas crenças e mitos. Mas a sua estrutura interna havia sido forjada à imagem do antigo Império, mantendo suas formas racionais de organização e hierarquia. Sua produção jurídica reunia as melhores doutrinas elaboradas pelo direito romano. Seus clérigos continuaram a utilizar a língua latina e tinham acesso aos acervos da Igreja, que havia reunido muito do que restara das grandes obras filosóficas da Antiguidade clássica.

O papel do cristianismo na construção da civilização ocidental é extraordinário. A mensagem cristã e a doutrina construída pelos filósofos e teólogos da nova religião penetraram profundamente nas mentes e corações do Ocidente, promovendo uma efetiva transformação na visão que o homem tinha sobre si mesmo, sobre o outro e sobre sua própria relação com o divino. A Igreja, desde seus primórdios, estabeleceu uma relação peculiar com os poderes políticos, não se identificando com nenhum deles, mas atuando diretamente nas tomadas de decisão e na formação das instituições e do direito dos povos ocidentais.

O direito romano

Por último, temos a pujante herança dos romanos, que formularam as bases do modo de vida jurídico, a partir do qual se desenvolveu a maneira de ordenação social que prevaleceu no Ocidente.

Com exceção do direito jurisprudencial elaborado pelos ingleses a partir do século XII, que formou as bases do sistema jurídico adotado pelos países anglófonos – a *common law* –, todas as demais nações europeias e latino-americanas, além de algumas nações da África, Ásia e Oceania,

Os FUNDAMENTOS ÉTICOS DA CULTURA JURÍDICA OCIDENTAL 45

compartilham de um modo de vida jurídico que se desenvolveu a partir do direito romano – o direito romanístico ou romano-germânico.[39]

A continuidade do direito romano não reside, como geralmente se afirma, na simples incorporação de seus institutos jurídicos ao direito atual. Mesmo porque uma continuidade que se fundamenta nos aspectos concretos e evidentes do direito, produto das contingências do tempo, não se sustenta ante às constatações mais superficiais que apontam a mudança de sentido desses institutos e mesmo perante o fato de que o caráter supostamente casuístico do direito romano o aproximaria mais da *common law* do que do direito romanístico. A continuidade está na transmissão do sentido universal dos princípios e definições dos juristas romanos, sob os quais se orientou o direito romano clássico e ainda se orienta muito do direito contemporâneo.

Por fim, é importante ressaltar que estes elementos característicos de uma civilização estão intrinsecamente conectados e que a separação aqui estabelecida não passa de recurso didático para facilitar a exposição. As formas de pensamento, a religião e a organização social de um grupo implicam-se mutuamente. O próprio direito romano, em sua elaboração histórica, sofrerá importantes influxos do modelo racional e de vários conceitos produzidos pelos gregos. Mesmo o cristianismo, nascido nos confins do Império romano, difundiu-se rapidamente graças à estrutura do Império, e, a partir do século IV d.C., passou progressivamente a influir na elaboração jurídica dos povos romanizados.

Portanto, das várias culturas que concorreram para a formação do complexo cultural da civilização ocidental, temos que seu núcleo

---

39 A propósito da *common law, vide* CAENEGEM, R. C. *The Birth of the English Common Law.* 2ª ed. Cambridge: Cambridge University Press, 1988; DAVID, René. *Os Grandes Sistemas do Direito Contemporâneo.* Trad. Hermínio A. Carvalho. São Paulo: Martins Fontes, 1986; LOSANO, Mario G. *Os Grandes Sistemas Jurídicos.* Trad. Marcela Varejão. São Paulo: Martins Fontes, 2007.

central, a partir do qual se processaram as suas sínteses mais importantes, compõe-se, sobretudo, das contribuições da *civilização greco-romana* e da *cultura cristã*. Não é que o Ocidente não tenha recebido importantes influências de outras culturas e civilizações, mas esses dois sistemas culturais constituíram seus fundamentos mais sólidos, a partir dos quais todos os demais foram processados.

Por esta razão, o que chamamos de Ocidente neste livro é a civilização ocidental católico-latina, que congrega as nações da Europa continental e suas antigas colônias da América Latina,[40] herdeiras das filosofias gregas, de um cristianismo predominantemente católico e do direito romano.

Oswald Spengler, numa perspectiva mais abrangente, afirma que o Ocidente compreende tanto a Europa ocidental quanto as Américas,[41] não distinguindo, portanto, o Ocidente católico do Ocidente protestante.

Arnold Toynbee, do mesmo modo, identifica por civilização ocidental o que chama de Cristandade Ocidental. Nesse sentido, escreve:

> Por Cristandade Ocidental, eu entendo o mundo católico romano e o mundo protestante, isto é, os adeptos do Patriarcado Romano que mantiveram fidelidade ao Papado, juntamente com os seus adeptos anteriores, que o repudiaram.[42]

---

40 Além de outras nações espalhadas pela África e Ásia.

41 SPENGLER, Oswald. *A Decadência do Ocidente*. Trad. Herbert Caro. Rio de Janeiro: Zahar, 1964, p. 23.

42 TOYNBEE, Arnold J. *Estudos de História Contemporânea: A civilização posta à prova; O Mundo e o Ocidente*. Trad. Brenno Silveira e Luiz de Sena. 2ª ed. Rio de Janeiro: Civilização Brasileira, 1961, p. 132.

Fernand Braudel, em sua *Gramática das Civilizações*, inclui sob a denominação civilizações europeias a Europa ocidental e a oriental, bem como a América do Norte e a Latina, além das colônias inglesas da África e da Oceania, nada obstante as compreenda como civilizações peculiares dentro da civilização maior, isto é, da tradição ocidental, da qual são continuidades.[43]

Samuel Huntington, ao contrário, entende que "a civilização ocidental é a civilização euro-americana ou do Atlântico Norte".[44] Desse modo, a América Latina seria uma civilização à parte ou uma "subcivilização" da civilização ocidental.[45]

Segundo o autor, historicamente "a civilização ocidental é a civilização europeia". Até o século XIX, a América do Norte compreendia-se como uma civilização distinta. "Era a terra da liberdade, da igualdade, da oportunidade e do futuro", enquanto "a Europa representava a opressão, os conflitos de classe, a hierarquia, o atraso".[46] Todavia, a partir do século XX passou a definir-se como parte de uma entidade mais ampla, da qual fazia parte a Europa. Passava, lentamente, a pretender-se como o líder do Ocidente.

Todavia, se a civilização ocidental é a civilização europeia, não podemos esquecer que as antigas colônias da Europa na América passaram por um longo processo de aculturação, pelo qual lhes foram transmitidos os fundamentos de sua composição cultural atual.

Além disso, não podemos olvidar do fato de que enquanto no oeste da Europa continental e na América Latina prevalece um cristianismo

---

43 BRAUDEL, *Gramática das Civilizações, cit., passim.*

44 HUNTINGTON, *O Choque de Civilizações, cit.*, p. 53.

45 HUNTINGTON, *O Choque de Civilizações, cit.*, p. 52.

46 HUNTINGTON, *O Choque de Civilizações, cit.*, p. 52-53.

católico, no norte da Europa e da América prevalece um cristianismo protestante, que os afasta em muitos aspectos éticos.

Desse modo, além da *civilização bizantino-ortodoxa* (ou eslavo--bizantina),[47] que, embora tenha se fundado a partir de elementos culturais comuns, construiu, a partir do rompimento com a Igreja romana no século IX, uma civilização à parte, a *civilização ocidental anglo--protestante*[48] parece ter constituído, a despeito dos laços comuns, uma civilização distinta do *Ocidente latino-católico*.

Enquanto o cristianismo católico, elaborado a partir das perspectivas greco-romanas manteve-se mais fiel às perspectivas originais da civilização ocidental, o cristianismo protestante, ao contrário, procurou resgatar o elemento judaico da religião, justamente o que havia sido intencionalmente afastado pelo mundo greco-romano. Tal fato promoveu alterações éticas significativas que repercutem na pauta valorativa sobre a qual se funda toda normatividade das suas respectivas civilizações.

---

47 Pode parecer estranho a certa tradição geopolítica considerar os herdeiros do Império romano do Oriente, com suas novas Romas (Constantinopla e Moscou), como ocidentais. Estamos perfeitamente cientes das razões que levam muitos a chamarem a civilização eslavo-ortodoxa de civilização oriental, ou Cristandade Oriental. Todavia, uma vez que sua cultura é lastreada no cristianismo, parece-nos mais razoável considerá-la uma terceira civilização de matriz ocidental e, portanto, que o Ocidente sofre duas cisões religiosas: a cisão do Cisma que separa a Igreja Católica Apostólica Romana da Igreja Ortodoxa, no século IX, e a cisão que separa, na modernidade, os católicos e protestantes. Interessante anotar o problema da classificação do mundo eslavo-ortodoxo, que talvez tenha levado Fernand Braudel a classificar as civilizações em civilizações europeias (que aqui chamamos ocidentais) e civilizações não europeias. Cf. BRAUDEL, *Gramática das Civilizações, cit., passim.*

48 José Luiz Borges Horta prefere a expressão *civilização extremo ocidental* para se referir ao que intitulamos aqui Ocidente anglo-protestante. HORTA, José Luiz Borges. *História do Direito*: Notas de Aula. Belo Horizonte: Programa de Pós-Graduação em Direito da UFMG, 2005.

Logo, o Ocidente latino-católico parece-nos ter se mantido mais arraigado aos seus fundamentos civilizacionais, sobretudo à perspectiva grega, não só em sua forma de pensar, mas nas sínteses com a religião cristã e com o direito romano que, em suas particularidades, já haviam sido elaborados sob as perspectivas culturais helênicas.

2. CULTURA, ÉTICA E DIREITO

A íntima e profunda relação entre ethos e cultura
(não sendo o ethos senão a face da cultura que se volta
para o horizonte do dever-ser ou do bem)
encontra no terreno da tradição ética o lugar
privilegiado de sua manifestação.
HENRIQUE C. DE LIMA VAZ, *Escritos de Filosofia*
II: Ética e Cultura, p. 19

A manifestação do direito na história

O DIREITO OCIDENTAL é o *resultado*[1] de um longo processo criativo, cuja primeira manifestação efetiva, enquanto normatividade específica, deu-se na Antiguidade clássica de Roma.

---

1   É importante observar que as manifestações jurídicas, objeto de estudo da Ciência do Direito, são normalmente tidas como resultado ou como produto acabado e definitivo da inteligência humana na conformação das suas relações sociais. A razão disto está no *animus* de se conferir às normas jurídicas um caráter quase sagrado de perenidade, sob a crença de que é possível ordenar a ação humana a partir de uma razão universal e imutável. Nada obstante, esta perspectiva deixa escapar a complexidade e riqueza do homem e de suas elaborações jurídicas. O direito seria melhor compreendido como um *devir* em constante formação, a albergar a mutabilidade e a diversidade do humano em incessantes *sínteses*. O direito é, pois, a própria razão que assume as diferentes particularidades (cada qual se afirmando como a materialização exclusiva da verdade, negando, portanto, a verdade alheia) e supera-lhes num resultado que é a unidade de toda a multiplicidade. Todavia,

Foram os romanos que forjaram o que nós, ocidentais, chamamos de direito. Eles estabeleceram uma **ordem normativa laica**, justificando suas normas não mais na vontade dos deuses, mas na **vontade da própria cidade,**[2] e reconheceram aos cidadãos a **prerrogativa de exigirem a efetivação dessas normas.**[3] Com isso, os romanos experimentaram, pela primeira vez na história, o direito em sua *verdade*, transcendendo suas formas primitivas, as quais não se distinguiam da religião ou da moral social (costume).

Muitos autores rebatem esta afirmação, sob o argumento de que estaríamos a desconsiderar as infindáveis elaborações normativas de diversos povos da Antiguidade, sobretudo as intensas atividades legislativas de algumas grandes civilizações, como a grega, a persa, a egípcia ou a chinesa.

Jean-Cassien Billier afirma que na Grécia já havia se formado uma visão completa do direito. Segundo o autor, os gregos não só elaboraram

---

este resultado (síntese) não é o fim, mas apenas um momento do movimento que tornará a cindir-se em novas oposições e a reagregar-lhas em novas sínteses.

2 Esta manifestação de vontade dava-se através do *consentimento expresso* das assembleias aristocráticas romanas, os comícios, no ritual de elaboração das leis, ou através do *consentimento tácito* das normas costumeiras, manifestado pelo hábito reiterado e pela reconhecida consciência de sua obrigatoriedade. Mario Bretone afirma que em Roma "o legislador não se coloca como intermediário entre a divindade e os súditos. Pode-se dizer que a cidade se manifesta na lei, autodisciplinando-se, e que **a lei é epifania da pólis**". BRETONE, Mario. *História do Direito romano*. Trad. Isabel Teresa Santos e Hossein S. Shooja. Lisboa: Estampa, 1988, p. 65 (grifo nosso).

3 Não estamos a desconsiderar a limitação que a noção de cidadania representava para o próprio sentido do direito. Todavia, é preciso perceber que, na manifestação finita e contingente de seu tempo, a ideia de que a norma jurídica representa a vontade da cidade e de que seus cidadãos poderiam exigir sua efetivação continha um princípio potencialmente infinito que permitiu sua perpetuação, enquanto princípio universal do direito.

Os FUNDAMENTOS ÉTICOS DA CULTURA JURÍDICA OCIDENTAL 53

uma ampla legislação, mas, ainda, alcançaram uma profunda consciência deste fato, tendo produzido uma farta teoria sobre a ação humana e sobre o dever do cidadão para com as leis da *polis*.

Desse modo, segundo o filósofo, a experiência normativa dos gregos, tendo se estabelecido sob a forma de leis, teria se alçado ao *status* jurídico.[4]

De fato, é inegável a experiência legislativa dos gregos, bem como a ampla doutrina que foi elaborada a propósito dela.[5] Ao que tudo indica, foram eles que, pela primeira vez na história, atingiram a consciência de que a lei representava a vontade da cidade. Este foi, deveras, o primeiro grande passo para o surgimento do direito como fenômeno normativo distinto dos demais.

Todavia, não podemos olvidar que as leis gregas cuidavam apenas de estabelecer *deveres* ao cidadão. Faltava-lhes a nota essencial do jurídico: não chegaram a disponibilizar mecanismos através dos quais fosse garantido ao indivíduo o poder de opor-se aos demais a fim de exigir-lhes a observância das suas normas.

O cidadão grego era "titular de direitos" (do *dever-poder* de decidir sob as regras da cidade) apenas enquanto parte orgânica do todo. Ele era tido como a consubstanciação da própria *polis*, indissociável, portanto, dela, o que impedia a afirmação de sua individualidade.

Com isso, as particularidades dissolviam-se completamente no todo, ficando o indivíduo submetido aos deveres sociais, sem que, em

---

4 BILLIER, Jean-Cassien; MARYIOLI, Aglaé. *História da Filosofia do Direito*. Trad. Maurício de Andrade. Barueri: Manole, 2005, p. 7-97.

5 Ilias Arnaoutoglou recolheu uma série de fragmentos de várias leis gregas. *Vide* ARNAOUTOGLOU, Ilias. *Leis da Grécia Antiga*. Trad. Ordep T. Serra e Rosiléa P. Carnelós. São Paulo: Odysseus, 2003. Ao nos referirmos à doutrina a propósito da experiência legislativa grega, temos em mente, sobretudo, os monumentais Platão e Aristóteles.

contrapartida, lhe fossem conferidas prerrogativas, que o reconhecesse como titular ou sujeito de direitos.[6]

Cumpre-nos ressaltar que a afirmação de que o direito é um fenômeno tipicamente romano não implica na negação de que outros povos tenham tido suas próprias elaborações normativas. Entretanto, essas normas não são propriamente jurídicas – não podem ser consideradas direito, em sua peculiaridade conceitual. A elas, atribui-se a qualidade de jurídica apenas por extensão analógica.

É importante perceber a sutileza da distinção ora apresentada. As formas "jurídicas" experimentadas por outros povos, mesmo por aqueles em estágios avançados de civilização, são jurídicas não no sentido rigoroso da palavra (*stricto sensu*), mas apenas enquanto contêm em si a potencialidade do direito,[7] ou então, enquanto compreendem o momento necessário que antecede a manifestação do direito em seu conceito.

O direito, considerado sob uma perspectiva ampla (*lato sensu*), é um fato inerente à própria vida humana, a qual é necessariamente social, ou política, como afirmara Aristóteles.[8] O homem, em face

---

6   Num estudo mais detido das leis gregas que chegaram até nós, pudemos verificar que elas estabeleceram, de fato, diretrizes de comportamento, sanções pelo seu descumprimento e mecanismos que impunham aos responsáveis pela observância da lei o *dever* de aplicação dessas sanções. Todavia, não encontramos nenhuma prerrogativa individual que estabelecesse a garantia de defesa ou de oposição à lei. Não que a possibilidade de defesa não existisse de fato, mas não havia sua garantia legal. Ela não poderia ser exigida como prerrogativa individual inviolável. Desse modo, não havia mecanismos *processuais* a limitar a força da coletividade (concretizada pela cidade), preservando o indivíduo (mesmo o contraventor). Afinal, o indivíduo isolado nada significava para o grego.

7   Nas categorias aristotélicas, poderíamos dizer, talvez, que elas são o direito em potência, a forma menos perfeita dele, que, nada obstante, contém a potência de sê-lo em ato, isto é, efetivamente realizado, em sua forma mais perfeita.

8   "O homem é, por natureza, um animal político." ARISTÓTELES. *Política*. Trad. Therezinha Monteiro D. B. Abrão. São Paulo: Nova Cultural, 2000, p. 146 (Livro I, 2, 9). O significado

Os fundamentos éticos da cultura jurídica ocidental   55

de sua fragilidade natural, carece do convívio com seus iguais para viabilizar a satisfação de suas necessidades e interesses e, mesmo, para garantir sua existência e continuidade. Além disso, sua capacidade racional e sua vocação ética dependem da vida em comum para realizarem-se plenamente.

Desse modo, o homem, para garantir a convivência social, do que depende sua própria conservação e realização,[9] precisa estabelecer regras para sua ação, compatibilizando as necessidades e os interesses. Ao fazê-lo, impondo e cobrando a sua observância, ele está vivendo o direito, no sentido amplo da palavra, no qual estão compreendidas suas formas primitivas.

A vida social é, nesse sentido, necessariamente jurídica. Daí o célebre brocardo latino de Ulpiano a afirmar *ubi societas, ibi ius* (onde está a sociedade, está o direito).

Todavia, há que se atentar para o fato de que esta EXPERIÊNCIA JURÍDICA, inerente a qualquer forma de vida social, apresenta-se, num primeiro momento, absolutamente integrada e indissociada das normas de caráter moral ou religioso. Além disso, sua imperatividade funda-se normalmente no *poder do mais forte* (que se materializa sob a figura de um indivíduo, o chefe ou o soberano, ou de um grupo capaz de submeter os demais), no *medo de forças sobrenaturais* (consubstanciado na crença em figuras divinas) ou, mesmo, na *consciência individual*.

O direito, em sua *verdade*, ou seja, como ordem normativa distinta das demais, manifestar-se-á na Antiguidade apenas na experiência jurídica romana. Isto foi possível, conforme veremos mais adiante, graças a peculiar

---

que os gregos atribuíam à palavra *política* era mais amplo do que o atual. Eles entendiam por política toda vida social, que não era outra coisa senão a participação nas tomadas de decisão da cidade.

9 Realização, aqui, no sentido de desenvolvimento pleno das capacidades e potencialidades humanas.

configuração político-social de Roma, que permitiu o estabelecimento de formas de ordenação da cidade, que gradativamente se afastaram dos argumentos de ordem moral ou religiosa, ou, mesmo, das formas violentas de imperatividade. Nesse ínterim, passou-se a justificar a imposição das normas (das leis, dos costumes e das decisões de ordem judicial ou administrativa) pela própria *vontade de seus destinatários* e a atribuir-lhes não só deveres, mas, também, *o poder (o direito) de exigir*[10] de cada um ou de todos a sua efetividade, protegendo, assim, a individualidade frágil do cidadão diante da força irresistível da coletividade.

Portanto, temos duas perspectivas segundo as quais podemos tomar o fenômeno jurídico.

Numa perspectiva analítica,[11] que busca atingir a nota distintiva do objeto, delimitando-lhe o alcance, a norma jurídica diferencia-se incontinenti dos demais tipos normativos (norma moral, norma religiosa, norma costumeira etc). Aprofundar-nos-emos, em breve, nestas distinções, mas, por ora, basta-nos perceber que, sob este prisma, o tipo normativo que reúne as qualidades às quais denominamos jurídicas, no sentido específico do termo (*stricto sensu*), é aquele elaborado pelos romanos e, mais tarde, pela civilização ocidental pós-revolucionária.

Nada obstante, numa perspectiva dialética,[12] poderíamos tomar o direito como um *devir*, ou seja, um incessante *vir a ser*, cujos momentos

---

10 Aos gregos faltou justamente este segundo elemento.

11 A perspectiva analítica, herdada das perspectivas lógicas estabelecidas por Parmênides e desenvolvidas, em especial, por Aristóteles, é a forma que prevaleceu no Ocidente para se fazer ciência. Ela retira o objeto de sua complexidade real, separando-o em partes, classificando-o e ordenando-o, segundo suas características peculiares. Desse modo, ela se apresenta insuficiente para se compreender a complexidade do objeto em sua universalidade, como pretende a filosofia.

12 Aproveitamo-nos aqui da dialética de Hegel, sem, todavia, ter a pretensão de repeti-la fielmente.

Os FUNDAMENTOS ÉTICOS DA CULTURA JURÍDICA OCIDENTAL

precedentes e seguintes devem ser relacionados para a compreensão do seu sentido. O direito é, sob este prisma, um movimento contínuo que só pode ser apreendido em sua totalidade.

Porém, nosso entendimento (nossa capacidade intelectual) necessita, para compreender o todo, tomar cada um de seus momentos estaticamente (analiticamente), como numa fotografia, a fim de detectar seus contornos. Desse modo, cada um dos momentos (figuras), em sua particularidade, parece opor-se aos demais, negando-os e afirmando a si como o único verdadeiro.

Entretanto, a razão, na lógica dialética, toma cada um desses momentos como uma manifestação original do absoluto, o qual não é uma entidade imutável, mas a totalidade do processo em que se manifesta (o que inclui todos os seus momentos). Portanto, esse processo só pode ser compreendido como a unidade que assume nela mesma toda a multiplicidade.

Nesse sentido, ensina Hegel que:

> O botão desaparece no desabrochar da flor, e poderia dizer-se que a flor o refuta; do mesmo modo que o fruto faz a flor parecer um falso ser-aí da planta, pondo-se como sua verdade em lugar da flor: essas formas não só se distinguem, mas também se repelem como incompatíveis entre si. Porém, ao mesmo tempo, sua natureza fluida faz delas momentos da unidade orgânica, na qual, longe de se contradizerem, todos são igualmente necessários. É essa igual necessidade que constitui unicamente a vida do todo.[13]

---

13 HEGEL, G.W. F. *Fenomenologia do Espírito*. Trad. Paulo Meneses. 2ª ed. Petrópolis: Vozes, 2003, p. 26 (§ 2).

Sob este prisma, as formas jurídicas primitivas, as quais ainda se encontram amalgamadas à moral e à religião, representam o momento que antecede a manifestação do direito em sua verdade. Entretanto, são partes igualmente necessárias do jurídico, o qual compreende a totalidade do seu próprio processo de formação (do seu movimento).

Nesse sentido, o direito é todo o processo de vida normativa que se impõe ao homem, albergando todos os seus momentos, inclusive suas formas primitivas.

Portanto, é importante ter clara esta distinção. A palavra direito, em seu uso jusfilosófico,[14] tem uma conotação mais abrangente, referindo-se ao *conjunto de normas que se impõem pela força à conduta humana*, o que inclui inevitavelmente as normas costumeiras ou religiosas de caráter obrigatório, que trazem em si traços de juridicidade, na iminência de manifestar-se em sua verdade conceitual.[15]

Por outro lado, a Ciência Jurídica, a fim de delimitar seu objeto de estudo, precisa estabelecer um uso mais restrito ao termo direito, utilizando-o para se referir ao conjunto de normas de conduta, que se distinguem dos demais tipos normativos, em virtude da força irresistível com a qual impõe seu conteúdo a ação, *reconhecendo, ao mesmo tempo, a faculdade ou o poder ao indivíduo de exigir do outro seu cumprimento, disponibilizando para tanto mecanismos de garantia individual e de concretização do conteúdo da norma.*

---

14 A Filosofia busca sempre o caráter universal ou total dos seus objetos de estudo. Desse modo, a Filosofia do Direito deve tomar o fenômeno jurídico em suas manifestações universais ou na totalidade do seu processo de manifestação. A Ciência do Direito, ao contrário, necessita delimitar seu objeto, distinguindo, portanto, a norma jurídica dos outros tipos normativos.

15 Mesmo que a consciência do conceito apenas seja alcançada posteriormente.

A eticidade do fenômeno jurídico

Feitas estas primeiras considerações acerca do fenômeno jurídico, cumpre-nos compreender a sua essencialidade ética, antes de avançarmos sobre as distinções dos vários tipos normativos.

Mariá Brochado, ao tratar da *eticidade do fenômeno jurídico*, chama atenção para a redundância da expressão *direito ético*, uma vez que a palavra ética é uma derivação do vocábulo latino *ethos*, "que significa sinteticamente **toda produção *normativa* da cultura**",[16] o que inclui, portanto, as normas de caráter jurídico.

Henrique C. de Lima Vaz, a fim de desvendar o complexo significado da palavra ética, busca em sua gênese etimológica seus elementos constitutivos. Conforme os ensinamentos do eminente filósofo mineiro, o termo latino *ethos*,[17] do qual deriva a forma portuguesa ética, é uma transliteração de dois vocábulos gregos, ηθοζ e εθοζ,[18] os quais, apesar de terem sido vertidos para o latim sob a mesma forma, apresentavam usos distintos na língua grega. O primeiro, grafado com a letra *eta* (η), designava "a morada do homem (e do animal em geral)".[19] O segundo, com *épsilon* inicial (ε), cognado do primeiro, referia-se "ao comportamento que resulta de um constante repetir-se dos mesmos atos". [20]

---

16 BROCHADO, Mariá. *Direito e Ética*. A Eticidade do Fenômeno Jurídico. São Paulo: Landy, 2006, p. 15.

17 No latim, *ethos* é a forma substantiva do termo, da qual deriva o adjetivo *ethike*. Em português temos a palavra ético (a) tanto para a forma substantiva quanto a adjetiva. Cf. VAZ, Henrique C. de Lima. *Escritos de Filosofia IV*: Introdução à Ética Filosófica 1. 2ª ed. São Paulo: Loyola, 2002 p. 13.

18 COMPARATO, Fábio Konder. *Ética*: Direito, Moral e Religião no Mundo Moderno. São Paulo: Companhia das Letras, 2006, p. 96.

19 VAZ, Henrique C. de Lima. *Escritos de Filosofia II*: Ética e Cultura. 3ª ed. São Paulo: Loyola, 2000, p. 12.

20 VAZ, *Escritos de Filosofia II: Ética e Cultura, cit.*, p. 14.

Desse modo, o termo ***ethos*** (ηθοζ), que em sua forma original continha o sentido de **morada**, "de um lugar de estada permanente e habitual, de um abrigo protetor", forneceu a raiz semântica que deu origem à utilização do ***ethos*** (εθοζ), agora grafado com ε inicial em vez de η, no sentido de **costume**, significando, portanto, padrão de ação.[21]

É interessante notar que o significado dado à palavra εθοζ, com sua pequena modificação de grafia, não passa de uma aplicação metafórica do sentido de morada albergado pelo termo ηθοζ. Afinal, conforme alerta Lima Vaz, o padrão de comportamento contido no costume é o que traz estabilidade à ação humana, fornecendo-lhe um caráter de permanência e segurança. O ***ethos*** (ηθοζ) é, deste modo, a própria *morada espiritual* do homem,[22] capaz de tornar o mundo da cultura (a vida social) habitável.

Nesse sentido, Lima Vaz ensina que:

> O *ethos* é a morada do animal e passa a ser a "casa" (*oikos*) do ser humano, não já a casa material que lhe proporciona fisicamente abrigo e proteção, mas a casa *simbólica* que o acolhe espiritualmente e da qual irradia para a própria casa material uma significação propriamente *humana*, entretecida por relações afetivas, éticas e mesmo estéticas, que ultrapassam suas finalidades puramente utilitárias e a integram plenamente no plano humano da *cultura*.[23]

Logo, conforme observara Mariá Brochado, a palavra ética traduz toda a normatividade humana, expressão necessária da própria vida

---

21 VAZ, *Escritos de Filosofia II:* Ética e Cultura, *cit.*, p. 13.

22 VAZ, *Escritos de Filosofia IV:* Introdução à Ética Filosófica 1, *cit.*, p. 40.

23 VAZ, *Escritos de Filosofia IV:* Introdução à Ética Filosófica 1, *cit.*, p. 39-40.

Os fundamentos éticos da cultura jurídica ocidental   61

social, a proteger o homem das intempéries das paixões e das contingências dos interesses individuais, abrigando-o sob a segurança de padrões objetivos de ação, válidos para todos.

Portanto, o *ethos* refere-se ao comportamento eleito pelo grupo para regular as ações individuais, a fim de conferir-lhes uma certa constância que possibilite a convivência.

Todavia, não podemos olvidar que a constância do comportamento humano pretendido pelo *ethos*, sob a forma de leis para a ação, não equivale à universalidade necessária das leis que descrevem os fenômenos naturais. O *ethos* refere-se ao comportamento que ocorre frequentemente ou quase sempre. Ele depende inevitavelmente da disposição humana (hábito) para agir não em conformidade com a contingência variável dos seus desejos e interesses, mas de acordo com *ethos* do grupo (costume ou tradição). Daí a oposição radical entre *physei* (o natural, o necessário) e *ethei* (o habitual).[24] Enquanto o movimento da *physis* (natureza) é uma necessidade, a ação humana (*praxis*), ao contrário, caracteriza-se pela *quase necessidade*, pelo hábito.[25]

A liberdade *imanente* à ação do homem, único ser capaz de transcender os limites (as determinações) de sua própria natureza e pautar sua conduta segundo os ditames de sua própria razão,[26] implica sempre

---

24   VAZ, *Escritos de Filosofia II: Ética e Cultura, cit.*, p. 14.

25   VAZ, *Escritos de Filosofia IV,* Introdução à Ética Filosófica 1, *cit.*, p. 16. É nesse mesmo sentido a afirmação de Aristóteles: "A natureza tem por objeto o que acontece sempre; o hábito, o que acontece muitas vezes". ARISTÓTELES. *Arte Retórica e Arte Poética*. Trad. Antônio P. de Carvalho. 16ª ed. Rio de Janeiro: Ediouro, s/a, p. 70 (Retórica, Livro I, Cap. XI, § 3). Ainda segundo Lima Vaz: "Na *physis*, estamos diante de uma necessidade *dada*, no *ethos* tem lugar uma necessidade *instituída*". VAZ, *Escritos de Filosofia II: Ética e Cultura, cit.*, p. 17.

26   É nesse sentido a afirmação de Kant: "Tudo na natureza age segundo leis. Só um ser racional tem a capacidade de agir *segundo a representação* das leis, isto é, segundo princípios, ou: só ele tem uma *vontade*. Como para derivar as acções das leis é

numa tomada de decisão que antecede o agir. Entre a ação estabelecida pela cultura como certa e a conduta reclamada pelos desejos e necessidades individuais há sempre o sublime poder de escolha, o que torna a lei do *ethos*, na forma do costume, apenas frequente, nunca necessária. Com isso, embora o *costume* adquira pelo *hábito* certa constância e regularidade, a indeterminação prévia da livre escolha torna-o "irredutível a qualquer determinismo lógico e natural".[27]

Há nesta reflexão três perspectivas segundo as quais o *ethos* pode ser tomado, ou como prefere Lima Vaz, à moda hegeliana, três momentos: como **costume**, como **hábito** e como **ação concreta**. No primeiro caso, ele é o *padrão de conduta* estabelecido objetivamente pela cultura em sua tradição histórica, tendo como referência um ideal de homem.[28] No segundo, é a *disposição individual* do homem para conformar sua conduta àquele padrão, assumindo-o como seu. No terceiro, é a *ação efetiva* do indivíduo em suas relações com seus iguais, na qual opta (com liberdade) por conformar sua conduta ao modelo estabelecido pela tradição.

Portanto, a **ação humana** (*praxis*) será tida como ética se o indivíduo tornar o **costume** (construção objetiva da cultura) um **hábito** permanente seu (virtude), assumindo-o como sua própria vontade.

---

necessária a *razão*, a vontade não é outra coisa senão a razão prática [...] A vontade é a faculdade de escolher *só aquilo* que a razão, independentemente da inclinação, reconhece como praticamente necessário, quer dizer como bom". KANT, Immanuel. *Fundamentação da Metafísica dos Costumes*. Trad. Paulo Quintela. Lisboa: Edições 70, 2005, p. 47. A propósito da ética e da ideia de liberdade em Kant, *vide* SALGADO, Joaquim Carlos. *A Ideia de Justiça em Kant*. Seu Fundamento na Liberdade e na Igualdade. Belo Horizonte: Editora UFMG, 1995.

27 VAZ, *Escritos de Filosofia IV*: Introdução à Ética Filosófica 1, *cit.*, p. 59-60.

28 Esse homem ideal, na teoria de Trendelenburg, exposta por Mariá Brochado, é um ideal "universalmente objetivo, para o qual cada indivíduo (singular) deve tender, realizando a ideia". BROCHADO, *Direito e Ética, cit.*, p. 45.

Nesse sentido, ensina Lima Vaz:

> Há, pois, uma circularidade entre [esses] três momentos: costume (*ethos*), ação (*praxis*), hábito (*ethos-hexis*), na medida em que o costume é fonte das ações tidas como éticas e a repetição dessas ações acaba por plasmar os hábitos. A *praxis*, por sua vez, é mediadora entre os momentos constitutivos do *ethos* como costume e hábito, num ir e vir que se descreve exatamente como círculo dialético: a universalidade abstrata do *ethos* como costume inscreve-se na particularidade da *praxis* como vontade subjetiva, e é universalidade concreta ou singularidade do sujeito ético no *ethos* como hábito ou virtude. A ação ética procede do *ethos* como do seu princípio objetivo e a ele retorna como a seu fim realizado na forma do existir virtuoso.[29]

Mariá Brochado esclarece que a vida ética é imanente à própria existência humana.[30] Em face da necessidade do convívio, um indivíduo precisa relacionar-se com outros e, ao fazê-lo, carece dos códigos de conduta comuns, a fim de tornar a convivência possível. Desse modo, tomará da tradição, na qual está inserido, os valores comuns (momento objetivo do *ethos*), subjetivando-os, segundo seus próprios critérios (momento subjetivo do *ethos*) e tornando-os diretrizes da sua ação na relação com o outro (momento intersubjetivo do *ethos*).

---

29 VAZ, *Escritos de Filosofia II: Ética e Cultura*, *cit.*, p. 15-16.

30 "O *ethos* é uma realidade que se apresenta a nossa experiência com a mesma evidência inquestionável com que se nos apresenta a natureza; ele é a realidade humana por excelência, no seu plano histórico, social e individual". BROCHADO, Mariá. *Consciência Moral e Consciência Jurídica*. Belo Horizonte: Mandamentos, 2002, p. 38.

Conforme sintetiza a autora, a partir dos ensinamentos de Lima Vaz:

> A experiência ética do ser humano passa por três momentos dialeticamente relacionados, referidos necessariamente um ao outro. O **momento subjetivo** é experimentado pelo indivíduo consigo mesmo, refletindo sobre seus propósitos, o que quer para si; independentemente da inserção na relação com o outro; o **momento intersubjetivo** é a experiência do outro "invadindo" a nossa individualidade, negada como absoluta num primeiro momento e afirmada em seguida, ao se confirmar que o *eu* só o é diante de *outro eu*. Os indivíduos na sociedade não se chocam como pedras rolando, mas se encontram, estabelecem propósitos recíprocos, valores, ou seja, realizam um *encontro pessoal*. Desse encontro passamos a experimentar o **momento objetivo**, que é a realidade objetiva que se impõe diante do indivíduo, comum ao seu semelhante, "'formada por leis, princípios, regras, expressos no *ethos* e que não se modificam (ou não podem ser modificados) pelo arbítrio de cada um".[31]

A passagem do momento subjetivo para o intersubjetivo implica um embate (conflito)[32] entre as várias subjetividades, que só será superado pelo *reconhecimento* e pelo *consenso*. Desse modo, o encontro com

---

31 BROCHADO, *Direito e Ética, cit.*, p. 76 (grifos nossos); VAZ, Henrique C. de Lima. *Escritos de Filosofia V*: Introdução à Ética Filosófica 2. 2ª ed. São Paulo: Loyola, 2004. Nesta obra, Lima Vaz faz um minucioso estudo sistemático do agir ético e da vida ética, tomados em seus vários momentos.

32 O conflito ético deve ser caracterizado fundamentalmente como conflito de valores e não como simples revolta do indivíduo contra a lei. Cf. VAZ, *Escritos de Filosofia II*: Ética e Cultura, *cit.*, p. 31.

o outro só será ético, se ele for reconhecido e acolhido como outro Eu, numa perfeita relação recíproca de alteridade.[33]

Mariá Brochado explica que:

> Esse momento do reconhecimento é o que permite a passagem da nossa subjetividade moral (ou do agir ético subjetivamente considerado) para o momento do agir ético (*intersubjetivo*). [...] Nesse *encontro* dos sujeitos morais forma-se o consenso sobre o que deve ser considerado "o melhor" (daí *axio*, ou o *digno de ser considerado*, e a consequente *transcendência* do valor), transpondo para o plano da *objetividade*, resultante dessa experiência de *reconhecimento*.[34]

E, mais adiante, completa:

> O consenso ético é consequência da relação recíproca do reconhecimento. [...] Os indivíduos "concordam em determinadas regras, comungam de determinados propósitos, encontram-se e auxiliam-se na realização

---

33 VAZ, *Escritos de Filosofia V*: Introdução à Ética Filosófica 2, *cit.*, p. 77. O **processo de reconhecimento** é em Hegel, conforme ensina Joaquim Carlos Salgado, o momento no qual uma consciência de si, na relação com outra consciência de si, dá-se conta que se relaciona consigo mesma, pois o outro é ela mesma (é um igual). A consciência de si só é *em si* e *para si* (isto é, livre), quando o for tanto para ela, quanto para o outro (outra consciência de si) que a reconhece como tal e reivindica para si tal reconhecimento. Este é o duplo sentido do reconhecimento: a consciência de si tem diante dela outra consciência de si, na qual reconhece a si mesma. Cf. SALGADO, Joaquim Carlos Salgado. *A Ideia de Justiça em Hegel*. São Paulo: Loyola, 1996, p. 255-257.

34 BROCHADO, *Direito e Ética, cit.*, p. 81.

de determinados fins comuns", numa *convenção* constantemente revigorada.[35]

Destarte, o termo **ética** é aqui tomado como o **padrão de conduta culturalmente elaborado**, por meio do reconhecimento e do consenso, e concretizado na forma de normas de comportamento objetivamente válidas (costumes ou leis). Daí a compreensão do *ethos* como **normatividade da cultura**.

Por outro lado, **ética** (ou moral) é também a disposição constante (o **hábito permanente**) de agir em conformidade com a ética, enquanto norma da cultura. Nesse caso, o agir ético é uma **virtude** (*arete*).

Por fim, temos a **Ética** como o conhecimento, a **ciência** que estuda a ética, como normas da cultura (ética propriamente dita) e como ação virtuosa (moral).

Há que se esclarecer ainda, antes de prosseguirmos na exposição, as relações entre a palavra **ética** e o vocábulo **moral**. Modernamente, tem-se utilizado o último para se referir ao agir humano em seu momento subjetivo, como ação moral ou virtude, reservando-se o termo ética para designar as normas da cultura, em sua realidade histórica e social, ou a ciência que estuda esses temas.[36]

Todavia, Lima Vaz chama atenção para a sinonímia dos dois termos em sua origem etimológica:

> O vocábulo *moral*, tradução do latim *moralis*, apresenta uma evolução semântica análoga à do termo *ética* (*o*). Etimologicamente a raiz de *moralis* é o substantivo *mos* (*mores*) que corresponde ao grego *ethos*, mas é dotado de polissemia mais rica, pois seu uso se estende a

---

35 BROCHADO, *Direito e Ética, cit.*, p. 98.

36 VAZ, *Escritos de Filosofia IV*: Introdução à Ética Filosófica 1, *cit.*, p. 15.

Os FUNDAMENTOS ÉTICOS DA CULTURA JURÍDICA OCIDENTAL   67

um amplo campo de expressões como pode ser verificado nos léxicos latinos. Mas já desde a época clássica, *moralis*, como substantivo ou adjetivo, passa a ser a tradução usual do grego *ethike*.[37]

O autor reproduz, ainda, as várias acepções da palavra *mos* enumeradas por F. Calonghi: "a. *vontade, desejo;* b. *conduta, seja como costume, uso, hábito, seja como comportamento, atitude;* c. *modo de ser, estado, natureza;* d. *lei, preceito, regra*".[38]

É evidente, pois, a conexão semântica entre os termos ética e moral. Tanto um quanto o outro, em seus contextos linguísticos, eram utilizados para se referir ora às *normas da cultura*, ora ao *hábito virtuoso*, pouco justificando, deste modo, sua moderna distinção. Além disso, conforme vimos, ambos os momentos se implicam de tal maneira, que não poderíamos pensar em uma ética que não fosse moral, ou numa moral que não fosse ética.

Todavia, a fim de evitar confusões, seguiremos o uso contemporâneo predominante, utilizando *ética* para nos referirmos ao conjunto de normas objetivas da cultura e, *moral*, para o aspecto subjetivo, virtuoso, da ação humana. E, ainda, *Ética*, grafada com inicial capitular, para identificar a ciência (ou o saber) que tem como objetos a ética e a moral.

Nesse sentido, é importante notar a sutil distinção que subjaz às expressões **direito ético** e **direito moral**, nada obstante ambas serem normalmente utilizadas indistintamente pelos juristas. A primeira, numa redundância evidente, conforme observara Mariá Brochado, revela a própria essência do fenômeno jurídico: o direito é parte, ou a forma mais sofisticada, das normas da cultura. Na segunda, teríamos

---

37 VAZ, *Escritos de Filosofia IV:* Introdução à Ética Filosófica 1, *cit.*, p. 14.

38 CALONGHI, F. *Dizionario latino-italiano.* 3ª ed. Turim: Rosenberg e Cellier, 1987, col. 1746-1747 *apud* VAZ, *Escritos de Filosofia IV:* Introdução à Ética Filosófica 1, *cit.*, p. 14.

apenas a atribuição de uma qualidade: o direito moral é aquele que tem conteúdo virtuoso, em oposição ao direito imoral ou amoral. De modo diverso, não poderíamos pensar em um direito que não fosse ético.

Nesta perspectiva, o direito é ético, enquanto plano objetivo mais elevado[39] das normas culturais, e é moral, enquanto em sua manifestação particular conforma-se à cultura, albergando seus valores e tornando obrigatórias as ações tidas por ela como certas.

Todavia, se tomarmos a ética e a moral numa perspectiva dialética, como momentos necessários e mutuamente implicados da ação humana, ora como norma da cultura, ora como hábito individual (que se conforma à norma da cultura), a distinção acima perde todo o sentido. Afinal, conforme vimos, há uma circularidade incessante entre a moral individual e a ética do grupo. A ação particular para ser considerada virtuosa (moral) precisa de um critério objetivo que a defina como tal, o qual será buscado, num primeiro momento, na ação ideal (aquela tida como certa) estabelecida pela tradição, ou seja, pelo *ethos* do grupo. Por outro lado, a ética, objetivamente "posta", é construída dialeticamente a partir do conflito entre as várias individualidades em suas ações concretas, que opõem e impõem seus interesses particulares. No entanto, a própria necessidade imanente de coexistência promove o reconhecimento do outro (afinal, o *eu* só o é diante de *outro eu*). Com isso, poder-se-á estabelecer o consenso, sempre renovado, acerca do conteúdo objetivo da ação valorosa.

Dessa maneira, o direito está situado no plano objetivo da ética, uma vez que ele alberga, por meio de seus sofisticados mecanismos, o conteúdo das normas da tradição histórico-cultural do grupo e,

---

39 É nesse sentido a compreensão de Joaquim Carlos Salgado do direito como *maximum* ético. A propósito, *vide* SALGADO, Joaquim Carlos. *A Ideia de Justiça no Mundo Contemporâneo*. Fundamentação e Aplicação do Direito como *Maximum* Ético. Belo Horizonte: Del Rey, 2006.

ao mesmo tempo, reproduz formalmente os processos de reconhecimento e de consenso, garantindo, pois, a coexistência pacífica dos conflitos particulares e, consequentemente, a efetividade e a renovação constante do *ethos*.

Por outro lado, considerado em sua particularidade, o direito é moral, enquanto, se conforma ao *ethos* do grupo. Todavia, numa sociedade complexa, na qual é possível identificar subsistemas morais, na medida em que novas perspectivas "éticas" (particularmente consideradas) manifestam-se e opõem-se ao consenso estabelecido (ou predominante), poderíamos questionar a moralidade do conteúdo das normas jurídicas. Porém, o direito, tomado como o *maximum* ético, é o momento resultante que assume (E DEVE ASSUMIR!) as particularidades, promovendo o consenso, isto é, o *ethos* num plano objetivo, válido, pois, para todos.

Nesse sentido, esclarece Mariá Brochado:

> Neste plano objetivo está situada a *lei jurídica*, como ponto de chegada da *lei moral* posta em diálogo, que desceu do plano universal à particularidade (efetivamente experimentada) da *praxis* acompanhada do outro, e que encontra seu termo não apenas como *universal concreto* ou *singularidade* da ação individual, mas como uma nova forma de universalização sob a forma de Direito, não de um (como a moral), mas de todos (dialogado moralmente).[40]

Nesse mesmo sentido, temos o precioso ensinamento de Joaquim Carlos Salgado:

---

40 BROCHADO, *Direito e Ética, cit.*, p. 81.

> O direito é a forma avançada e mais elaborada de universalização dos valores éticos, pois se tais valores permanecem regionalizados como valores morais de um grupo, embora a aspirem, não têm a objetividade de valores de toda a sociedade, não são valores como tais (universais) reconhecidos. [...] O direito é, nesse sentido, o *maximum* ético de uma cultura, tanto no plano da extensão (universal nesse caso significa de todos e reconhecido por todos), como também no plano axiológico – enquanto valores mais altos ou de cumeada, como tais formalizados. [...] Em suma, o que se compreende como *maximum* ético é que "quando certos valores, constituindo um núcleo da constelação axiológica de uma cultura, alcançam a universalidade material reconhecida na consciência ético-jurídica de um povo e a universalidade formal pela sua posição e normatização através da vontade política desse povo, é que adquirem a natureza de direitos".[41]

Desse modo, o *ethos,* em sua forma jurídica, explicitará o processo de construção dos valores *universais* do grupo. Ao mesmo tempo em que se impõe objetivamente, *positivando* o conjunto de normas que estabelecem a ação exigida pela cultura (liberdade objetiva), bem como os seus mecanismos de garantia coercitiva, promove a participação do sujeito moral na sua formação, disponibilizando-lhe instrumentos com os quais pode manifestar sua vontade (liberdade subjetiva) e reclamar sua efetivação, tornando-o, portanto, *sujeito de direito.*

---

41 SALGADO, *A Idéea de Justiça no Mundo Contemporâneo, cit.*, p. 9-10; SALGADO, Joaquim Carlos. Contas e Éticas. In: *Revista do Tribunal de Contas do Estado de Minas Gerais,* V. 30, Belo Horizonte, janeiro/março 1999, p. 98.

Nesse sentido, esclarece Salgado:

> Na perspectiva de uma reflexão filosófica sobre a sua realidade, o direito é uma totalidade ética que se desenvolve historicamente e fenomenologicamente como realização ética plena ou como último momento do processo ético, vale dizer, como realização da liberdade na sua forma subjetivada e objetivada, direito norma e direito do sujeito.[42]

Direito, moral e costume social

Conforme exposto, o termo ética refere-se a toda esfera de normatividade de um grupo. Nesse sentido, as normas costumeiras, as religiosas, as morais e as jurídicas compõem o acervo ético de uma dada tradição cultural.[43] Elas compreendem, portanto, momentos particulares do *ethos* de um grupo, o qual só pode ser compreendido na totalidade de seu processo de formação histórica.

Todavia, antes de captarmos a totalidade do movimento do *ethos* ocidental, cumpre-nos fazer a análise dos seus momentos particulares (suas figuras), destacando-lhes os contornos e as suas peculiaridades, a fim de compreender suas conexões necessárias.

---

42 SALGADO, *A Ideia de Justiça no Mundo Contemporâneo, cit.,* p. 3.

43 Norberto Bobbio afirma que: "As normas jurídicas [...] não passam de uma parte da experiência normativa. Além das normas jurídicas, existem preceitos religiosos, regras morais, sociais, costumeiras, regras daquela ética menor que é a etiqueta, regras de boa educação *etc.* Além das normas sociais, que regulam a vida do indivíduo quando ele convive com outros indivíduos, há normas que regulam as relações do homem com a divindade, ou ainda do homem consigo mesmo". BOBBIO, Norberto. *Teoria da Norma Jurídica.* Trad. Fernando P. Baptista e Ariani B. Sudatti. São Paulo: Edipro, 2001, p. 25-26.

72   MARCELO MACIEL RAMOS

Desse modo, partimos, aqui, de uma perspectiva analítica, a fim de compreender a norma jurídica como objeto da Ciência do Direito. Nesse intuito, buscaremos explicitar as notas características do fenômeno jurídico, distinguindo-o, pois, dos demais tipos normativos.

Não pretendemos, aqui, recapitular a volumosa doutrina jurídica que, na tentativa de conferir autonomia à Ciência do Direito se esforçou intensamente por distinguir o direito da moral, dos costumes e da religião. Aproveitaremos, todavia, os critérios estabelecidos, sumarizando apenas aquelas reflexões mais elucidativas.

De modo geral, afirma-se que **toda norma de conduta estabelece deveres**, ou seja, prescreve diretrizes para a ação humana.

Dessa assertiva, podemos extrair, a princípio, dois elementos constitutivos da norma de conduta: o **agir humano,**[44] ao qual ela sempre se refere, e o **dever,**[45] que ela prescreve.

Partindo destes dois elementos podemos, pois, organizar alguns critérios segundo os quais normalmente se distinguem as regras de comportamento: 1) a *unilateralidade* ou a *bilateralidade* da relação de dever; 2) a *autonomia* ou a *heteronomia* do conteúdo da prescrição; 3) a *interioridade* ou a *exterioridade* da conformação da ação à norma; e 4) o tipo de garantia de efetividade que o mandamento estabelece (a *coercitividade*).

---

44 Precisamos tomar aqui o agir humano abstratamente, tendo em vista que determinadas normas têm como destinatários de seus deveres instituições, universalidades de pessoas (pessoa jurídica ou pessoa coletiva) ou bens (fundações) e, mesmo, o Estado. Todavia, todas estas entidades são abstrações do humano, em suas organizações coletivas, tendo sempre o humano como sua razão de ser e suas ações são sempre executadas pelos homens que as representam.

45 Mesmo uma norma jurídica que não contém uma determinação de conduta, mas apenas confere uma faculdade, gera, por via indireta, um dever aos demais de respeitarem, seja qual for, a decisão do sujeito no que tange à possibilidade de ação que lhe é atribuída.

A partir desses critérios, afirma-se que o que diferencia a **norma jurídica** dos demais tipos normativos são as seguintes características: a *bilateralidade*, a *heteronomia*, a *exterioridade* e a *coercitividade*. Há que se ressaltar que a análise aqui proposta toma a norma em sua generalidade conceitual, isto é, em seu aspecto abstrato. Desse modo, o fato de uma regra particular não se enquadrar nestas categorias não invalida necessariamente a assertiva. Numa definição, enuncia-se o caráter universal do objeto ou, ao menos, as características que se repetem com frequência.

Por outro lado, é importante salientar que é sempre mais adequado o exame da norma em seu contexto normativo. Conforme observa Norberto Bobbio, a análise de um preceito em sua individualidade é pouco elucidativa para promover a distinção aqui proposta.

Nesse sentido, reflete o autor:

> Repensemos por um momento as várias tentativas feitas para definir o Direito através deste ou daquele elemento da norma jurídica. Todas elas resultaram em sérias dificuldades. Os critérios adotados, a cada vez, para encontrar uma definição do Direito tomando como base a norma jurídica ou foram tais que deles não foi possível obter qualquer elemento característico dessa norma com respeito a outras características de norma (como as normas morais ou sociais), conduzindo, portanto, a um círculo vicioso, ou então reconduziram àquele fenômeno mais complexo da organização de um sistema de regras de conduta, no qual consiste justamente o ordenamento jurídico.[46]

---

46 BOBBIO, Norberto. *Teoria do Ordenamento Jurídico*. Trad. Maria Celeste Cordeiro L. dos Santos. 10ª ed. Brasília: UMB, 1999, p. 22-23.

74 MARCELO MACIEL RAMOS

E, mais adiante, completa:

> O que comumente chamamos de Direito é mais uma características de certos ordenamentos normativos que de certas normas.[47]

Todavia, o equívoco não está em buscar os elementos distintivos do direito na norma, mas sim em considerar as suas particularidades eventuais para estabelecer seu caráter geral. Além disso, a norma, conforme constata o próprio autor, não pode ser concebida isoladamente,[48] pois ela é necessariamente parte integrante de um complexo normativo (ordenamento) e apenas a visão do todo permitirá sua adequada compreensão.

Além do mais, apesar de as características da norma tomada individualmente não terem sido suficientes para distinguir e definir o jurídico, sua apreciação é de grande ajuda para entendê-lo.

Retomemos, pois, a distinção dos tipos normativos.

Afirma-se que a característica essencial da **norma jurídica** reside em sua **bilateralidade**.[49] Ela refere-se sempre a relações intersubjetivas. Desse modo, ao estabelecer a forma através da qual um indivíduo *deve* se comportar em seu convívio com os outros (*obrigação*), ela confere

---

47 BOBBIO, *Teoria do Ordenamento Jurídico, cit.*, p. 28.

48 Não há ordenamento composto de uma só norma. Cf. BOBBIO, *Teoria do Ordenamento Jurídico, cit.*, p. 31. Afinal, uma norma precisa sempre de outras que lhe deem suporte, seja para explicitá-la, seja para estabelecer suas consequências.

49 Miguel Reale refere-se a uma *bilateralidade atributiva*, que segundo o próprio autor é equivalente à *intersubjetividade, alteridade* e, mesmo, *bilateralidade*, a que se referem outros autores. Ele assim a define: "Bilateralidade atributiva é, pois, *uma proporção intersubjetiva, em função da qual os sujeitos de uma relação ficam autorizados a pretender, exigir, ou a fazer, garantidamente, algo*". REALE, Miguel. *Lições Preliminares de Direito*. 27ª ed. São Paulo: Saraiva, 2002, p. 51.

aos demais o *poder* de exigir seu cumprimento (*faculdade, prerrogativa*). Portanto, a norma jurídica, ao mesmo tempo em que institui um dever, abribui necessariamente um direito. O contrário também é verdadeiro. Ao estabelecer um direito, gera o dever de sua efetivação. Miguel Reale esclarece que:

> A razão de medir do Direito não se polariza em um sujeito ou no outro sujeito, mas é *transubjetiva*. A relação jurídica apresenta sempre a característica de unir duas pessoas entre si, em razão de algo que atribui às duas certo comportamento e certas exigibilidades. O *enlace objetivo de conduta que constitui e delimita exigibilidades entre dois ou mais sujeitos, ambos integrados por algo que os supera, é o que chamamos de bilateralidade atributiva.* A essência do fenômeno jurídico é dada por esse elemento que não se encontra nas outras formas de conduta.[50]

Como desdobramento da bilateralidade, temos, pois, a **exigibilidade**. A norma jurídica não só estabelece deveres obrigatórios, como atribui ao sujeito a titularidade dos direitos concedidos, disponibilizando mecanismos (processos judiciais – *actio*) através dos quais ele pode reclamar sua violação, exigindo a reparação ou a imposição do mandamento pela força irresistível do grupo, politicamente organizado.

Nesse sentido, ensina Salgado que:

> A **bilateralidade** do direito pela atribuição de um direito e imposição do dever torna evidente a categoria da **exigibilidade** do dever, correlato da faculdade do sujeito de direito, posta pela norma *universalmente*

---

50 REALE, *Filosofia do Direito, cit.*, p. 403.

válida do direito, e faz possível a realização concreta da justiça nos seus momentos essenciais, ou seja, da **universalidade** da norma, legal ou costumeira, que outorga o direito subjetivo e impõe o dever jurídico, manifestada na particularidade dos interesses conflitivos, mediante os quais o sujeito singular de direito realiza a universalidade concreta da ideia de justiça.[51]

E, mais adiante, completa:

Essa bilateralidade não se compreende sem as demais categorias, principalmente da **irresistibilidade** do direito. Só é possível nela pensar se se fizer ingressar nessa dinâmica lógica do direito o conceito de *actio*, como caracterizadora da força universal e irresistível do direito, e, ainda, se se leva em consideração a exigibilidade que fundamenta essa *actio*, por decorrência da universal **tributividade** do bem jurídico. A *actio* caracteriza a irresistibilidade do direito como elemento realizador da sua universalidade formal, já que no sujeito da ação está o todo social organizado, do mesmo modo que a exigibilidade decorrente da *tribuição* do bem jurídico caracteriza a universalidade material do direito; ambas as dimensões têm como expressão de síntese o sujeito universal de direito.[52]

Afirma-se, ainda, que a norma jurídica é **heterônoma**, isto é, ela vale igualmente para todos (objetivamente), a despeito da opinião ou do querer individual do obrigado no momento em que exterioriza

---

51 SALGADO, *A Ideia de Justiça no Mundo Contemporâneo, cit.*, p. 80 (grifos nossos).

52 SALGADO, *A Ideia de Justiça no Mundo Contemporâneo, cit.*, p. 81 (grifos nossos).

a sua ação. Daí deriva outra característica do direito, normalmente apontada pela doutrina: a **exterioridade**. Além do dever ser posto externamente, pouco importando a consciência ou a concordância interior do indivíduo, basta, no momento da ação, a conformação externa com o conteúdo da norma.[53]

Por fim, aponta-se a **coercitividade** típica das normas jurídicas como o seu elemento distintivo. Segundo Bobbio, o preceito jurídico gozaria de *eficácia reforçada*, uma vez que sua observância está garantida por uma força legítima que se impõe através de sanções externas, institucionalizadas, proporcionais e aplicadas por um órgão imparcial (supra partes).[54]

---

53 Mariá Brochado ensina que é "justamente no fato de o direito posto não necessitar de adesão individual em que está a sua força. Este é produto do consenso de uma sociedade, que, se, não reconhecido, impõe-se coercitiviamente àqueles que não o reconhecem como a exteriorização objetiva de uma comunhão de propósitos". BROCHADO, *Consciência Moral e Consciência Jurídica, cit.*, p. 263. Todavia, conforme adverte a autora, se por um lado "a lei moral não se impõe contra a vontade do sujeito moral", razão pela qual surge a lei jurídica para suprir essa falha (BROCHADO, *op. cit*, p. 264), por outro, há que se perceber que "se a moral encontrou no direito sua forma de existir, essa forma deve ser analisada não simplesmente como lei exterior e indiferente, mas como um processo, que vai desde o consenso sobre a necessidade de instauração de uma ordem coercitiva até o momento da bilateralidade da relação jurídica que aparece sobre a forma didática de dever-direito subjetivo" (BROCHADO, *op. cit.*, p. 200). Esta é, pois a consciência jurídica, que é a consciência que passa a perceber o fenômeno ético, sob a forma da juridicidade (BROCHADO, *op. cit.*, p. 271). Nesse sentido, defende a autora que "para que seja possível o desenvolvimento da consciência jurídica é necessário o resgate da educação moral, acompanhada de uma educação jurídica" (BROCHADO, *op. cit.*, p. 274). Sobre a educação jurídica, *vide* BROCHADO, Mariá. Pedagogia Jurídica para o Cidadão: Formação da Consciência Jurídica a partir de uma Compreensão Ética do Direito. *Revista da Faculdade de Direito da UFMG*, Belo Horizonte, Faculdade de Direito da UFMG, número 48, p. 159-188, 2006.

54 BOBBIO, *Teoria da Norma Jurídica, cit.*, p. 161-162.

As **normas morais**,[55] ao contrário das jurídicas, são **unilaterais**, uma vez que se referem à relação do sujeito com sua própria consciência, e **autônomas**, visto que o dever é posto pelo próprio sujeito a ele mesmo. Desse modo, elas são **interiores** e desprovidas de qualquer força externa que as imponham.

Para Immanuel Kant, conforme magistral exposição de Salgado, a ação moral encontra um fim em si mesma, representada unicamente pela adesão subjetiva ao dever, desprovida, portanto, de qualquer razão externa. Já a ação jurídica, segundo Kant, encontraria fora de si a razão da ação (heteronomamente). Com isso, o direito identificar-se-ia com a coerção, com a força utilizada para garantir seu cumprimento.

Nesse sentido, ensina Salgado:

> A ação moral exige, para que se possa qualificar na categoria da *moralidade*, que o seu motivo seja unicamente o dever, isto é, o respeito à lei moral (em suma, a própria lei moral); [...] No direito, se a conformidade com a lei (cumprimento) se fez por temor da sanção, por receio a um castigo religioso, ou descrédito social, etc. em nada interessa isso ao direito, que se dá por satisfeito por ter sido sua lei observada. Na moral exige-se uma adesão total da ação à lei moral, como ao seu motivo.[56]

---

55 Há que se esclarecer que a palavra moral é tomada pelo uso vulgar no mesmo sentido de regra social ou costume, o que promove algumas confusões mesmo nos círculos acadêmicos. Tecnicamente, a regra moral é sempre subjetiva, opondo-se, portanto à *moral social* (o costume), objetivamente construída.

56 SALGADO, *A Ideia de Justiça em Kant, cit.*, p. 256-257. Para um exame pormenorizado da diferença entre Consciência Moral e Consciência Jurídica, *vide* BROCHADO, *Consciência Moral e Consciência Jurídica, cit., passim.*

Miguel Reale esclarece que a conduta moral se pauta por um valor que está no próprio homem, em sua *subjetividade consciente*. "Quando o nosso comportamento se conforma a uma regra e nós a recebemos *espontaneamente*, como regra autêntica e legítima de nosso agir, o nosso ato é moral."[57] A interiorização dessa regra não precisa ser racional (deliberada), basta que seja recebida livremente, que haja assentimento, mesmo que não se alcance o seu significado. A conduta moral é, pois, incompatível com qualquer coerção, física ou psíquica.

Desse modo, segundo Bobbio:

> A única consequência desagradável da violação de uma norma moral seria o sentimento de culpa, um estado de incômodo, de perturbação, às vezes angústia, que se diz, na linguagem da ética, "remorso" ou "arrependimento".[58]

Eduardo García Máynez estabelece uma distinção entre a moral e o direito bastante elucidativa:

> *La diferencia esencial entre normas morales y preceptos jurídicos estriba en que las primeras son unilaterales y los segundos bilaterales. La unilateralidad de las reglas éticas se hace consistir en que frente al sujeto a quien obligan no hay otra persona autorizada para exigirle el cumplimiento de sus deberes. Las normas jurídicas son bilaterales porque imponen deberes correlativos de facultades o conceden derechos correlativos de obligaciones. Frente al jurídicamente obligado encontramos*

---

57 REALE, *Filosofia do Direito, cit.*, p. 396 (grifo nosso).

58 BOBBIO, *Teoria da Norma Jurídica, cit.*, p. 155.

siempre a otra persona, facultada para reclamarle la observancia de lo prescrito.[59]

E, ainda:

A la incoercibilidad de la moral suele oponerse la coercibilidad del derecho. Los deberes morales son incoercibles. Esto significa que su cumplimiento ha de efectuarse de manera espontánea.[60]

Já a *norma social (o costume)* tem como características comuns aos preceitos jurídicos a *bilateralidade*, a *heteronomia* e a *exterioridade*. Apontam-se como diferenças essenciais entre elas a origem, o tipo de sanção e a extensão da bilateralidade.

A origem e o conteúdo das normas costumeiras não podem ser identificados com a mesma precisão que as das regras jurídicas, que ganham vida por um ato inequívoco do legislador ou do juiz. As normas sociais são aquelas plasmadas pelo uso reiterado, pondo-se objetivamente a todos, através da construção gradativa do consenso acerca da sua obrigatoriedade.[61] A norma jurídica, de outro modo, ganha vida por uma declaração expressa de vontade, que cria ou reconhece o seu conteúdo.

---

59 GARCÍA MÁYNEZ, Eduardo. *Introducción al Estudio del Derecho*. 57ª ed. México: Porrúa, 2004, p. 15.

60 GARCÍA MÁYNEZ, *Introducción al Estudio del Derecho, cit.*, p. 21.

61 Os romanos reconheciam aos costumes *status* de direito não escrito: "Não escrito é o direito que o uso aprovou, porque os costumes repetidos, diuturnamente, e aprovados pelo consenso dos que os usam, equivalem à lei". Inst. 1, 2, 9 (INSTITUTAS DO IMPERADOR JUSTINIANO. Trad. Cretella Jr. e Agnes Cretella. 2ª ed. São Paulo: RT, 2005, p. 25).

Os fundamentos éticos da cultura jurídica ocidental 81

A sanção social, isto é, a resposta pelo descumprimento de um costume, dá-se pela reprovação, pelo isolamento, pelo linchamento, pela eliminação do ofensor (morte ou degredo), além das mais variadas formas de violência física ou psíquica. Não há uniformidade ou constância entre o descumprimento da norma e a punição, muito menos certeza quanto à sanção que será aplicada. Além disso, a resposta é dada sempre de forma imediata pelo próprio ofendido ou pelo grupo, no clamor das emoções, sem que se garanta, ao ofensor, defesa adequada ou a proporção entre a ofensa e a pena.

Não obstante as normas sociais tutelarem relações intersubjetivas, a bilateralidade da relação fica comprometida pela desigualdade de suas partes e pela ausência de garantias de exigibilidade. Diante da superior força do ofensor, não há como garantir a eficácia da sanção. Além disso, os costumes compreendem o código não escrito de conduta de um grupo, o qual estabelece o rol de deveres consagrados pelo uso, sem, em contrapartida, atribuir aos seus destinatários a sua titularidade, isto é, a prerrogativa de exigi-los dos demais, através da disponibilização de mecanismos adequados para reclamá-los e da força organizada do grupo (institucionalizada) para garanti-los.

Segundo Bobbio:

> O defeito das sanções sociais não é, todavia, a falta de eficácia, mas a *falta de proporção entre violação e resposta*. Sendo a resposta confiada ao grupo impessoalmente, ou a alguns membros do grupo não definidos pessoalmente, ela não é guiada por regras precisas.[62]

É importante lembrar, ainda, que o que diferencia a simples norma social (costume) e o direito costumeiro ou consuetudinário (norma

---

62 bobbio, *Teoria da Norma Jurídica, cit.*, p. 158

jurídica, portanto) é justamente a organização de sua força coercitiva e o estabelecimento de mecanismos de exigibilidade, que atribuem, portanto, prerrogativas ao indivíduo. Isto somente se dá, pois, com a assunção da norma social como norma consuetudinária, por via da intervenção da organização política estabelecida, através do juiz ou de alguma autoridade equivalente.

Direito e religião

As *normas religiosas*,[63] por sua complexidade, apresentam uma maior dificuldade de distinção em relação aos demais tipos normativos. Ora manifestam-se sob a forma de normas sociais, tutelando as ações de seus fiéis em suas relações intersubjetivas, apresentando, então, um caráter bilateral, heterônomo e exterior, ora revelam-se sob a forma de normas morais, fornecendo o conteúdo dos deveres do indivíduo para com sua própria consciência, exprimindo-se, pois, sob um aspecto unilateral, autônomo e interior. E, ainda, em determinados contextos históricos, albergam uma certa juridicidade, à medida que organizam instâncias de exigibilidade de seu conteúdo.[64]

Todavia, é importante perceber que no que, tange às normas religiosas, os contornos destas distinções ficam pouco evidentes.

---

63 A normatividade humana pode ser separada numa série interminável de tipos de norma. Além das que foram citadas, temos normas políticas, normas econômicas etc. Todavia, interessa-nos, aqui, apenas as sociais, as morais, as religiosas e as jurídicas, em suas conexões e implicações mútuas.

64 Se buscarmos na história, encontraremos momentos nos quais as regras religiosas são impostas e garantidas pela instituição religiosa, através de sua força organizada e irresistível, como é o caso da Inquisição promovida pela Igreja Católica. Nesses momentos, essas normas religiosas assumem uma forma precária de juridicidade, que as aproxima bastante das regras jurídicas.

Em seu *agir moral*, o indivíduo é movido por um valor que encontra em si mesmo, em sua própria individualidade consciente. Mesmo que o conteúdo do dever seja construído objetivamente pela tradição cultural na qual está inserido, sua ação será moral se ele tomar este conteúdo, segundo seus próprios critérios racionais, como sendo seu.

Em seu *agir social*, ao contrário, o sujeito é movido por um valor que encontra na consciência alheia. Age conforme os costumes por temor ou por respeito ao juízo de outrem.

Numa perspectiva jurídica, do mesmo modo, o que importa é a conformação exterior do sujeito ao preceito. Portanto, para caracterizar o *agir jurídico*, basta que seu motivo seja o temor da sanção. Mas, ao contrário do agir social, no qual o valor da ação está no outro, o valor da ação jurídica não está nem no outro, nem no sujeito da ação, mas num plano objetivo que transcende os indivíduos (transubjetivo), materializado pelo direito, enquanto todo normativo, que conecta igualmente os sujeitos em suas relações.[65]

Já o *agir religioso* é movido por um temor fundado numa força divina, localizada em outro plano de existência, exterior, portanto, ou, ainda, pela adesão espontânea à vontade da divindade, a quem o indivíduo se entrega inteiramente, interiorizando o mandamento. Desse modo, a sanção religiosa é um misto de arrependimento puramente interior (moral) e de um duplo temor, da danação divina (religiosa) e da fúria do grupo (social).

Vale lembrar que o conteúdo do dever moral e do social é necessariamente o mesmo, afinal, a ação só pode ser considerada moral se está sinceramente conformada ao *ethos* social. O que vai permitir a distinção entre uma norma moral e um costume é o fato de o sujeito, no

---

65 Miguel Reale apresenta um interessante estudo sobre as modalidades de conduta, do qual aproveitamos aqui algumas reflexões. *Vide* REALE, *Filosofia do Direito, cit.*, p. 394-406.

momento de sua ação concreta, estar convencido (espontaneamente) do conteúdo do dever (ação moral) ou ter se adequado a ele por temor, ou mesmo, por respeito, nada obstante intimamente discorde dele (ação social). Desse modo, enquanto a sanção da norma moral só pode ser interior (remorso, arrependimento), a sanção da norma social é exterior, manifestada pela pressão do grupo.

Norberto Bobbio assevera que em vista da precariedade das normas morais, a depender sempre da consciência individual (sanção interior), elas "são geralmente reforçadas com sanções de ordem religiosa, que são sanções externas e não mais internas".[66]

Lima Vaz ensina que:

> O fato incontestável de que a religião se apresente, em todas as culturas conhecidas, como a portadora privilegiada do *ethos*, é uma ilustração eloquente do necessário desdobramento do *ethos* em tradição ética. Com efeito, a universalidade de fato do fenômeno religioso é estritamente homóloga à universalidade de fato do fenômeno ético. A sacralização das normas éticas fundamentais ou sua sanção transcendente visam assegurar a eficácia da sua transmissão.[67]

Todavia, é importante perceber que embora o temor da sanção transcendente reforce a observância da norma social sacralizada, isto é, tornada religiosa, a verdade inquestionável da vontade divina e a necessidade de submeter-se a ela promovem, normalmente, a interiorização espontânea dos mandamentos religiosos, convertendo-os, deste modo, em deveres propriamente morais.

---

66 BOBBIO, *Teoria da Norma Jurídica*, *cit.*, p. 157.

67 VAZ, *Escritos de Filosofia II:* Ética e Cultura, *cit.*, p. 18.

Isto vale, sobretudo, para uma religião como a cristã, na qual se exige não só a observância exterior dos seus preceitos, mas sua sincera interiorização. Nesse caso, a ação religiosa é aquela que se conforma à vontade divina (revelada nas inscrições sagradas), numa demonstração de submissão e obediência, que deve ser demonstrada em sua manifestação exterior (ação social) e, ao mesmo tempo, o valor da conduta há de ser comungado sinceramente pelo fiel (ação moral).

Segundo Juan Martín Velasco, podemos distinguir quatro tipos principais de religião, considerando a forma como fundamentam a validade das suas normas e como justificam os seus critérios de valoração. O primeiro tipo compreende as religiões em que se acredita em uma ordem cósmica (*religiões cosmológicas*), na qual os homens e os deuses estão organicamente integrados. Nestas religiões, o preceito ético consiste na participação harmônica do homem nessa ordem. Desta forma, a conduta humana deve conformar-se a um princípio (força cósmica ou lei da natureza) que rege o conjunto do universo, incluindo homens e deuses. Podemos encontrar essa concepção no taoismo chinês, no *Rig Veda* e na antiga religião grega. O segundo tipo é composto pelas "religiões de orientação mística, nas quais o ideal de salvação se resume na identificação do sujeito com o absoluto" (*religiões místicas*). Nesse caso, os preceitos éticos visam preparar o sujeito para a iluminação, através da interiorização e concentração, como ocorre no budismo e no hinduísmo. O terceiro tipo abrange as religiões nas quais se acredita numa ordem superior, materializada na figura de um Deus, senhor de todas as coisas, cuja vontade, revelada pelos profetas, deve guiar a conduta humana (*religiões proféticas*). Aqui, a ação moral é aquela que se conforma a essa vontade. Nesse tipo de religião, a compreensão pessoal de Deus é essencial para a fundamentação religiosa da moral. É o caso do judaísmo, do islamismo e da religião de Zaratustra. O quarto é um desdobramento do terceiro, mas, ao contrário desse, no qual os mandamentos são oriundos de uma vontade exterior ao homem, seus "mandamentos são antes a expressão e a consequência da nova forma de vida que provém do fato de o crente ter sido introduzido na própria vida de Deus e agraciado com seu espírito" (*religiões cristãs*). Não se trata, aqui, de uma relação de obediência e submissão, mas da consequência do amor de Deus, que, em sua misericórdia e caridade, recebe todos em sua comunhão, em troca apenas do amor dos fiéis.[68]

Teríamos, portanto, como fundamento das *religiões cosmológicas* uma ética da harmonia (equilíbrio), das *religiões místicas*, uma ética do desprendimento (autoabandono) e da purificação, das *religiões proféticas*, uma ética da obediência e da submissão, e das *religiões cristãs*, um *ethos* fundado na caridade, nada obstante, nessas últimas, a noção de obediência e submissão não tenha sido superada completamente.

Portanto, nas religiões cristãs, temos que o móbil da ação religiosa é um misto que encontra seu valor, ao mesmo tempo, *num ente transubjetivo* (Deus), equiparando-se assim à ação jurídica,[69] *na própria congregação religiosa* (no outro), seja na figura do companheiro de culto, seja na própria instituição religiosa, comparando-se, pois, à ação social, e *no próprio sujeito do agir*, aproximando-se, ainda, da ação moral.

Por fim, é importante ressaltar que a distinção entre as diversas modalidades de condutas humanas, segundo suas formas normativas, deve ser entendida como uma tentativa de separar doutrinariamente algo que é indissociável na complexa realidade do homem. Nenhuma ação humana tem como guia um único valor, ou uma única razão. Não

---

68 MARTÍN VELASCO, Juan. *Religião e Moral*. In: VIDAL, Marciano (org.). *Ética Teológica; Conceitos Fundamentais*. Trad. Jaime A. Clasen e Ephraim F. Alves. Petrópolis: Vozes, 1999, p. 170-171; RAMOS, Marcelo Maciel. *Dilectio Proximi*. Uma Investigação sobre as Raízes Cristãs da Civilização Ocidental. Belo Horizonte: Faculdade de Direito da UFMG, 2004, p. 23-24 (Monografia, Bacharelado em Direito).

69 Na ação jurídica, o ente transubjetivo é a própria ordem normativa, superior aos indivíduos.

encontraremos na *realidade fenomenológica* do ser uma conduta apenas moral, ou apenas jurídica, ou apenas religiosa. A ação humana é sempre solicitada por uma pluralidade de forças que tencionam ora para a mesma direção, ora para direções opostas.

Direito e cultura

Tomando o direito como máximo ético, isto é, como o modo mais sofisticado de normatividade da cultura, ou como momento resultante que assume todas as manifestações particulares de regramento cultural, temos que, a despeito de sua *forma* peculiar, que o distingue dos demais tipos normativos, seu conteúdo revela o ideal de universalidade ética do grupo, que em sua formação histórica perpassa inevitavelmente as formas costumeiras, morais e religiosas de regulação da conduta humana, arrastando consigo, observados seu compromisso de ordenação racional da vida social, o consenso estabelecido pela tradição acerca do *ethos* coletivo, isto é, do conteúdo dos *deveres* que valerão para todos.

Em outras palavras, o conteúdo das normas jurídicas é a expressão máxima do *ethos* do grupo, assumindo, pois, os valores e os preceitos estabelecidos (através do embate, do reconhecimento e do consenso) no processo de formação histórico da cultura. Desse modo, há uma conexão imanente entre as diversas perspectivas de normatização da ação humana (costume, moral, religião e direito), visto que todas participam necessariamente da construção do *ethos* coletivo.

O direito é, pois, produto da criação humana, a albergar toda a tradição cultural, todo *ethos* historicamente elaborado. Numa perspectiva dialética, a tradição (a cultura) é referência objetiva para a experiência jurídica, que, ao mesmo tempo, reflete-se nela, reconstruindo-a.[70] A cultura é, segundo Lima Vaz, essencialmente ética. É ela que fornece, ou melhor, que transmite (*traditio*, donde tradição), ao indivíduo em suas relações intersubjetivas as exigências do universal ético do grupo. Nas palavras do próprio autor:

> A tradição é a relação intersubjetiva primeira na esfera ética: é a relação que se estabelece entre a comunidade educadora e o indivíduo que é educado justamente para se elevar ao nível das exigências do universal ético ou do *ethos* da comunidade.[71]

Esse universal ético se manifesta na forma dos valores, ou seja, daquilo que é tido pela tradição como certo ou valioso. E o valioso é, pois, produto daquele processo de embate entre as individualidades dos sujeitos concretos da cultura, os quais, pelo reconhecimento e consenso, estabelecem o que deve ser considerado bom, e, consequentemente, a maneira correta (virtuosa) segundo a qual o indivíduo deve se comportar.

Portanto, este processo de formação cultural, que estabelece os valores segundo os quais a conduta humana será socialmente ordenada, manifesta-se sob as várias formas normativas examinadas, inclusive (e, sobretudo) sob a jurídica, que assumirá, através de seus sofisticados esquemas formais, todas as demais. O direito, enquanto resultado

---

70 Nesse sentido, ensina Mariá Brochado: "Considerando dialeticamente, a tradição é ao mesmo tempo produto e referência objetiva para a experiência ética, que, historicamente, constrói e é formada por ela". BROCHADO, *Direito e Ética, cit.*, p. 75 (nota).

71 VAZ, *Escritos de Filosofia II: Ética e Cultura, cit.*, p. 19.

Os fundamentos éticos da cultura jurídica ocidental 89

dialético da cultura, é, destarte, a forma mais sofisticada de proteção e garantia dos valores expressos no *ethos* social.

Todavia, o *ethos* quando se manifesta sob a forma jurídica apresenta uma nova conformação com importantes implicações para o seu conteúdo.

Primeiramente, há que se ter claro que na tradição cultural da civilização ocidental a razão demonstrativa (o *logos*) ocupa um lugar privilegiado. Nesse sentido, ensina Lima Vaz que:

> Tendo sido aparentemente a única civilização conhecida a colocar decididamente a *episthéme*, fruto da Razão demonstrativa, no centro do seu universo simbólico, a civilização do Ocidente se vê a braços, há 26 séculos, com o ingente labor teórico de transpor os costumes e as crenças nos códigos discursivos do *logos* epistêmico. Os sistemas teológicos e éticos, são, ao longo da história da nossa civilização, o campo desse labor e nele a *philosophia*, invenção tipicamente grega, destinada a pensar o conteúdo das crenças e a normatividade dos costumes, encontra sua matriz conceptual primeira e o espaço teórico dos seus problemas fundamentais.[72]

Portanto, a regulação da conduta do indivíduo pelo direito reclama, no Ocidente, uma ordenação racional do seu conteúdo.

O direito ocidental,[73] está, pois, comprometido, desde sua remota origem romana, com a razão, como medida de ordenação justa da ação

---

72 vaz, *Escritos de Filosofia II: Ética e Cultura, cit.*, p. 7.

73 Talvez não se possa falar em um direito não ocidental, se tomarmos a palavra em seu sentido técnico (estrito) ou no sentido culturalmente desenvolvido pela tradição do Ocidente. É bom lembrar que o direito, tal qual o conhecemos, é uma construção

humana. Tal compromisso pode ser atestado pela própria história de formação do sistema jurídico romanístico, o qual despendeu um esforço extraordinário na busca de uma *recta ratio* (a princípio, no próprio direito romano, mais tarde, nas teorias jusnaturalistas), na tentativa de ordenar a conduta humana segundo critérios universais, afastando, deste modo, a contingência dos interesses e das paixões. Para tanto, produziu uma gigantesca elaboração doutrinária, a forjar conceitos, princípios e teorias que permitiram o desenvolvimento de mecanismos extremamente complexos de garantias do indivíduo e da sociedade.

Nesse sentido, afirma René David:

> O sistema dos direitos românicos é um sistema relativamente racional e lógico, porque foi ordenado, considerando as regras substantivas do direito, graças à obra das universidades e do legislador. Subsistem nele, sem sombra de dúvida, numerosas contradições e anomalias devidas à história ou que se explicam por considerações de ordem prática. Os direitos da família romano-germânica estão longe de uma ordenação puramente lógica, mas realizou-se um grande esforço nesse sentido para simplificar o seu conhecimento.[74]

Com isso, outra peculiaridade do conteúdo da norma jurídica é revelada. O dever da ação prescrita pela regra, o qual é retirado da tradição ética, que no Ocidente já traz em seu bojo o esforço de

---

humana, ou melhor, é uma construção cultural. Por isso, sua elaboração está condicionada ao contexto em que foi produzido, mesmo que neste contexto tenha se insistido e se insista em buscar respostas universais para o problema jurídico, respostas que pudessem valer mesmo para aqueles não inseridos nesta tradição.

74 DAVID, René. *Os Grandes Sistemas do Direito Contemporâneo*. Trad. Hermínio A. Carvalho. São Paulo: Martins Fontes, 1986, p. 306-307.

racionalização, quando tornado jurídico precisa readequar-se às exigências da razão, a qual passa a representar em si mesma um valor, consubstanciado na forma do justo.

Além disso, o direito apresenta um dado novo ao conteúdo da ação. Ele supera a noção de ação devida, da simples atribuição de dever, inserindo ao seu conteúdo o *ius suum*, isto é, o devido por direito.[75] Desse modo, a norma jurídica não só impõe deveres, mas atribui ao indivíduo a sua titularidade, ou seja, a prerrogativa, o direito, de tê-los efetivados, observados por todos, e, caso não sejam, o poder (disponibilizado através da força organizada da coletividade)[76] de exigi-los.

Joaquim Carlos Salgado ensina que:

> O justo aparece, desse modo, não mais como um dever de *tribuição* de algo, mas como valor *tribuível* a alguém como direito universalmente reconhecido e por fim exigível.[77]

Mariá Brochado sustenta, ainda, que:

> Ao se tornar *direito*, o paradigma da justiça deixa de estar lançado às contingências de sua realização como *virtude moral*. O *justo jurídico* alcança a condição de justo objetivamente transcendente a todos, intocável pelos condicionamentos que levariam o sujeito a "revogar" uma lei moral (barrando a sua concretização).

---

75 SALGADO, *A Ideia de Justiça no Mundo Contemporâneo, cit.*, p. 147.

76 "A força no direito não é *força física*, ou *econômica*, mas propriamente *jurídica*. A essência dessa força reside no fato de que o Direito confere, por meio dela, uma parte do poder social aos indivíduos do grupo, de modo que ele possa exercer influência sobre a conduta dos demais". BROCHADO, *Direito e Ética, cit.*, p. 59.

77 SALGADO, *A Ideia de Justiça no Mundo Contemporâneo, cit.*, p. 30.

> A revogação da lei jurídica (numa concepção ideal de direito) deve passar pelo processo de legitimação consensual, e não pelo simples arbítrio de não aceitação como ocorre com a lei moral.[78]

Portanto, o conteúdo da norma jurídica deriva do dever sempre um direito, o qual é protegido e garantido de tal forma que seu processo de transformação precisa conformar-se a todo o complexo mecanismo de produção legislativa e de decisão judicial, a fim de reproduzir racionalmente o embate e o consenso, de modo que expresse verdadeiramente o *ethos* da cultura.

É por essa razão que o direito, do ponto de vista formal, está sempre um passo atrás das rápidas transformações humanas, a modificar a cultura e o *ethos* coletivo. É em virtude do seu compromisso de justiça formal, de estar vinculado ao consenso estabelecido, que ele marginaliza as novas manifestações éticas que se afirmam. É preciso que o embate se estabeleça, por meio de seus próprios mecanismos, até que se atinja novo consenso, a assumir as manifestações particulares, como integrantes do todo ético.

Por isso é impossível estabelecer uma compreensão abrangente do fenômeno jurídico sem considerar a tradição cultural na qual está inserido, bem como sua própria formação histórica.

Contemporaneamente, porém, a Ciência do direito, em consonância com o racionalismo kantiano e posteriormente com o positivismo, tanto o filosófico quanto o jurídico, na tentativa de galgar definitivamente autonomia científica, passou a isolar artificialmente o fenômeno jurídico de toda a produção cultural na qual está necessariamente conectado.

---

78 BROCHADO, *Direito e Ética, cit.*, p. 106.

Nesse sentido, temos a magistral lição de Edgar de Godói da Mata-Machado:

> Fácil é rastrear as influências do kantismo na própria elaboração da ciência jurídica positiva. Decerto será preciso dizer que a separação entre Moral e Direito, tão rigorosamente afirmado pelo idealismo ético, *libertou* a ciência jurídica e lhe precipitou a *secularização*. Na medida em que tal libertação e tal secularização significam aquisição de autonomia, não se pode deixar de reconhecer-lhes o mérito. Mas a *distinção* entre as duas ordens, em si mesma necessária e útil, representaria em breve *desunião* e, não raro, *conflito*, expressos, antes de tudo, pela quase universal e radical negação de qualquer fundamento superior do Direito, cujas origens materiais, fenomenais, sensíveis, viriam a ser procuradas ou no *mandato do soberano*, tal como o sustentaram AUSTIN e toda Escola Analítica Inglesa, ou na alma do povo, segundo SAVIGNY e a Escola Histórica, ou numa consciência coletiva hipostasiada, de acordo com a Sociologia de filiação durkeimeana, ou numa "constituição hipotética primeira" engenhosamente imaginada por KELSEN, o que tudo iria redundar no mais desencantado ceticismo ou no relativismo desconexo, cuja base única de sustentação se alicerçaria, tão só, na força, atuando através do poder coercitivo do Estado.[79]

---

79 MATA-MACHADO, Edgar de Godói da. Cristianismo e Direito. *Revista da Faculdade de Direito*, Belo Horizonte, Universidade Federal de Minas Gerais, vol. IX, p. 7-27, 1957, p. 13.

Hans Kelsen, ícone do positivismo jurídico, em sua *Teoria Pura do Direito*, tenta extrair da Ciência Jurídica "tudo quanto não se possa, rigorosamente, determinar como direito".[80] Assim, pretende "libertar" o direito de todos os elementos que lhe são estranhos, a saber, a moral, a religião e a política. Segundo o autor, ao lado das normas jurídicas, há outras normas que regulam a conduta dos homens, quais sejam, as normas sociais, que podem ser abrangidas sob a designação de moral. No entanto, estas condutas não podem ser confundidas, sob pena de se comprometer a autonomia da Ciência Jurídica.

Nas palavras do próprio autor:

> A necessidade de distinguir o Direito da Moral e a ciência jurídica da Ética significa que, do ponto de vista de um conhecimento científico do Direito positivo, a legitimação deste por uma ordem moral distinta da ordem jurídica é irrelevante, pois a ciência jurídica não tem de aprovar ou desaprovar o seu objeto, mas apenas de o conhecer e descrever. Embora as normas jurídicas, como prescrições de dever ser, constituam valores, a tarefa da ciência jurídica não é de forma alguma uma valoração ou apreciação do seu objeto, mas uma descrição do mesmo alheia a valores (*wertfreie*). O jurista científico não se identifica com qualquer valor, nem mesmo com o valor jurídico por ele descrito.[81]

---

80 KELSEN, Hans. *Teoria Pura do Direito*. Trad. João Baptista Machado. São Paulo: Martins Fontes, 1998, p. 01.

81 KELSEN, *Teoria Pura do Direito, cit.*, p. 77.

E conclui:

> A tese de que o Direito é, segundo a sua própria essência, moral, isto é, de que somente uma ordem social moral é Direito, é rejeitada pela Teoria Pura do Direito, não apenas porque ela, na sua efetiva aplicação pela jurisprudência dominante numa determinada comunidade jurídica, conduz a uma legitimação acrítica da ordem coercitiva estadual que constitui tal comunidade.[82]

Esta postura excludente, amplamente difundida nos cursos de direito brasileiros, isolou o conhecimento jurídico das demais ciências da cultura, afastando-o de seus fundamentos materiais e de qualquer consideração acerca de seus conteúdos normativos. O estudo do direito restringiu-se, por um longo período, à análise das estruturas formais da norma, do ordenamento e dos seus vários processos de produção e aplicação normativa.

Com isso passou-se a justificar o direito com base em argumentos estritamente formais, promovendo a atribuição de validade a qualquer conteúdo normativo, desde que produzido segundo as formas estabelecidas, expressão, portanto, do monopólio da força institucionalizada do Estado.

Desse modo, fechou-se os olhos para a complexidade do fenômeno jurídico, afastando-lhe de suas relações necessárias com os fenômenos político, social e econômico, amputando-lhe, pois, todo o substrato material da tradição cultural que o produziu.

Não podemos olvidar que o direito, enquanto produto da inteligência humana, obra, portanto, da cultura, só se realiza plenamente se observado o fim para o qual foi imaginado. E este, conforme vimos, é a

---

82 KELSEN, *Teoria Pura do Direito, cit.*, p. 78.

ordenação justa da ação humana a fim de garantir a coexistência social, tomando, aqui, a justiça como expressão do processo racional (embate, reconhecimento e consenso) de estabelecimento do *ethos* da cultura.

Desse modo, sob o pretexto de conferir autonomia científica ao direito, não podemos cortar-lhe os laços com seus próprios fundamentos, transformando-lhe num corpo sem espírito, movido pelo arbítrio de quem o comanda.

Portanto, o fenômeno jurídico só pode ser apreendido em toda a sua complexidade, se situado no ambiente cultural que forneceu os valores para a sua elaboração ou que ensejaram sua modificação.

É nesse sentido que o estudo do processo de formação cultural da civilização ocidental é indispensável para a identificação, em sua milenar construção ética, dos conteúdos indispensáveis à sua normatividade jurídica.

Tomando o direito como expressão resultante do consenso ético de um grupo, temos que a localização desse grupo em seu contexto civilizacional e a identificação dos valores irrenunciáveis historicamente elaborados são fundamentais para compreensão dos conteúdos necessários ao fenômeno jurídico.

O *ethos* ocidental

A tradição ética ocidental é o resultado de uma elaboração multimilenar que lança suas raízes nas construções filosóficas dos antigos gregos, assumidas pelos romanos e, mais tarde, pela Igreja cristã, que preservou e recriou muitos dos seus pressupostos.

O cristianismo representou durante mais de um milênio, desde a queda da porção ocidental do Império romano no século V, até o Iluminismo e as revoluções por ele despertadas, a partir do século

XVIII, a referência ética exclusiva dos vários povos que se formavam sob as perspectivas culturais da civilização ocidental.

Com a formação das Universidades no século XI, retomou-se, pela primeira vez, após um longo período de conturbações políticas e econômicas, que desfavoreciam qualquer produção intelectual, o estudo das grandes realizações dos antigos, ensejando um profundo renascimento cultural a partir do século XV, abrindo, pois, caminho para os novos embates éticos da Modernidade.

Se o fim do Império romano havia representado o estabelecimento definitivo de uma *nova*[83] tradição ética – que albergava, sob a égide do cristianismo, elementos greco-romanos, judaicos e, mesmo, germânicos –, no século XVI, com a difusão das perspectivas racionais dos antigos, com a colonização das Américas, com as cisões e guerras religiosas, além da retomada do desenvolvimento científico e tecnológico, uma *nova* tradição ética começa a se estabelecer, promovendo, alguns séculos depois, uma transformação radical da vida ocidental.

Esta *nova* tradição ética estabeleceu-se a partir do embate entre a racionalidade resgatada, que reclamava a ordenação lógica do conhecimento e da vida humana, e a perspectiva cristã, que embora tenha se esforçado por construir sua doutrina conciliando fé e razão, fundava-se, em última instância, na autoridade inquestionável da vontade divina, da qual era portadora.

Num primeiro momento, a Ética cristã, tal qual havia se estabelecido, fora negada a partir dos seus próprios elementos. Martinho Lutero, no século XVI, deu origem a um movimento de contestação que resgatava a gênese da mensagem do Cristo, evidenciando o contexto judaico do qual emergira. Este evento promoveu o surgimento

---

83 Há que se ressaltar que as novas formulações éticas consistiam numa reformulação que conciliava novas e antigas perspectivas. Trata-se, pois, mais de uma renovação do que de uma inovação.

de várias releituras da fé cristã, que protestavam contra a doutrina e a autoridade da Igreja Romana. Daí a segunda[84] grande cisão do cristianismo, a apartar, de um lado, as congregações protestantes e, de outro, a Igreja Católica.

Num segundo momento, a Ética cristã fora intensamente negada pelo Iluminismo, que se esforçava por restabelecer uma ordem social fundada em princípios racionais.

Todavia, e, por um lado, a própria doutrina católica cristã, diante dos embates, submeteu-se a uma profunda reformulação, de outro, apesar dos esforços de racionalização da vida social e, por consequência, do próprio direito, o novo consenso que o *ethos* ocidental tentava esboçar não podia abrir mão de certos preceitos éticos cristãos arraigados na cultura do Ocidente.

Desse modo, a Ética da civilização ocidental é o resultado de renovados dissensos e consensos, profundamente marcados pelas perspectivas cristãs.

Não temos, todavia, a pretensão de esgotar um tema tão vasto, nem mesmo de sumarizar toda a riqueza e complexidade do processo de formação do *ethos* ocidental.

Vale lembrar que, para além dos aspectos universais da formação Ética do Ocidente, comum a todos os povos que construíram suas identidades a partir desta mesma matriz cultural, não podemos desconsiderar o fato de que cada qual, em suas sínteses particulares, agregou à referência comum seus próprios elementos locais.

Todavia, conforme dito, importam-nos aqui os aspectos gerais, sobretudo, aqueles que representam os pressupostos éticos que constituíram os fundamentos materiais das elaborações jurídicas do

---

84 A primeira deu-se com separação da Igreja Ortodoxa, sob o patriarcado do Império Bizantino, e da Igreja Católica Romana.

Ocidente, tanto as de ordem teórica (doutrinas jurídicas) quanto as de ordem prática (a experiência jurídica).

Além disso, em vez de um panorama superficial das principais reflexões éticas engendradas pelo gênio ocidental até os dias atuais, optamos, neste livro, por fazer um exame apenas das raízes gregas e cristãs, sob as quais todo o pensamento ocidental se desdobrou, o que nos permite uma abordagem mais aprofundada destas.

Antes, porém, cumpre-nos uma breve reflexão sobre a formação da cultura jurídica no Ocidente, a fim de situar o encontro das perspectivas gregas, cristãs e romanas.

SEGUNDA PARTE

A FORMAÇÃO DA CULTURA JURÍDICA DO OCIDENTE

3. A CULTURA JURÍDICA DO OCIDENTE

Que assás graça te posso,
honra de Itália, aqui render?
Mas, já que tua audácia tudo excede,
comigo os riscos parte.

VIRGÍLIO, *Eneida*, XI, 500-503[1]

A gênese do direito em Roma

A CULTURA JURÍDICA DA CIVILIZAÇÃO OCIDENTAL é o resultado de uma longa trajetória histórica que encontra sua gênese na elaboração jurídica dos romanos, sobretudo naquela produzida nos tempos áureos de Roma, entre os séculos II a.C. e III d.C.

Conforme a tradição, Roma teria sido fundada em 753 a.C. A região, que era habitada pelos povos latinos e sabinos, fora dominada pelos etruscos, que instauraram um poder monárquico que respeitava desde seus primórdios o poder dos chefes das famílias tradicionais, os *pater familias*. No fim do século VI a.C., após uma gradual transformação das estruturas políticas, é estabelecida a República,[2] organizada sob

---

1 VIRGILIO MARO, Publio. *Eneida.* Trad. Manuel Odorico Mendes. Paris: Irignonx, 1854.

2 A história das instituições políticas romanas (história externa de Roma) é dividida em quatro períodos: 1) Realeza (753–510 a.C.); 2) República (510–27 a.C.); 3) Principado (27 a.C.–284 d.C.) e 4) Dominato (284–565 d.C.). Quanto à divisão

a forma de uma MAGISTRATURA colegial e anual, composta por uma variedade de "funcionários" públicos eleitos pelos comícios, além de um SENADO, que funcionava como o órgão consultivo dos magistrados, e de COMÍCIOS, que eram as assembleias formada por *pater familias,* que votavam as leis propostas pelos magistrados.[3]

Nesse período, havia em Roma uma complexa organização dos serviços públicos, por meio de várias magistraturas, cada qual com atribuições específicas.

Em 367 a.c. foi criada a magistratura pretoriana, transferindo-se aos pretores a administração da justiça (*iurisdictio*).[4] Com isso, ao surgir uma controvérsia, as partes em contenda apresentavam-se diante do pretor, que indicava um juiz (*iudex*)[5] e a "fórmula" através da qual este último conduziria o processo de solução do conflito. Estas fórmulas eram estabelecidas pelo pretor através de éditos que costumavam ser emitidos no início de seus mandatos ou por éditos suplementares emitidos para suprir as omissões dos primeiros. Com o tempo, as normas

---

da história do direito romano (história interna de Roma), não há unanimidade. Adotamos aqui a seguinte divisão: 1) direito romano primitivo (entre o século VIII e meados do século II a.C.); 2) direito romano clássico (entre meados do século II a.c. até meados do século III d.C.); 3) direito romano pós-clássico ou justinianeu (até o século VI d.C.).

3   Para um detalhado estudo da estrutura política do Império romano, *vide* MOMMSEN, Theodor. *Compendio del Derecho Publico Romano.* Buenos Aires: Editorial Impulso, 1942; BURDESE. *Manual de Derecho Público Romano.* Trad. Angel Martinez Sarrión. Barcelona: Bosch, 1972.

4   NOBREGA, *Compêndio de Direito Romano I, cit.,* p. 397.

5   O juiz ou árbitro não era um funcionário do Estado, mas uma pessoa do povo, que deveria conduzir o processo de solução de conflito nos limites da fórmula estabelecida pelo pretor.

Os FUNDAMENTOS ÉTICOS DA CULTURA JURÍDICA OCIDENTAL 105

estabelecidas pelos sucessivos pretores foi formando o DIREITO PRETO-RIANO (*IUS PRÆTORIUM* OU *IUS HONORARIUM*).[6]

Ao lado desse direito, havia em Roma um DIREITO CIVIL (*IUS CIVILE*),[7] composto pelas normas jurídicas costumeiras e pelas leis aprovadas pelos Comícios, função que fora mais tarde avocada pelo Senado e depois pelo Imperador. As primeiras compreendem aquilo que os romanos denominavam *ius non scriptum* (direito não escrito). Esse não era elaborado por nenhum órgão específico, mas abarcava o conjunto de hábitos e tradições consagrados pela força do tempo, os quais, em virtude da longa e repetida observação, formavam a consciência de sua obrigatoriedade. As leis consistiam nas normas propostas pelos magistrados e aprovadas pelos comícios, as assembleias aristocráticas formadas pelos *pater familias*.[8]

Havia, ainda, a ATIVIDADE DOS PRUDENTES exercida por exímios conhecedores do direito, os jurisconsultos, que eram procurados para dirimir as dúvidas dos cidadãos acerca da forma correta para se realizar os atos da vida civil, que eram revestidos de um formalismo rigoroso,[9] que, se não

---

6   Sobre a atividade do pretos *vide* BRETONE, Mario. *História do Direito Romano.* Trad. Isabel Teresa Santos e Hossein S. Shooja. Lisboa: Estampa, 1988, p. 105-112.

7   A expressão direito civil é utilizada aqui para se referir aos direitos e deveres dos cidadãos romanos, sejam os de ordem privada, sejam os de ordem pública. Portanto, a expressão não se confunde com seu uso moderno que se refere ao campo de estudo da Ciência do Direito ou às normas que tutelam as relações de ordem privada.

8   Com a instauração do Principado, em 27 a.C., o direito civil passa a ser estabelecido pelo Senado, sob o nome de senatos-consultos, e pelos próprios príncipes, através das constituições imperiais. Mais tarde, toda a produção jurídica vai gradativamente concentrando-se nas mãos do Imperador.

9   A característica do direito romano até o século II a.C. é o extremo formalismo. O direito não valia pelo seu conteúdo, ou pelo princípio moral que continha, mas pelas palavras incluídas em suas formas rituais. Era indispensável que se conhecessem os exatos termos e formas para realização de um negócio ou para pleitear por meio de

observado, não teriam nenhuma validade jurídica. Além disso, respondiam às questões suscitadas pelas partes ou pelo juiz no curso do processo forense. Vale lembrar que o juiz era um cidadão comum sem nenhuma formação jurídica, que necessitava constantemente de orientação quanto ao direito a ser aplicado e à forma de aplicá-lo. Conforme Cícero, os jurisconsultos eram *os peritos em leis e em normas consuetudinárias* (costumes),[10] os quais estabeleceram as primeiras doutrinas jurídicas, denominada pelos próprios romanos de *Iuris prudentia* (JURISPRUDÊNCIA).

A atividade dos prudentes teve um papel fundamental na formação do direito romano, influenciando sobremaneira toda a atividade normativa do período clássico, não obstante seus pareceres tivessem sido tornados obrigatórios para a atividade jurisdicional apenas no segundo século da era cristã, com o imperador Adriano.[11] Ocorre que suas teorizações e conceptualizações sobre as normas jurídicas orientavam os espíritos da época e os juízes, que, apesar de não estarem obrigados em relação às suas doutrinas e seus pareceres, tendiam a segui-los.

A propósito da doutrina jurídica romana que se formava por obra dos prudentes, Saulo de Oliveira Pinto Coelho acrescenta que:

> A atividade de jurisconsultos como Labeo, Sabino e todos os demais partia essencialmente dos casos concretos, mas, indo além, alcançava um caráter de instrumental científico, que a diferenciava de tudo quanto havia sido feito em Direito até então, nenhum outro momento histórico antecessor, nenhuma outra cultura,

---

uma ação um direito, sob pena de torná-los sem nenhum efeito jurídico. BRETONE, *História do Direito Romano, cit.*, p. 72.

10 CÍCERO. *De or.* 1, 48, 212 *apud* BRETONE, *História do Direito Romano, cit.*, p. 123.

11 NOBREGA, *Compêndio de Direito Romano I, cit.*, p. 193.

havia atingido esta característica. [...] Assim surge a atividade doutrinal, a *"arte* do bom e do justo"' como uma interpretação da normatividade jurídica, buscando *regras gerais*, capazes de facilitar ou viabilizar, a aplicação das normas em questão, nos casos futuros.[12]

Ademais, a estabilidade e a peculiar configuração da vida político-social de Roma possibilitaram aos romanos um desenvolvimento contínuo de suas instituições, permitindo-lhes alcançar um alto grau de sofisticação em matéria jurídica. A complexa formação normativa, seja como direito civil, seja como direito pretoriano, e a produção doutrinária (Jurisprudência) eram realidades vivas para o espírito romano e suas mútuas implicações promoviam um incessante refinamento dos processos normativos e da produção intelectual afim.

O direito foi, portanto, desde os primeiros séculos, o centro da vida dos romanos. As relações sociais estavam impregnadas pelas formas jurídicas. Desse modo, o estabelecimento de processos através dos quais qualquer cidadão poderia exigir a efetiva observância do conteúdo das normas de condutas representava uma novidade extraordinária, que só poderia ter germinado num contexto no qual o direito era vivido tão intensamente.

As formas jurídicas dos outros povos da Antiguidade consistiam, ao contrário, em uma série interminável de deveres por parte de uns e da prerrogativa exclusiva e excepcional por parte de outros de exigi-los.

Foram os romanos quem vivenciaram, pela primeira vez, o aparecimento do sujeito de direito, superando as formas morais e religiosas das regras de comportamento. Ao reconhecerem a toda universalidade

---

12 PINTO COELHO, Saulo de Oliveira. *A Interpretação do Direito em Roma.* Belo Horizonte: Faculdade de Direito da UFMG, 2004, p. 64 (Monografia, Bacharelado em Direito).

de cidadãos a prerrogativa de exigir a efetividade do conteúdo das normas de comportamento (*ius*) por meio de um sistema de ações (*actio*), os romanos tornam-se efetivamente sujeitos dos direitos e deveres estabelecidos por essas normas. Com isso, eles deixaram de ser meros espectadores dos processos de conformação do seu comportamento e de depender da caridade alheia ou de privilégios excepcionais para defender o que é seu, para renasceram como sujeitos ativos, aptos a exigirem o que é seu, agora, por direito.[13]

Conforme magistral ensinamento de Joaquim Carlos Salgado:

> Uma das descobertas maiores do romano, no plano ético *lato sensu*, é o sujeito de direito e propriamente o sujeito de direito universal, detentor da universalidade da *actio*. A noção de sujeito de direito universal, dada na *actio*, envolve duas dimensões: a universalidade posta pelo reconhecimento de toda a sociedade do direito subjetivo material, através da norma jurídica, e a universalidade posta na força aparelhada do Estado garantidor da *actio*. [...] É sujeito universal, uma vez que o seu direito material tem o reconhecimento universal e a garantia da *actio*, que é dada tanto pela simples titularidade do direito material (uma vez que a exigibilidade do direito é da essência dessa

---

13 Os gregos definiam a justiça como **dar a cada um o seu**. Esta é uma das definições de justiça apresentada por Platão: "É justo restituir a cada um o que lhe convém, considerando isso restituir o que é devido". PLATÃO. *A República*. Trad. Enrico Corvisieri. São Paulo: Nova Cultural, 2000, p. 11. Os romanos fizeram um pequeno acréscimo à assertiva, apresentando-a sob uma perspectiva inteiramente nova, uma perspectiva jurídica, conforme podemos verificar na definição de Ulpiano: "*Iustitia est constans et perpetua voluntas **ius suum cuique tribuendi**"* (Justiça é a vontade constante e perpétua de **dar a cada um o seu direito**). Dig. 1.1.10 pr. (Utilizamo-nos aqui da edição bilíngue latim-português do digesto, organizada e traduzida por Hélcio Madeira: DIGESTO DE JUSTINIANO. *Líber Primus*. 3ª ed. São Paulo: RT, 2005, p. 21).

OS FUNDAMENTOS ÉTICOS DA CULTURA JURÍDICA OCIDENTAL 109

titularidade, e essa titularidade decorre do processo de valoração e tribuição universal de uma consciência jurídica universal, de todos) como pela força aparelhada do Estado, a representar a universalidade da sociedade, decorrente daquela exigibilidade.[14]

E, mais adiante, completa:

> É, contudo, a exigibilidade que caracteriza a nova concepção de justiça, trazida pela jurística romana, pela qual o sujeito de direito não é mais o destinatário passivo do sujeito ativo e unilateral do dever moral, ou do ato fundado na mera consciência moral subjetiva do agente moral, dependendo de sua decisão, nem mais posto como objeto de realização do sentimento de uma certa "caridade" ou "piedade" humilhantes, mas o detentor da *actio* que dele faz sujeito universal, portador de um direito que define ou determina o dever (antes moral) como seu conteúdo e redime-o da relação de sentimento (não dever) da "caridade".[15]

Tudo isso ocorrerá num processo gradual de desenvolvimento cultural, no qual o direito encontrará o ambiente propício para se manifestar em sua verdade, isto é, como normatividade de caráter efetivamente distinto do da moral e da religião, em função dos mecanismos que tornam seus mandamentos exigíveis e da força irresistível que impõe ao comportamento.

Em um primeiro momento, as formas jurídicas adotadas pelos romanos eram indissociáveis do formalismo da tradição religiosa e

---

14 SALGADO, Joaquim Carlos. *Experiência da Consciência Jurídica em Roma*. Belo Horizonte: Faculdade de Direito da UFMG, 2001, p. 27-28.

15 SALGADO, *Experiência da Consciência Jurídica em Roma, cit.*, p. 43.

da força dos costumes das antigas famílias romanas. Todavia, com a transformação das relações sociais e o esvaziamento das velhas crenças, abandonaram-se gradualmente os fundamentos religiosos das normas de ação, que se impunham por seu caráter sagrado, ritualizadas por meio de manifestações públicas de medo e respeito.[16] Nada obstante, perpetuou-se o formalismo técnico dos ritos, sob a forma de processos de decisão legislativa e judicial fortemente litúrgicos.

Portanto, o limite formal dos processos normativos fora deslocado do sagrado para a manifestação da vontade popular. Manteve-se o ritualismo estrito que, ao garantir as liberdades individuais, permitiu aos romanos experimentar a liberdade objetiva, pressuposto fundamental da experiência jurídica.

Desse modo, a norma jurídica só teria validade, se elaborada rigorosamente em conformidade com os ritos prédefinidos. A limitação que o formalismo impunha à produção normativa impediu que o direito romano fosse elaborado por imposição do mais forte, pois o submetia aos rituais de aprovação, no qual a manifestação popular (mesmo que numa configuração aristocrática) era condição de validade.

Mario Bretone chama atenção para o fato de que é provável que a manifestação popular no estabelecimento das leis tenha sido nos primeiros tempos um ato puramente formal, em respeito às tradições das famílias romanas.[17] Nos primeiros tempos de Roma, submetiam-se às assembleias de *pater familias* as decisões de caráter religioso tomadas pelo rei, num ato simbólico, que representava o respeito e o reconhecimento por parte do rei à religião privada dos romanos. Nada obstante, com a passar do tempo, essas assembleias passam a se impor pela força de sua própria

---

16 Sobre a religião primitiva, a família e as primeiras manifestações jurídicas dos romanos, *vide* COULANGES, Fustel de. *A Cidade Antiga*. Trad. Fernando Aguiar. São Paulo: Martins Fontes, 2000.

17 BRETONE, *História do Direito Romano, cit.*, p. 45.

Os fundamentos éticos da cultura jurídica ocidental   111

tradição secular, o que lhes conferia autoridade para efetivamente oporem-se às decisões reais. Com o estabelecimento definitivo da República em 510 a.c., as assembleias continuaram a reunir-se, mas, a partir de então, para aprovar as decisões do magistrados, cujos teores afastavam-se gradativamente das questões religiosas para se concentrarem nos problemas laicos da organização política e das relações privadas.

Conforme Vandick da Nóbrega, os comícios romanos não chegaram a participar na elaboração do conteúdo das leis, apenas compareciam à convocação do rei e, mais tarde, dos magistrados, para dizerem sim (*uti rogas*) ou não (*antiquo*) às suas decisões.[18] Todavia, este fato permitiu aos romanos tomar o direito como manifestação da liberdade, mesmo que não tivessem tido a consciência disto. O direito apresentava-se como um instrumento formal através do qual podiam dar seu assentimento às definições de conteúdo das normas de comportamento às quais se submeteriam e, ainda, através do qual poderiam exigir o seu cumprimento.

As contribuições gregas à experiência jurídica romana

Feitas estas primeiras considerações, convém-nos situar a experiência jurídica romana no contexto da civilização greco-romana.

O encontro cultural entre gregos e romanos promoveu uma profunda transformação nas perspectivas jurídicas de Roma. O desenvolvimento da racionalidade como instrumento de ordenação do conhecimento e da ação humana, aliado ao espírito especulativo dos gregos, que tendiam a teorizar todos os fenômenos da vida, logo se difundiu pelo Mediterrâneo, arrebatando as mentalidades da Antiguidade.

---

18 nobrega, *Compêndio de Direito Romano I, cit.*, p. 120-122.

Vale lembrar que, mesmo antes da expansão alexandrina, havia colônias gregas espalhadas por toda a costa sul da península europeia, pela Ásia Menor e pelo norte da África. A própria península itálica estava cravejada por importantes colônias gregas. Desse modo, os romanos, desde cedo, estabeleceram contato com os importantes avanços culturais dos gregos.

O Império alexandrino, no século IV a.c., catalisou a difusão da cultura grega, assumindo, ao mesmo tempo, as diferenças culturais dos diversos povos conquistados. Este fato promoveu o estabelecimento da chamada cultura helênica, que representou o resultado dialético da oposição operada entre os elementos culturais de diversos povos.

Mais tarde, com a expansão dos domínios de Roma, os romanos, atraídos pelos avanços culturais gregos, assumiram a missão alexandrina de unificar o mundo antigo. Para tanto, incorporaram o helenismo, estabelecendo, sob sua estrutura imperial, uma civilização greco-romana.

Desse modo, a racionalidade e o espírito especulativo dos gregos uniram-se ao espírito pragmático dos romanos, promovendo importantes avanços em suas formulações jurídicas.

Desde a elaboração da Lei das XII Tábuas, por volta do ano 450 a.C., a influência grega fez-se presente. Segundo Bretone, a afinidade entre a legislação de Sólon e a Lei das XII Tábuas[19] é evidente. A própria ideia de uma coletânea sistemática de leis seria, segundo o autor, uma noção grega por excelência. Além disso, o caráter laico dos seus preceitos distinguia-lhes das grandes legislações do Oriente Próximo.

---

19 Vandick da Nóbrega refere-se a um relato de Tito Lívio, segundo o qual os romanos teriam enviado uma embaixada a Atenas para estudar a constituição de Sólon, além dos costumes e das leis das cidades gregas. Cf. NOBREGA, *Compêndio de Direito Romano I, cit.*, p. 141.

Segundo o autor, os legisladores gregos não se colocavam mais como intermediários entre a divindade e os súditos. Em suas legislações, a própria cidade manifestava-se, autodisciplinando-se.[20] Portanto, a Lei das XII Tábuas não se apresentava mais como um texto sagrado. Seu formalismo conferia-lhe um caráter laico. A validade de seus preceitos fundava-se exclusivamente na forma através da qual havia sido estabelecida, por meio de um processo legislativo formal, e não mais na autoridade da força política ou divina do rei.[21]

Vale anotar, ainda, conforme esclarece Saulo de Oliveira Pinto Coelho:

> Ao desenvolver uma consciência jurídica fica clara a vocação dos povos do Lácio para o universal, herdada dos gregos de forma espontânea. O que talvez tenha sido influência direta dos gregos, por meio do posterior contato das culturas, foi a capacidade de abstração destes, consubstanciada na ideia de lei escrita, que veio somar ao gênio romano. Tanto é que não foi difícil para os romanos assimilarem a ideia de Lei, pois a abstração advinda desta encaixava perfeitamente no esquema de universalidade da consciência jurídica romana.[22]

Portanto, é provável que tenha sido a contribuição do gênio grego uma das maiores responsáveis pelo grande salto operado pelo direito romano. Os romanos eram vocacionadamente pragmáticos, o que lhes levavam a elaborar um direito casuístico, que estabelecia soluções normativas à medida que o conflito apresentava-se. Faltava-lhes uma postura reflexiva diante da vida e do direito. Os gregos, por outro lado,

---

20 BRETONE, *História do Direito Romano, cit.*, p. 65.

21 BRETONE, *História do Direito Romano, cit.*, p. 71.

22 PINTO COELHO, *A Interpretação do Direito em Roma, cit.*, p. 20.

com sua vocação para a especulação e teorização, dispunham de instrumentos teóricos, que, se aplicados à experiência jurídica concreta dos romanos, produziria uma rica doutrina jurídica.

A propósito das distintas vocações do espírito romano e do grego, Saulo de Oliveira Pinto Coelho ensina que:

> Os romanos usaram a razão universalizante com os olhos voltados para a vida prática, enquanto os gregos permaneceram por muito na filosofia teórica e quando voltaram seus olhos para a filosofia prática, fizeram-na sem se preocupar em criar mecanismos de aplicação das reflexões desenvolvidas, certamente por não precisarem destes mecanismos, por lidarem com a questão do agir como sendo um problema apenas da interioridade, enquanto dever, em virtude do modelo social grego, que permaneceu como cidade-Estado até a sua decadência. Já os romanos, em virtude de sua vocação para uma estrutura cosmopolita, procederam de modo diferente.[23]

Desse modo, as perspectivas gregas acabaram infiltrando-se no direito de Roma, levando os romanos a refletirem sobre suas próprias experiências jurídicas e a elaborarem conceitos e princípios, além de normas mais gerais.

Estas noções vão tomando progressivamente a experiência jurídica dos romanos. A atividade dos prudentes é a primeira a ser afetada por estas perspectivas e, em virtude de sua autoridade em matéria de direito, sua ascendência sobre a produção do *Ius Civile* e do *Ius Prætorium* fora inevitável.[24]

---

23 PINTO COELHO, *A Interpretação do Direito em Roma*, cit., p. 19-20.

24 Vale anotar a elucidativa síntese elaborada por Saulo de O. Pinto Coelho, acerca desse momento histórico vivido pelos romanos: "A Lei surge como tentativa de suprir a

O direito romano clássico elaborado entre os séculos II a.c. e III d.c. é, portanto, o produto da milenar experiência jurídica concreta dos romanos e das perspectivas racionais e especulativas herdadas dos gregos. Nesse período serão produzidos os conceitos e os princípios fundamentais sobre os quais todo o direito ocidental latino fundar-se-á. Nesse sentido, ensina Salgado que:

> A experiência da consciência jurídica romana é o lugar do nascimento das categorias fundamentais do direito e da explicitação da justiça como ideia do direito. Não se quer com isso dizer que o romano as tenha formulado tal como as desenvolvemos, como, por exemplo, a bilateralidade em Del Vechio, mas que o direito romano construiu toda a sua essência ética, de modo a tornar possível a sua explicitação terminológica na ciência do direito que se desenvolveu na modernidade.[25]

---

lentidão da formação normativa consuetudinária, mas a Lei em sua abstração também era insuficiente, pois não dava conta de por si só resolver as particularidades do caso concreto. Para suprir as dificuldades da desatualização do costume e da abstração da lei, a prática dos magistrados deu origem ao *ius honorarium*; neste momento os magistrados, auxiliados pelos jurisconsultos, mais que interpretar o Direito, criavam Direito a partir da interpretação/formação do *ius*. O papel do pretor na atualização do Direito pode ser dimensionado a partir do estudo do que foram os Editos dos magistrados. Como todo direito deveria pressupor ação expressamente correlata a ele, o que nos leva à metáfora do Direito dos Magistrados como sistema de ações, os editos eram verdadeiras fontes de Direito. Eram publicados no princípio da magistratura de cada *honor*, e permaneciam obrigatórios durante todo o ano. Sua autoridade terminava com o fim dos poderes do autor. O pretor seguinte, livre para modificar suas disposições, na realidade alterava apenas uma parte, a maioria das disposições eram mantidas, de edito em edito, conservadas em virtude da verificação prática de sua utilidade; o uso acabava por dar-lhes força de lei". PINTO COELHO, *A Interpretação do Direito em Roma, cit.*, p. 45-46.

25 SALGADO, *Experiência da Consciência Jurídica em Roma, cit.*, p. 20.

Além disso, conforme o autor:

> Toda a racionalidade do direito, tal como o compreendemos na contemporaneidade, está presente na consciência jurídica romana, de tal modo que a razão jurídica que se expressa na concepção do direito, a partir da Revolução Francesa e da formação da dogmática jurídica, é uma presentificação da consciência jurídica romana. [...] A racionalização do direito romano é uma das suas características e das suas mais importantes contribuições. Essa racionalização permite o desenvolvimento teórico, e vice-versa. Dá-se pela sistematização do direito material e pelo direito processual, em virtude principalmente das conexões lógicas exigidas na sucessão dos atos processuais e no fluxo da *actio*, em todo o seu percurso. Isso se deve fundamentalmente ao *ius honorarium*, no que se refere ao direito processual e mais acentuadamente aos *responsa prudentium*, no que tange ao direito material.[26]

O apogeu do direito romano vai encontrar seu fim quando a extensão territorial do Império já havia alcançado seus limites mais longínquos, fato que consumia todos os seus recursos financeiros e anunciava a insustentabilidade daquele modelo imperial. À medida que a expansão do Império ia perdendo o fôlego, vários fatores somavam-se para dificultar a própria manutenção de suas possessões. De um lado, vários povos germânicos, em suas rotas migratórias, pressionavam as fronteiras do Império. De outro, alguns povos conquistados, inconformados com a dominação, rebelavam-se contra o jugo de Roma.

---

26 SALGADO, *Experiência da Consciência Jurídica em Roma, cit.*, p. 21.

Com isso, há uma progressiva concentração do poder nas mãos do Imperador, que precisava reunir todas as forças do Império para garantir sua política expansionista. Desse modo, a complexa estrutura política e jurídica dos romanos é gradativamente substituída por uma estrutura hierárquica, tendo no topo o Imperador, que passava a concretizar toda a vontade do Império.

Nesse contexto, a figura do imperador passa a concentrar as diversas fontes do direito, controlando toda a produção jurídica,[27] o que punha um fim ao intenso florescimento criativo do Período Clássico. Antes, milhares de inteligências colaboravam para a elaboração do direito e havia um grande esforço no sentido de ordenar as normas jurídicas segundo os ditames da razão. A partir do Dominato, o direito tornava-se instrumento do Imperador e de sua vontade.

Com a decadência do Império e de sua produção jurídica, houve, ainda, alguns esforços no sentido de resgatar o direito clássico, por meio de compilações. A mais importante delas foi realizada por ordem do imperador Justiniano, na primeira metade do século VI, quando a porção ocidental do Império romano já havia, há muito, sucumbido. É graças a esta obra monumental, esquecida durante quase um milênio, que o estudo do direito romano ganhará forças na modernidade, servindo de base para a formação dos direitos ocidentais.

O "direito" medieval

O colapso da porção ocidental do Império romano no século V e as intensas "invasões bárbaras" precipitaram a península europeia num longo período de conturbações políticas e retrocessos culturais. Houve um abandono progressivo dos espetaculares avanços alcançados pela

---

27 NOBREGA, *Compêndio de Direito Romano I, cit.*, p. 219.

civilização greco-romana. A vida intelectual e jurídica praticamente extinguiu-se fora dos limites restritos da estrutura interna da Igreja Católica. O direito tomara uma conformação primitiva, abandonando toda a sofisticação normativa e doutrinária longamente engendrada pelos romanos.

Com a formação de novos reinos nas antigas possessões do Império, houve, num primeiro momento, uma coexistência do direito romano e dos vários direitos germânicos. Esses últimos chegaram, influenciados pelo primeiro, a compilar suas normas, utilizando-se para tanto da língua latina. O próprio direito romano persistiu por algum tempo, uma vez que os novos reis permitiam aplicá-lo aos antigos habitantes do Império.

Conforme Argemiro Cardoso Moreira Martins:

> Com a invasão bárbara e o colapso do Império Romano Ocidental, a influência romana não deixou de existir na Europa. A organização administrativa e religiosa preservou ainda durante muitos séculos as mesmas características da época imperial. O *ius civile* continuava sendo o direito das populações latinizadas, especialmente no sul – Gália, Espanha e Itália. Ao norte do antigo império, próximo às fronteiras germânicas, o direito germânico dominou, salvo talvez em cidades mais fortemente romanizadas, como Trier, Colônia e Reims. As populações passaram então a viver de acordo com as suas próprias leis, a isto se denominou *princípio da personalidade do direito*, ou seja, o indivíduo vive segundo as regras jurídicas de seu povo, raça, tribo ou nação, não importando o local onde esteja. A aplicação deste princípio permitiu a sobrevivência do

direito romano no Ocidente ainda durante os primeiros séculos após a queda do Império.[28]

Nada obstante, à medida que os modos de vida modificavam-se, estes direitos foram sendo substituídos pelas normas que iam sendo estabelecidas a partir das novas perspectivas culturais.[29] A ideia, tão cara aos romanos, de que as relações sociais devem ser regidas por um direito composto de regras que representam a própria vontade de seus destinatários e que poderiam ser por eles exigidas foi sendo apagada diante das novas relações que se formaram no contexto do feudalismo e do cristianismo medieval.

O centro da vida social deslocou-se das cidades para o campo, onde os homens refugiavam-se para buscar segurança e novos meios de subsistência, sob a proteção dos poderosos senhores de terra. Com isso, restabelecia-se a lei do mais forte.

Além do mais, as doutrinas cristãs, que tão fortemente influenciaram o espírito medieval, viam o direito laico como um mal que deveria ser afastado. Descrente da capacidade humana de realizar justiça, o cristianismo pregava o abandono das formas jurídicas tradicionais e sua substituição pela prática espontânea do amor e da caridade ou, como último recurso, pelo pronunciamento da própria Igreja acerca do conflito.

---

28 MARTINS, Argemiro Cardoso Moreira. *O Direito Romano e seu Ressurgimento no Final da Idade Média. In* WOLKMER, Antonio Carlos (org.). *Fundamentos de História do Direito.* 3ª ed. Belo Horizonte: Del Rey, 2005, p. 149-150.

29 John Gilissen ensina que o direito romano sobreviveu durante os séculos VI a VIII ao lado dos direitos germânicos e do canônico; do século IX ao XII, a Europa Ocidental é dominada pelo direito feudal e pelo direito canônico. Cf. GILISSEN, Jonh. *Introdução Histórica ao Direito.* Trad. A. M. Hespanha e L. M. Macaísta Malheiros. 3ª ed. Lisboa: Fundação Calouste Gulbenkian, 2001, p. 128.

Desse modo, na Alta Idade Média houve um significativo retrocesso das formas jurídicas. A legislação teve uma importância secundária e cada feudo tinha seu próprio direito, essencialmente oral e costumeiro.[30]

Os processos de solução de conflitos não raro baseavam-se no sobrenatural, através das provas dos ordálios, ou no poder dos mais fortes, por meio dos duelos judiciais. Os **Ordálios** (ou **Juízos de Deus**) eram formas de solução de conflitos judiciais, através dos quais o acusado era submetido a uma provação de apelo sobrenatural, com a qual se certificaria sua culpa, como nas *provas do fogo*, nas quais o réu deveria, por exemplo, transportar com as mãos nuas, por determinada distância, uma barra de ferro incandescente, e as *provas da água*, dentre as quais se tinha, por exemplo, a imposição ao acusado de submergir seu braço numa caldeira cheia de água fervente. Terminadas as provas, enfaixavam-se as feridas e, após determinado prazo, se as queimaduras tivessem desaparecido, considerava-se inocente o acusado; se estivessem infeccionadas, estaria confirmada a sua culpa. Os julgadores acreditavam que os culpados, conhecendo os ordálios e temendo suas consequências, confessariam logo a própria culpa. Além disso, utilizava-se como forma de solução de conflitos entre particulares os **Duelos Judiciais**, nos quais se confrontavam acusador e acusado para que se decidisse pela força (ou habilidade) o vencedor. Eram processos extremamente solenes, utilizados, normalmente, nos casos de desrespeito ou ofensa à honra.[31]

---

30 MARTINS, *O Direito Romano e seu Ressurgimento no Final da Idade Média. In* WOLKMER, *Fundamentos de História do Direito, cit.*, p. 149-150.

31 Cf. LIMA, Oliveira. *História da civilização.* 6ª ed. São Paulo: Melhoramentos, 1954, p. 208; GONZAGA, João Bernardino. *A Inquisição em seu Mundo.* 5ª ed. São Paulo: Saraiva, 1993, p. 23.

Por fim, não havia um poder constituído inequívoco que disponibilizasse a força necessária para garantir ao vencedor da demanda o cumprimento do direito por parte do vencido.[32]

O "direito" feudal, se é que de fato podemos chamá-lo assim, voltou a confundir-se com a moral e a religião, abandonando as distinções alcançadas na experiência concreta pelos romanos. Tornou-se, pois, a depender da piedade e da caridade alheia na efetivação do conteúdo da norma. Desse modo, o cumprimento da regra de ação ficava absolutamente sujeito à consciência moral subjetiva ou à violência dos mais fortes.

Por outro lado, com o enfraquecimento do poder real e com a decadência das jurisdições laicas no período feudal, a Igreja, já em seu apogeu, ampliara gradativamente sua jurisdição episcopal sobre os leigos, expandindo, pois, o direito canônico para muito além dos seus assuntos internos.[33]

É verdade que desde Constantino era facultado às partes em contenda submeterem-se à decisão do seu bispo, à qual era conferido o mesmo valor de um julgamento civil. No entanto, com o fim do Império romano, a Igreja vai avocando cada vez mais a competência sobre as questões espirituais, as quais, no contexto do feudalismo, confundiam-se não raro com os assuntos temporais. Desse modo, na Baixa Idade Média o poder jurisdicional da Igreja estendia-se sobre toda matéria penal que importasse em infração contra a religião ou contra as regras canônicas, como a heresia, a feitiçaria, o adultério, a usura etc., e, ainda, sobre várias matérias civis, como o casamento, a legitimidade dos filhos, o testamento, a não execução de promessa feita sob juramento etc.[34]

---

32 DAVID, *Os Grandes Sistemas do Direito Contemporâneo, cit.,* p. 30.

33 GILISSEN, *Introdução Histórica ao Direito, cit.,* p. 139-141.

34 GILISSEN, *Introdução Histórica ao Direito, cit.,* p. 140-141.

Portanto, o "direito" medieval consistira numa série de ordenamentos normativos, aos quais os homens se submetiam conforme a força da autoridade que o impunha (o que variava constantemente) ou o âmbito da vida que regulavam. A vida jurídica medieval em nada lembrava a unidade do direito romano, com seu apelo racional e seus instrumentos de garantia e exigibilidade. Conforme dito, a imposição dos preceitos costumeiros ficava a depender da força do ofendido ou da piedade alheia e, mesmo, o direito canônico, que em sua estrutura formal inspirara-se fortemente no direito de Roma, fundava-se nas revelações divinas, excluindo, pois, o homem de sua elaboração. Além disso, eram constantes os conflitos de competência suscitados pelos tribunais laicos, o que impedia a sua aplicação uniforme e constante.

O sistema jurídico romanístico

Com o fim do Império romano, levar-se-á mais de um milênio até que o homem ocidental se restabeleça sob a égide de uma vida verdadeiramente jurídica, o que ocorrerá apenas a partir da Revolução Francesa no fim do século XVIII. Antes disso, porém, um longo caminho será percorrido.

O primeiro passo será dado quando da formação das universidades nos séculos XI e XII, ambientes nos quais o estudo dos clássicos será retomado. Nesse ínterim, despertou-se um enorme interesse pelo direito romano, que em meio à confusa diversidade de direitos locais da Baixa Idade Média, era visto pelos estudiosos como um modelo racional de organização social.

O fascínio que se estabeleceu pelas elaborações jurídicas dos romanos era tamanho que durante séculos os direitos nacionais foram desprezados pelas universidades e, até o século XX, o direito romano constituiu seu ensino básico em matéria jurídica. Apenas nos séculos

Os FUNDAMENTOS ÉTICOS DA CULTURA JURÍDICA OCIDENTAL   123

XVII e XVIII os direitos nacionais começaram a ser estudados, mas continuaram, por muito tempo, ocupando um lugar secundário.[35]

A Escola dos Glosadores da Universidade de Bolonha (fundada em 1088) erigiu a pedra fundamental da Ciência Jurídica Europeia,[36] fundando, a partir do século XII, os estudos jurídicos científicos, ao qual se referiam como *studium civile*.[37] Os glosadores recolhiam os textos da compilação justinianeia,[38] elaborando comentários explicativos (glosas) sobre eles. O intuito era o de promover uma exegese literal, apenas expondo ou explicitando acriticamente o sentido daquilo que tomavam como a verdade inquestionável (*ratio scripta*) do direito.

Ao lado do *studium civile*, foi estabelecido em Bolonha o estudo do direito canônico. O passo inaugural da canonística, como era chamada, foi dado pelo monge Graciano S. Félix e Nabor em 1140, ao preparar uma coletânea sistemática de fontes para o ensino religioso.[39]

---

35   DAVID, *Os Grades Sistemas do Direito Contemporâneo, cit.*, p. 34.

36   WIEACKER, Franz. *História do Direito Privado Moderno*. Trad. Antônio Manuel B. Hespanha. 3ª ed. Lisboa: Fundação Calouste Gulbenkian, 2004, p. 65.

37   WIEACKER, *História do Direito Privado Moderno, cit.*, p. 39.

38   Das **Compilações Justinianeias**, que compreendem o *Codex Iustiniani*, o *Digesta* (ou *Pandectas*), as *Institutiones Iustiniani* e as *Novellæ*, muito se perdeu durante a Idade Média. As primeiras universidades baseavam seus estudos de direito romano nos trechos e fragmentos de que dispunham. Apenas no século XVI a obra é reunida quase em sua integralidade, tendo ficado conhecida como **Corpus Iuris Civilis**, na edição de Dionísio Godofredo. Cf. HESPANHA, Antônio Manuel. *Cultura Jurídica Europeia*. Síntese de um Milênio. Florianópolis: Fundação Boiteux, 2005, p. 127 e 256.

39   Graciano, influenciado pelo florescimento da cultura jurídica e pelos estudos de direito romano realizados na Universidade de Bolonha, organizou uma coleção das regras (cânones) estabelecidas pelos Concílios da Igreja e pelas Encíclicas Papais, com o objetivo de produzir um corpo harmônico de leis. Esta coleção, que originalmente recebeu o título de *Concordantia Discordantium Canonum* (Concórdia dos cânones discordantes), mais tarde passou a ser denominada **Decretum Gratiani** (Decreto de Graciano), e apesar de nunca ter sido um documento oficial, se difundiu

Wieacker chama atenção para o fato de que a canonística, com sua ordenação sistemática das fontes religiosas e seu método de derivar, a partir delas, princípios jurídicos gerais, exerceu uma forte influência sobre o trabalho dos glosadores.[40] Apesar das duas escolas terem se distinguido em função de seus diferentes objetos, *ius civile* e *ius canonicum*, seus desenvolvimentos metodológicos implicaram-se mutuamente. Segundo o referido autor, este intercâmbio favoreceu um mútuo princípio da subsidiariedade: "os juízos eclesiásticos aplicavam, de forma subsidiária, o direito romano", enquanto "a jurisdição profana aplicava do mesmo modo os princípios gerais do direito canônico".[41]

Os glosadores tiveram o mérito de difundir a ideia de que o direito romano tinha uma validade universal e uma justeza intemporal. Afinal, ele era tido como a *ratio scripta* das formas jurídicas. Nada obstante, segundo Wieacker, os glosadores ainda não estavam preparados para

---

como guia para os estudos das escolas canônicas e recebeu os cuidados dos Papas para que o texto não fosse alterado. A primeira compilação oficial das regras canônicas foi realizada por Raimundo de Penhaforte, a mando do Papa Gregório IX, e promulgadas em 1234 com o nome de **Decretales Extra Decretum Gratiani Vacantes** (Decretais que extravasam o Decreto de Graciano), divididas em cinco livros. A eles foi acrescentado, em 1298, por obra de Bonifácio VIII, mais um livro, o **Liber Sextum**, que teve o intuito de reunir organicamente os materiais canônicos posteriores às Decretais. Ao *Sextum* foram incorporadas as **Clementinas** em 1314 por Clemente V. Em 1671 uma edição de Lyon publicou pela primeira vez sobre o título de **Corpus Juris Canonici** estes quatro trabalhos (o *Decreto de Graciano, as Decretais, o Sextum e as Clementinas*), junto às **Extravagantes**, obra privada de Juan Chappuis que reuniu no século XVI os decretos dos Papas. Na prática o título *Corpus Juris Canonici* já vinha sendo utilizado, mas é a partir da edição de Lyon que ele é definitivamente consagrado. Cf. HESPANHA, *Cultura Jurídica Europeia, cit.*, p. 150. Para um estudo mais detalhado da história do direito canônico e seus institutos é indispensável a leitura de CAVIGIOLI, Juan. *Derecho Canonico*. Trad. Ramon Lamas Lourido. Madrid: Revista de Derecho Privado, 1946.

40 WIEACKER, *História do Direito Privado Moderno, cit.*, p. 71.

41 WIEACKER, *História do Direito Privado Moderno, cit.*, p. 76.

Os fundamentos éticos da cultura jurídica ocidental   125

dominar tecnicamente a vida jurídica de sua época, transpondo seus métodos para a prática dos vários direitos vigentes. Faltava-lhes o conhecimento das diversas instituições jurídicas medievais.[42]

Apenas as gerações seguintes, que se organizaram sob as denominações de *comentadores*, *práticos* ou *consiliadores*,[43] passaram a influir efetivamente na vida jurídica europeia. Desse modo, empenharam-se em aperfeiçoar as ordens jurídicas de sua época, a partir de seus profundos conhecimentos teóricos.

Os comentadores foram os responsáveis pela conversão do direito justinianeu no *direito comum* de toda a Europa (*ius commune*).[44] Ao contrário dos glosadores, eles estabeleceram interpretações mais ousadas que buscavam compatibilizar o direito romano com os direitos locais.

A propósito do significado do direito comum, vale registrar a magistral lição de Antônio Manuel Hespanha:

> A doutrina jurídica dos séculos XV, XVI e XVII tem recebido designações muito variadas – "bartolismo", "escolástica jurídica", "*mos italicus*", etc.; mas a sua designação mais correta é a de "*direito comum*" por se revelar menos unilateral do que qualquer das anteriores e por nos dar, desde logo, esta ideia: a de que ela apresenta, como característica primeira, a *unidade* – (i) quer enquanto *unifica* as várias fontes do direito (direito justinianeu, direito canônico e direitos locais); (ii) quer enquanto constitui um objeto único (ou comum) de todo o discurso europeu; (iii) quer ainda enquanto "trata" este objecto segundo métodos e estilos de raciocinar *comuns*; (iv) forjado num

---

42 Wieacker, *História do Direito Privado Moderno, cit.*, p. 79.

43 Wieacker, *História do Direito Privado Moderno, cit.*, p. 79.

44 Wieacker, *História do Direito Privado Moderno, cit.*, p. 80.

ensino universitário do direito que era *idêntico* por toda Europa; e (v) vulgarizados por uma literatura escrita numa língua então *universal* – o latim.[45]

Desse modo, com o estabelecimento de uma doutrina jurídica comum, abriu-se caminho para a recepção plena do direito romano nas nações que se formavam. Vários povos europeus promoveram uma verdadeira substituição de suas precárias ordens jurídicas pelas legislações romanas.[46]

Ensina Wieacker que:

> A recepção do direito romano na Europa não constitui um caso isolado. A difusão dos métodos científicos e da dogmática jurídica dos glosadores e dos consiliadores atingiu, pelo contrário, a maior parte dos países europeus.[47]

Segundo o autor, não é de espantar o fato de um povo trocar a sua própria ordem jurídica por outra que ele mesmo não produziu. **A recepção do direito romano representou uma das várias formas de transferências culturais que expressam o espírito de continuidade do homem, enquanto humanidade.**

---

45 HESPANHA, *Cultura Jurídica Europeia, cit.*, p. 121.

46 Segundo Caenegen, a recepção do direito romano surgiu, efetivamente, na Alemanha por volta do ano 1500. Cf. CAENEGEM, R. C. van. *Uma Introdução Histórica ao Direito Privado*. Trad. Carlos Eduardo Lima Machado. São Paulo: Martins Fontes, 2000, p. 47.

47 WIEACKER, *História do Direito Privado Moderno, cit.*, p. 130.

Nesse sentido, afirma:

> O próprio conceito de recepção constitui uma expressão dessa nossa convicção da continuidade da história universal do homem ou, pelo menos, da continuidade das grandes culturas. Ela própria se baseia, tal como a ideia de continuidade, na aceitação de uma constante sobrevivência das manifestações culturais ao longo da história. Este pressuposto é uma consequência da ideia de desenvolvimento histórico, sobre a qual se funda, de qualquer modo – por muito céptico que se possa ser –, a possibilidade de uma descrição histórica que nos seja clara.[48]

Desse modo, os movimentos de recepção do direito romano não representaram uma simples aceitação de elementos culturais estranhos, mas antes, uma profunda transformação interna dos povos europeus, que passavam a reconhecer em si a continuação do espírito greco-romano.

Com isso, haverá uma progressiva homogeneização dos direitos europeus, influenciados pela recepção da legislação romana e pela Ciência Jurídica.

Os desenvolvimentos dados ao direito romano pelas universidades, as adaptações estabelecidas aos direitos germânicos e a influência do direito canônico edificaram uma ciência jurídica comum, com conceitos, teorias e métodos para as soluções de justiça, formando um *ius commune* que dará origem ao sistema jurídico romanístico ou, como prefere René David, ao sistema jurídico romano-germânico.[49]

---

48 WIEACKER, *História do Direito Privado Moderno, cit.*, p. 130-131.

49 DAVID, *Os Grandes Sistemas do Direito Contemporâneo, cit.*, p. 25.

Conforme o referido jurista, o *ius commune*:

> É um monumento, edificado por uma ciência europeia, que visa fornecer aos juristas modelos um vocabulário e métodos, orientá-los na procura de soluções de justiça. A obra das universidades apenas se compreende em referência a um conceito de direito natural. Nas suas escolas de direito procura-se descobrir, com o auxílio dos textos romanos, as regras mais justas, as regras conformes a uma ordem bem concebida numa sociedade cuja existência é exigida pela própria natureza das coisas. As universidades não fazem, e não pretendem fazer, uma obra de direito positivo, não têm competência, de resto, para fixar regras que, em todos os países, juízes e práticos deveriam necessariamente aplicar. É muito importante assinalar estas características, no momento em que se volta a falar de Europa e de direito europeu. O sistema romano-germânico uniu os povos da Europa, respeitando a sua diversidade – fora da qual a Europa não seria o que é e o que nós queremos que ela seja.[50]

Desse modo, a Ciência Jurídica do Ocidente, após a intensa penetração do direito romano, se aproximará, sob a influência do Iluminismo, de um jusracionalismo que se propunha a descobrir os princípios de um direito puramente racional. A Escola do direito natural que passa a dominar o cenário doutrinário europeu nos séculos XVII e XVIII vai desencadear um movimento de codificação dos direitos que se espalhará por todos os países que adotaram o sistema jurídico romanístico.

---

50 DAVID, *Os Grandes Sistemas do Direito Contemporâneo, cit.*, p. 35-36.

Os fundamentos éticos da cultura jurídica ocidental   129

O movimento de codificação, que se seguiu à Revolução Francesa, representou, no âmbito do direito, a confirmação do fim das formas "jurídicas" autoritárias, materializadas sob as formas de vida feudal e, mais tarde, do Antigo Regime, e o restabelecimento de uma vida jurídica plena.

O Ocidente latino e o sistema jurídico romanístico

Podemos afirmar que a cultura jurídica da civilização ocidental é composta pelos elementos que concorreram para a formação do sistema jurídico romanístico, quais sejam: o direito romano, o direito canônico e os direitos germânicos.

Este sistema jurídico é, conforme vimos, um dos elementos fundamentais na composição da identidade da civilização ocidental latino-católica. A despeito das peculiaridades nacionais, os direitos dos países da Europa continental e da América Latina[51] apresentam conceitos, teorias e princípios comuns. Além disso, mesmo seus códigos revelam uma afinidade impressionante.

No Ocidente anglo-protestante desenvolveu-se um sistema jurídico absolutamente diverso, baseado no direito inglês aprimorado na Inglaterra, a partir da conquista normanda em 1066. Com a centralização do poder, desenvolve-se um direito comum (*common law*), baseado nas decisões dos tribunais reais. É um direito essencialmente casuístico,

---

51 A América Latina, por meio da colonização iniciada no século XVI, é a herdeira direta da tradição cultural europeia. Após séculos de transferência cultural, ela reconhece a si mesma como parte integrante do Ocidente, buscando na história da civilização greco-romana e no medievo cristão seus pressupostos civilizacionais. Sobre a tradição jurídica ocidental transposta para América luso-hispânica, *vide* WOLKMER, *Síntese de uma História das Ideias Jurídicas, cit.*, p. 77-97.

130 MARCELO MACIEL RAMOS

apegado ao formalismo da prática forense e fundado na tradição dos costumes e das decisões judiciais.[52]

René David estabelece uma distinção clara entre a *common law* e os direitos romanísticos:

> O direito inglês, proveniente da *common law*, é essencialmente direito jurisprudencial (*case law*); suas regras são, fundamentalmente, as regras que se encontram na *ratio decidendi* das decisões tomadas pelos tribunais superiores da Inglaterra. [...] Muito diferente é, como se sabe, a situação do direito do continente europeu: direitos que não se tecem a partir de decisões de jurisprudências, mas cujos princípios foram elaborados pela doutrina, nas universidades, sistematizando e modernizando os dados do direito de Justiniano. A regra de direito inglês é uma regra apta a dar, de forma imediata, a sua solução a um litígio; não a compreendemos verdadeiramente e não podemos apreciar o seu alcance sem conhecer bem todos os elementos do litígio, a propósito do qual ela foi afirmada. A regra do direito continental, mais ligada à teologia moral do que ao processo, é uma regra evidenciada pela doutrina ou enunciada pelo legislador, apta a dirigir a conduta dos cidadãos, numa generalidade de casos, sem relação com um litígio particular.[53]

Nada obstante, há que se salientar que nos últimos dois séculos, mesmo os países que adotam a *common law* como sistema jurídico vêm

---

52 DAVID, *Os Grandes Sistemas do Direito Contemporâneo, cit.*, p. 279-290. A propósito da formação da *common law* na Inglaterra, é indispensável a leitura de CAENEGEM, R. C. *The Birth of The English Common Law.* Cambridge: Cambridge University Press, 2004.

53 DAVID, *Os Grandes Sistemas do Direito Contemporâneo, cit.*, p. 324.

Os FUNDAMENTOS ÉTICOS DA CULTURA JURÍDICA OCIDENTAL 131

reservando uma importância cada vez maior à legislação. Este fato é ainda mais evidente no direito norte-americano ou sul-africano, os quais, apesar da opção pelo sistema inglês, sofreram uma forte influência dos movimentos de codificação, típicos da tradição romanística.[54]

Portanto, no Ocidente, entende-se por direito o modo de organização da vida social inventado pelos romanos, através do qual se busca ordenar racionalmente as normas de comportamento, bem como os processos de solução dos conflitos.[55]

Conforme dito, em Roma o indivíduo cessa de depender da própria força ou da piedade alheia para fazer cumprir o conteúdo das normas de comportamento, passando a dispor de instrumentos para exigi-las. Além disso, são estabelecidos meios que garantam a manifestação da vontade dos destinatários das normas nos processos de decisão acerca do seu conteúdo. Com isso, o homem ocidental, em sua manifestação greco-romana, reconhece a si mesmo como sujeito livre,[56] isto é, como sujeito de direito,

---

54 Sobre a formação do direito norte-americano e suas características peculiares, *vide* DAVID, *Os Grandes Sistemas do Direito Contemporâneo, cit.*, p. 359-405.

55 Franz Wieacker anota que a retomada gradativa do direito romano na Baixa Idade Média amparou-se na noção de que o Império romano havia, desde Constantino, passado a constituir a própria comunidade cristã, e de que a Cristandade era, então, continuadora do Império universal da humanidade. Nesse sentido, ensina que: "Esta refração da ideia de Roma [de que a Cristandade era a sua continuadora] mostra precisamente que todos os partidos vem agora no direito romano pura e simplesmente o direito da comunidade jurídica humana. Para todos ele constituía o direito natural por força da sua dignidade histórica e autoridade metafísica; e assumiu, assim, no projeto conjunto do pensamento jurídico medieval, a categoria de uma moral válida em geral. [...] Assim, recorriam ao direito romano não só os juristas, como ainda os canonistas e mesmo os cultores da teologia moral, a partir do momento em que os decretistas tinham extraído precisamente das *Instituições* e do *Digesto* a ideia (originalmente estranha à teologia) de *jus naturale*". WIEACKER, *História do Direito Privado Moderno, cit.*, p. 44-45.

56 O romano não chegou a alcançar a consciência do seu próprio reconhecimento como sujeito de direito. Esse reconhecimento dá-se em sua experiência concreta. A consciência disto só será atingida na Modernidade.

capaz de tutelar seu próprio comportamento, objetivando-o na forma de normas sociais (agora jurídicas), e, ao mesmo tempo, capaz de provocar a coletividade, através de seus juízes e aparelhos coercitivos, para exigir o cumprimento daquelas normas.

Esse modo de vida, assumido e desenvolvido pela civilização ocidental, manteve-se, em relação aos seus pressupostos fundamentais, bastante fiel ao modelo romano. Os direitos da *família romanística* fundam-se naqueles mesmos propósitos e formaram-se a partir das elaborações romanas.

Desse modo, apesar de toda evolução cultural e axiológica experimentada pelo Ocidente, as estruturas essenciais sobre as quais os direitos da Europa Continental e da América Latina foram formulados encontram seu esteio na milenar tradição jurídica dos romanos.

Por fim, cumpre-nos lembrar que o direito é um dos vários produtos culturais de uma civilização. Obra da inteligência humana, ele assume a difícil tarefa de compatibilizar as incessantes oposições axiológicas surgidas no seio social. No Ocidente, se os fundamentos e princípios essenciais do direito, manifestados pela primeira vez na experiência romana, mantêm-se bastante fiel à sua gênese, os conteúdos das normas de conduta albergados por esse modelo jurídico variaram intensamente na história. Afinal, a norma de conduta, inclusive a jurídica, produto máximo da cultura, reflete toda a transformação do homem em suas interações sociais.

Desse modo, deparamos-nos com uma nova questão. Se o direito propõe-se a ordenar racionalmente as normas de comportamento, segundo um critério de justiça, haverá um conteúdo axiológico necessário ao direito? E, se há, quais são os princípios éticos fundamentais que ordenaram e ainda ordenam o conteúdo material das manifestações jurídicas ocidentais? A tais questões devotam-se os capítulos seguintes.

TERCEIRA PARTE

AS MATRIZES ÉTICAS DO OCIDENTE:
DOS GREGOS AOS CRISTÃOS

4. A ÉTICA GREGA

*Apoderei-me do fogo, em sua fonte
primitiva; ocultei-o no cabo de uma férula,
e ele tornou-se para os homens a fonte de
todas as artes e um recurso fecundo...*

ÉSQUILO. *Prometeu*

Ética clássica

É INQUESTIONÁVEL A HERANÇA das reflexões gregas, acerca da ação e dos deveres do homem em suas relações político-social, na formação do *ethos* ocidental. Os gregos, tendo desenvolvido um *logos* demonstrativo através do qual passaram a formular seus conhecimentos acerca da natureza (*physis*), não tardaram a aplicar este poderoso instrumento intelectual na compreensão das formas de ordenação da vida humana (*ethos, nomos*).

Foram os gregos que, pela primeira vez, estabeleceram uma ciência sobre a normatividade da ação humana, lançando as bases sobre as quais todas as reflexões éticas do Ocidente desenvolver-se-iam.

A propósito da continuidade do feito grego no Ocidente, Lima Vaz ensina que:

> Essa continuidade se manifesta no fato irrecusável de que *as mesmas questões* que estão na origem da Ética

136 MARCELO MACIEL RAMOS

> alimentam a variedade de respostas que a elas vão sendo dadas na sucessão dos sistemas éticos e no *fato* igualmente incontestável de que as grandes *categorias* que permitem a construção dos primeiros modelos de Ética na Antiguidade permanecem em seu teor lógico fundamentalmente inalteradas até hoje, não obstante as muitas interpretações de que tem sido objeto.[1]

E, mais à frente, completa:

> Não obstante as imensas transformações nos campos social, político, cultural, científico e tecnológico experimentadas pela humanidade ocidental nesses vinte e cinco séculos que nos separam dos começos da Ética, quem poderá dizer que não são as mesmas exigências profundas de nossa *natureza* a se manifestar na interrogação socrática: *como devemos viver?*[2]

Destacaremos, aqui, apenas a Ética clássica, desenvolvida por Platão e Aristóteles. Todavia, não podemos deixar de registrar a importância de Sócrates para o estabelecimento da Ética como conhecimento epistêmico, além do fundamental papel dos Sofistas, cuja negação da universalidade de qualquer verdade e, por conseguinte, dos costumes e das leis, trouxe a lume, no embate estabelecido com Sócrates, as questões fundamentais deste saber prático, então inaugurado.

Os **SOFISTAS** eram, segundo Marilena Chaui, professores profissionais que forneciam, mediante pagamento, instruções aos jovens nas artes da oratória e da retórica, tão importantes para o exercício da vida

---

1   VAZ, Henrique C. de Lima. *Escritos de Filosofia IV*: Introdução à Ética Filosófica I. 2ª ed. São Paulo: Loyola, 2002, p. 82.

2   VAZ, *Escrito de Filosofia IV*: Introdução à Ética Filosófica 1, *cit.*, p. 82-83.

Os FUNDAMENTOS ÉTICOS DA CULTURA JURÍDICA OCIDENTAL   137

pública ateniense da época. Eram pensadores que punham em dúvida a existência de uma única verdade, como queriam os filósofos da natureza (*physiologos*). Além disso, diferentemente desses, que concentravam suas investigações sobre o princípio último (*arkhe*) das coisas da natureza (*physis*), os Sofistas colocavam no centro dos seus debates o homem, tomando-o, conforme fizera Protágoras, como *a medida de todas as coisas*, isto é, de todo o juízo que se podia estabelecer sobre a natureza ou sobre o próprio homem. Desse modo, questionavam o caráter supostamente natural dos costumes e das leis (*nomos*), afirmando que eles eram produtos da convenção humana e, portanto, mutáveis.[3]

SÓCRATES,[4] conforme apresentado pelo próprio Platão, era o opositor radical da descrença em relação à verdade e do relativismo ético disseminados pelos Sofistas. Ao contrário desses, combatia a opinião (*doxa*)

---

3   CHAUI, Marilena. *Introdução à História da Filosofia*; Dos Pré-Socráticos a Aristóteles. 2ª ed. São Paulo: Companhia das Letras, 2002, p. 163-168.

4   SÓCRATES teria nascido por volta do ano 469 a.C e morreu em 399 a.C., condenado a tomar cicuta, sob a acusação de impiedade contra os deuses da cidade e a de subverter os costumes da época. Cf. REALE, Giovanni. *História da Filosofia Antiga*: Das Origens a Sócrates. V. I. Trad. Marcelo Perine. 5ª ed. São Paulo: Loyola, 2005, p. 247. Não tendo deixado nenhuma doutrina escrita, o que conhecemos sobre sua vida e pensamento chegou-nos, principalmente, através dos relatos de Platão e Xenofonte, que foram seus discípulos, além do relato de Aristófanes em sua comédia *As Nuvens*. No entanto, conforme Marilena Chaui, até o século XVIII, "Sócrates era o de Platão. Liam-se Xenofonte e Aristófanes, mas não se dava muita atenção a eles. O problema começa quando, na *História da Filosofia*, Hegel afirma que o Sócrates factual e histórico é o de Xenofonte, pois o de Platão é o próprio Platão. Ainda no século XIX, um outro intérprete, Schleiermacher, admitindo a tese de Hegel, afirma, porém, que o Sócrates histórico de Xenofonte não é suficiente para o conhecimento do filósofo e, portanto, deve-se admitir o testemunho de Platão em tudo que, aprofundando filosoficamente o ensinamento de Sócrates, não contradiga Xenofonte". Cf. CHAUI, *Introdução à História da Filosofia, cit.*, p. 183-183. De todo modo, Sócrates aparece em toda a obra platônica, como personagem dos seus diálogos, a afirmar, através da pena de Platão, os fundamentos de sua filosofia, que tão profundamente influenciaram seu discípulo dileto.

como forma genuína de conhecimento e atribuía a ela a fonte de todo o erro, condenando a sua manipulação e imposição pela palavra, como ensinavam os Sofistas. Afirmava, pois, que o caminho para a verdade não poderia ser encontrado fora do homem, na realidade aparente ou nas opiniões equívocas, mas em seu próprio interior[5]. Daí o seu lema fundamental, inspirado na inscrição do templo de Apolo em Delfos: Γνωθι σεαυτον (*Gnothi Sauton* ou, ainda, Conhece-te a ti mesmo).

Esta postura tinha, conforme ensina Marilena Chaui, uma consequência ética imediata:

> Se nossa razão, isto é, nossa alma tem o poder para encontrar em si mesma suas próprias regras e normas de pensamento, terá o mesmo poder para nos dar as regras e normas de conduta e para educar nosso caráter para a virtude. A autonomia moral ou ética é a consequência necessária da força inata da razão.[6]

Essa distinção socrática entre aparência sensível e realidade e entre verdade e essência influenciará profundamente Platão. Além disso, é sob a noção de que a felicidade só pode ser encontrada na autonomia, isto é, "na capacidade do homem para, por meio do saber, dar a si mesmo suas próprias leis e regras de conduta",[7] que a Ética clássica fundar-se-á.

Não é que antes de Sócrates os gregos não houvessem feito importantes considerações acerca do *ethos* humano. Conforme anota Paulo Bonavides, mesmo na poesia homérica, o todo ético já vinha sendo representado pela deusa *Themis*, presidente das assembleias dos deuses

---

5 CHAUI, *Introdução à História da Filosofia, cit.*, p. 187-202.

6 CHAUI, *Introdução à História da Filosofia, cit.*, p. 201.

7 CHAUI, *Introdução à História da Filosofia, cit.*, p. 202.

do Olimpo, cujas ordens (*themistes*), transmitidas por Zeus aos reis, obrigavam os homens a um comportamento justo, conforme a imposição da ordem universal que continham. Ao lado dela, sua filha *Dike*, representava a aplicação da justiça concreta pelo juiz. Ademais, em Hesíodo, com a introdução do termo *nomos*, como ordem peculiar do homem (ser racional), em oposição à natureza (*physis*), lançava-se o arcabouço de uma Filosofia do Direito[8] ou, num sentido mais amplo, de uma Filosofia Ética.

Além disso, os pré-socráticos, embora estivessem com os olhos voltados para a natureza, ao buscarem, não mais na vontade dos deuses, mas na própria realidade, a causa primeira de tudo o que existe (incluindo-se aí o homem), afastavam dos fundamentos mitológicos tanto o universo físico a que são afetos quanto o universo humano, nele totalmente integrado. Cuidavam não só da *physis* (leis da natureza), mas também, por assim dizer e em sentido muito amplo, do *nomos* (leis do homem). Apesar de a distinção entre essas duas categorias de leis só ter sido, definitivamente, aclarada pelos sofistas, não podemos negar que a afirmação pitagórica de que a justiça é o que decorre do equilíbrio e da harmonia cósmica ou, mesmo, a heraclitiana de que o justo é o que se conforma ao *Logos*, já continham em si um gérmen do saber ético.[9]

Todavia, foi Sócrates quem, pela primeira vez, se preocupou em definir os conceitos relativos à virtude humana e em estabelecer um método adequado para empreender tal propósito, fornecendo, portanto, à questão ética um caráter eminentemente científico (epistêmico).

---

8   BONAVIDES, Paulo. *Teoria do Estado*. 4ª ed. São Paulo: Malheiros, 2003, p. 330-332. *Vide*, ainda: COELHO, Luis Fernando. *Introdução Histórica à Filosofia do Direito*. Rio de Janeiro: Forense, 1977, p. 39-54.

9   BONAVIDES, *Teoria do Estado*, *cit.*, p. 334-339; HORTA, José Luiz Borges. *Filosofia do Estado*: Notas de Aula. Belo Horizonte: Programa de Pós-Graduação da Faculdade de Direito da UFMG, 2006.

α. Platão

Platão,[10] o mais brilhante discípulo de Sócrates, ancorado nos pressupostos de seu mestre, legou ao Ocidente uma volumosa e espetacular obra, cujo impacto no pensamento ocidental é formidável. Aqui, restringir-nos-emos a destacar apenas suas reflexões éticas. Todavia, não podemos deixar de fazer uma sucinta menção à *Teoria das Ideias*,[11] sobre a qual todo o pensamento platônico se organizou.

A palavra ideia (ιδεα e ειδοζ), ao contrário do uso moderno que assumiu (como *representação mental, pensamento*), foi empregada por Platão para significar a *essência*, a *forma interior* ou a *estrutura metafísica*

---

10 Platão nasceu em Atenas, em 427 a.c. O seu verdadeiro nome era Aristocles (nome do seu avô) e Platão, um apelido, em referência à largueza dos seus ombros (de πλατοζ, *platos*, que significava amplo, largo). Platão, conforme revela-nos Aristóteles, foi discípulo do heraclitiano Crátilo e, depois, de Sócrates, provavelmente por volta dos seus 20 anos. Com a condenação e morte de Sócrates em 399 a.C., Platão deixa Atenas, tendo passado por Megara e ido à Itália (onde conheceu os pitagóricos), tendo, ainda durante essa viagem, ido a Siracusa (Sicília) a convite do tirano Dionísio I, onde malogrou sua tentativa de colocar em prática seu ideal do filósofo-rei. Ao retornar a Atenas, fundou a Academia. Platão morreu em Atenas em 347 a.C. Cf. REALE, Giovanni. *História da Filosofia Antiga II*: Platão e Aristóteles. Trad. Henrique C. de Lima Vaz e Marcelo Perine. São Paulo: Loyola, 1994, p. 7-9.

11 Segundo Giovanni Reale, a teoria das ideias de Platão começa a ser esboçada no *Fédon*, o qual "constitui a primeira exploração e demonstração racionais da existência de uma realidade supra-ensível e transcendente, [...] a '*magna charta*' da metafísica ocidental". REALE, *História da Filosofia Antiga II, cit.*, p. 49. Além disso, afirma José Luiz Borges Horta, lembrando que no *Fédon* Platão figura os últimos momentos e a mais elevada lição de seu mestre: "A importância do *Fédon* no contexto platônico – diálogo da maturidade do autor, durante séculos uma das suas únicas obras conhecidas – avulta sobremaneira se nos recordarmos da devoção do genial discípulo do mestre Sócrates". HORTA, José Luiz Borges. O Canto do Cisne. *Revista da Faculdade de Direito da UFMG*, Belo Horizonte, Faculdade de Direito da UFMG, número 38, 183-196, 2000, p. 184.

OS FUNDAMENTOS ÉTICOS DA CULTURA JURÍDICA OCIDENTAL

das coisas,[12] as quais apenas podem ser captadas ou conhecidas com a mente, isto é, através da capacidade intelectiva, localizada na parte imortal e imaterial do nosso ser, a alma (*psykhe*).[13]

A ideia é, pois, a forma inteligível ou a essência pura da coisa, sem qualquer existência física. É o ser em sua plenitude, em sua verdade absoluta.

Desse modo, segundo Platão, os dados dos objetos que percebemos com nossos sentidos (com as faculdades do corpo) não nos revelam a sua verdade; mas apenas a aparência (*a cópia imperfeita*) da ideia, ou, ainda, a multiplicidade (variabilidade) da unidade da essência. Há, com isso, a divisão da realidade em dois planos: o **plano inteligível** (*o mundo das ideias*), onde habita toda a verdade, e o **plano sensível**, esfera de toda existência física, das opiniões apaixonadas e deficientes.

Lembremos que o pensamento grego vivia um embate radical, polarizado de um lado por Parmênides,[14] a afirmar que o *ser* (a essência)

---

12 REALE, *História da Filosofia Antiga II, cit.*, p. 61-62.

13 Há em Platão uma nítida distinção entre corpo (matéria) e alma (espírito), que desenvolvida por Santo Agostinho fundamentará algumas das noções basilares da doutrina cristã, conforme veremos mais adiante. No *Fédon*, Platão desenvolve uma profunda reflexão sobre a alma e suas relações com o corpo.

14 Em **PARMÊNIDES** encontramos as seguintes passagens que ilustram bem seu pensamento: *Fragmento 2*: "Vamos, vou dizer-te – e tu escuta e fixa o relato que ouviste – quais os únicos caminhos de investigação que há para pensar: um que é, que não é para não ser, é caminho de confiança (pois acompanha a realidade); o outro que não é, que tem de não ser, esse te indico ser caminho em tudo ignoto, pois não poderás conhecer o não-ser, não é possível, nem indicá-lo [...]". *Fragmento 3*: "[...] pois o mesmo é pensar e ser". *Fragmento 7*: "[...] Como poderia o ser parecer? Como poderia gerar-se? Pois, se era, não é, nem poderia vir a ser. E assim a gênese se extingue e da destruição não se fala. Nem é divisível, visto ser todo homogêneo, nem num lado é mais, que o impeça ser contínuo, nem noutro menos, mas é todo cheio de ser e por isso todo contínuo, pois o ser é como o ser [...]". PARMÊNIDES. *Da Natureza*. Trad. José Trindade Santos. São Paulo: Loyola, 2002, p. 14-16.

é uno e imutável e que a variabilidade percebida pelos sentidos consistia apenas na falsa aparência de sua verdade, e, de outro, por Heráclito,[15] para quem o *ser* é justamente a mudança a ele inerente, isto é, seu permanente *devir*.[16]

O problema estava em definir a natureza imanente das coisas, cuja verdade, conforme noção difundida no pensamento grego, poderia ser deduzida por um princípio universal, fixo e atemporal, portanto. Todavia, diante da constatação inegável, levantada por Heráclito, de que as coisas, em sua realidade fenomênica, estavam em constante transformação, como seria possível explicar que a verdade do ser é, num momento uma e, no seguinte, outra?

Com isso, Platão, na tentativa de superar a crise por que passava a filosofia grega, parte da afirmação de Parmênides de que o movimento (a variabilidade) é apenas o aspecto superficial das coisas, sua feição aparente, e de que, se formos além da nossa experiência sensível, "descobriremos, através do pensamento, que a verdadeira realidade é única, imóvel, eterna, imutável, sem princípio, nem fim".[17] Mas, ao mesmo tempo, Platão assume o movimento intuído por Heráclito, ao afirmar a verdade do *ser* (a *ideia*) como a unidade inteligível de toda a

---

15 Marilena Chauíiensina que **HERÁCLITO** concebe o mundo como um *devir eterno*, no qual as coisas estão em contínua e incessante mudança e no qual a permanência não passa de ilusão. O movimento é, então, a verdadeira essência de tudo. Desse modo, nesse fluxo constante do mundo os contrários são inseparáveis, um vez que "cada contrário nasce do seu contrário e faz nascer o seu contrário". Por essa razão, afirma que o "um é múltiplo e o múltiplo é um". É dessa oposição e multiplicidade original que se origina, pois, a ordem. Cf. CHAUI, *Introdução à História da Filosofia, cit.*, p. 82-83.

16 LUCE, J. V. *Curso de Filosofia Grega.* Do Século VI a.C. ao Século III d.C. Trad. Mario da Gama Kury. Rio de Janeiro: Zahar, 1994, p. 41-55.

17 MARCONDES, *Iniciação à História da Filosofia, cit.*, p. 36.

Os fundamentos éticos da cultura jurídica ocidental   143

multiplicidade sensível,[18] não obstante, assim como Parmênides, afirmar que o caminho para a verdade não passa pela sensibilidade.

Portanto, é importante ter em conta que nas reflexões de Platão acerca do critério que deve guiar a ação humana, a resposta será buscada sempre nesta realidade transcendente que só a razão, cuja sede está na alma, pode acessar.

Além disso, em toda a Filosofia Platônica, a alma, parte mais sublime do homem, é associada à razão e ao conhecimento da verdade, enquanto o corpo, embriagado pelos sentidos, é a sede das paixões e dos desejos, o cárcere infame da alma, a lançar seu véu inebriante sobre a essência.

Marilena Chaui, em suas lições sobre Platão, esclarece que:

> A alma humana é, pois, uma natureza intermediária entre o divino e o mundo, destinada ao conhecimento, mas por sua ligação ao corpo também pode cair no erro e ser arrastada pelas paixões, que a distanciam de sua destinação natural.[19]

Nas palavras do próprio Platão, proferidas por intermédio de Sócrates, no *Fédon*, temos que:

> Enquanto possuirmos um corpo, e a nossa alma permanecer penetrada por essa coisa má, não alcançaremos nunca de modo adequado aquilo que desejamos ardentemente, isto é, a verdade. [...] Se não é possível conhecer nada na sua pureza por meio do corpo, de

---

18 REALE, *História da Filosofia Antiga II, cit.*, p. 285-286.

19 CHAUI, *Introdução à História da Filosofia, cit.*, p. 291. Chaui registra que Platão, diferentemente do que afirmara no *Timeu* (que todos os seres possuem alma, apesar de só o homem possuir o princípio do conhecimento), no *Fédon* afirma que só o homem possui alma.

duas uma: ou não é possível alcançar o saber, ou será possível somente quando estivermos mortos. [...] E durante o tempo em que estamos em vida, estaremos, como parece, tanto mais próximos ao saber quanto menos teremos relação com o corpo e comunhão com ele, a não ser na medida estrita de uma necessidade inevitável.[20]

José Luiz Borges Horta, a propósito do *Fédon,* esclarece que:

> A alma acorrenta-se ao corpo ao ceder a seus prazeres, desejos, incômodos e temores (83c); cede à absoluta ignorância e ao mundo ilusório dos sentidos (83a), ao não perceber o "mal supremo": "a crença de que o objeto dessa emoção [o prazer físico] é tudo que há de mais real e verdadeiro" (83c).[21]

Desse modo, segundo Platão, a única forma de aproximarmos-nos da verdade seria não admitir, ao buscar o conhecimento sobre algo, as impressões equívocas e interessadas dos sentidos, captadas pelo corpo, pois, apenas a pureza do intelecto é capaz de despertar a alma para *a ideia,* mesmo que de forma precária.

A alma, sede da racionalidade humana, irá, todavia, conforme assevera o próprio filósofo, tornar-se, em virtude das suas várias encarnações e da sua conexão necessária com corpo, sede secundária dos desejos e das paixões.

---

20 PLATÃO. *Fédon.* Trad. Enrico Corvisieri. São Paulo: Nova Cultural, p. 127-128 (66b-67b).

21 HORTA, *O Canto do Cisne, cit.,* p. 190.

Nesse sentido, Platão assevera que:

> Cada satisfação, cada dor traz consigo, por assim dizer, um prego com o qual fixa a alma ao corpo, e a torna material, pois ela crê não haver outros objetos materiais a não ser aqueles que o corpo lhe relata. Ao ter as mesmas opiniões que o corpo, ela é obrigada a adotar os mesmos hábitos, o que a impossibilita de chegar pura ao Hades. Porém, ao sair dessa vida, a alma, repleta dessas nódoas do corpo que acaba de abandonar, penetra em seguida em outro corpo no qual se fixa, como se estivesse plantada nele, e dessa forma se vê privada de toda relação com a essência pura, simples e divina.[22]

Dessa maneira, a busca da verdade, em Platão, só é possível como um processo de purificação[23] da alma pela evocação nela mesma de sua natureza racional.

Na *República* (*Politeia*), Platão discorrerá sobre os elementos constitutivos da alma, estabelecendo a partir deles os fundamentos de suas reflexões acerca da virtude e da justiça.

Segundo o filósofo, a alma é composta por três elementos: 1) o **racional**, pelo qual se aprende (faculdade do *conhecimento*); 2) o **colérico** (ou irascível), o qual se indigna ou se enraivece contra a dor ou os perigos que ameaçam o corpo, cuja função é, pois, sua *proteção*;

---

22 PLATÃO, *Fédon, cit.*, p. 150 (83 b-e).

23 "A verdadeira virtude é uma purificação de todas as paixões. O comedimento, a justiça, a força e a própria sabedoria são purificações". PLATÃO, *Fédon, cit.*, p. 131.

e 3) o **concupiscível**, "companheiro de certas satisfações e desejos",[24] necessário para a *conservação* e perpetuação do corpo.

Nas palavras do próprio Platão:

> [...] A alma de cada um está dividida em três partes. [...] Uma parte era aquela pela qual o homem aprende, outra, pela qual se irrita; quanto à terceira, devido à variedade de formas que ostenta, não dispomos de um nome único e específico, mas designámo-la por aquilo que nela é mais eminente e mais forte: chamamos-lhe concupiscência, devido à violência dos desejos relativos à comida, à bebida, ao amor e a tudo quanto o acompanha; e chamamos-lhe amiga do dinheiro, porque é sobretudo com dinheiro que se satisfazem os desejos dessa espécie[25]

No que se refere à vida política do homem, Platão estabelece um paralelo com sua constituição interior. Nesse sentido, afirmara que "tal como a cidade está dividida em três corpos, também a alma de cada um tem três partes"[26]

Os três corpos ou classes da cidade são as seguintes: 1) a **governante** (legisladores, magistrados), encarregada da educação e da regulação da ação dos cidadãos;[27] 2) a **militar** (guerreiros), encarregada

---

24 PLATÃO. *A República*. Trad. Maria Helena da Rocha Pereira. 9ª ed. Lisboa: Fundação Calouste Gulbenkian, p. 273 (Livro IV, 439d).

25 PLATÃO, *República, cit.*, p. 425-426 (Livro IX, 580d-e).

26 PLATÃO, *República, cit.*, p. 425 (Livro IX, 580d).

27 A ação do indivíduo é, em Platão, conforme o próprio espírito do seu tempo, necessariamente política. Refere-se sempre à cidade. Conforme ensina Giovanni Reale: "Não há distinção, a não ser de simples conveniência, entre moral e política. As leis do direito são as mesmas para as classes, as cidades e para os indivíduos. Mas

Os fundamentos éticos da cultura jurídica ocidental 147

da proteção da cidade; e 3) a **econômica** (agricultores, comerciantes e artesãos), "encarregada da sobrevivência da cidade, suprindo as necessidades básicas da vida".[28]

Cada uma dessas classes corresponde a um elemento da alma humana. A governante, caracterizada pelo uso da razão, equivale à função racional. A militar, caracterizada "pela cólera e pela temeridade, pelo gosto dos combates, pela invenção de perigos para ter o prazer de lutar e buscar fama e glória", é correlata ao elemento irascível. A econômica, que se "caracteriza pela concupiscência, pela sede de riqueza e de prazeres", equipara-se à parte concupiscível da alma.[29]

É a partir dessas distinções que Platão formula sua teoria da justiça, ora tratando-a como ação virtuosa do indivíduo, ora como *ação* (ou ordenação) do governo da cidade.

A justiça é, conforme exposta por Platão na *República*, a harmonização dos elementos da alma, no âmbito do indivíduo, e das classes, no da cidade, cada qual exercendo plenamente suas funções, conforme suas naturezas, sem que uma usurpe o papel da outra. Desse modo, sendo a capacidade racional a única a participar (mesmo que precariamente) da verdade, só ela deve governar a ação do indivíduo, assim como na cidade apenas os mais aptos, aqueles que foram preparados para desenvolver essa capacidade suprema do homem, devem governar, estabelecendo para tanto as leis que regerão o todo.

---

deve-se acrescentar que essas leis são, antes de tudo, leis de moral pessoal; a política é fundada sobre a ética, não a ética sobre a política". REALE, *História da Filosofia Antiga II, cit.*, p. 240.

28 CHAUI, *Introdução à História da Filosofia, cit.*, p. 306.

29 CHAUI, *Introdução à História da Filosofia, cit.*, p. 306.

Nesse sentido, discursa Platão:

> Na verdade, a justiça era qualquer coisa neste gênero, ao que parece, exceto que não diz respeito à atividade externa do homem, mas à interna, aquilo que é verdadeiramente ele e o que lhe pertence, sem consentir que qualquer das partes da alma se dedique a tarefas alheias nem que interfiram umas nas outras, mas depois de ter posto a sua casa em ordem no verdadeiro sentido, de ter autodomínio, de se organizar, de se tornar amigo de si mesmo, de ter reunido harmoniosamente três elementos diferentes, exatamente como se fossem três termos numa proporção musical, o mais baixo, o mais alto e o intermédio, e outros quaisquer que acaso exista de permeio, e de os ligar a todos, tornando-os, de muitos que eram, numa perfeita unidade, temperante e harmoniosa – só então se ocupe (se é que se ocupa) ou da aquisição de riquezas, ou dos cuidados com o corpo, ou de política ou de contratos particulares, entendendo em todos estes casos e chamando justa e bela à ação que mantenha e aperfeiçoe estes hábitos, e apelidando de sabedoria a ciência que preside a esta ação.[30]

Esclarece Marilena Chaui que:

> A justiça ou virtude, no homem, é o governo dos apetites e da cólera pela razão; essa mesma teoria, antes de ser aplicada ao indivíduo, é aplicada à Cidade,

---

30 PLATÃO. *República, cit.*, p. 204 (Livro IV, 443c-e).

OS FUNDAMENTOS ÉTICOS DA CULTURA JURÍDICA OCIDENTAL   149

concebida como um conjunto hierarquizado de funções, cada qual com sua *dýnamis* e sua *arete*.[31]

Leonel Franca sintetiza da seguinte maneira a Ética Platônica:

> A felicidade humana consiste na contemplação das Ideias e sobretudo da Ideia do sumo do Bem. Para atingir esse fim deve o sábio desvincular-se de quanto é corpóreo e sensível e subordinar as partes inferiores da alma às superiores. Nesta ordem e harmonia consiste a virtude. [...] O Fim do Estado é tornar o indivíduo feliz, facilitando-lhe a prática das virtudes.[32]

É desta perspectiva que emerge a célebre *teoria platônica do Filósofo-Rei*. Segundo Platão, se é possível acessar a ideia (a verdade) do Bem[33] apenas através da razão, apenas aqueles capazes de conhecê-la, guiando-se por ela, podem promover um governo justo. Giovanni Reale explica que "a Ideia do Bem confere às coisas conhecidas a verdade, e a quem a conhece confere a faculdade de conhecer a verdade das coisas".[34]

Desse modo, apenas o Filósofo, detentor dessa faculdade, conhece a verdade da justiça. Portanto, conforme defende Platão:

> Enquanto não forem, ou os filósofos-reis nas cidades, ou os que agora se chamam reis e soberanos filósofos genuínos e capazes, e se dê coalescência do poder político com a filosofia, enquanto as numerosas naturezas

---

31 CHAUI, *Introdução à História da Filosofia, cit.*, p. 305-306.

32 FRANCA, Leonel. *Noções de História da Filosofia.* 21ª ed. Rio de Janeiro: Agir, 1973, p. 57.

33 "A ideia do bem é a mais elevada das ciências, e que para ela é que a justiça e as outras virtudes se tornam úteis e valiosas." PLATÃO, *República, cit.*, p. 301 (Livro VI, 505a).

34 REALE, *História da Filosofia Antiga II, cit.*, p. 105.

que atualmente seguem um desses caminhos com exclusão do outro não forem impedidas forçosamente de o fazer, não haverá tréguas dos males, meu caro Glauco, para as cidades, nem sequer, julgo eu, para o gênero humano, nem antes disso será jamais possível e verá a luz do sol a cidade que há pouco descrevemos.[35]

Todavia, Platão, no *Político*, obra escrita provavelmente após a malograda tentativa de implementação do seu ideal de Estado em Siracusa, admite que não existem, de fato, homens com a capacidade extraordinária de governar estritamente segundo a ciência e a virtude, matizando, pois, conforme Lima Vaz, a noção de "*Ideia* como o único domínio do inteligível". Segundo Giovanni Reale, "o *Político* assinala a primeira fase desse trabalho de mediação da política ideal com a realidade histórica, que culmina com as *Leis*".[36]

O foco de Platão no *Político* transfere-se, conforme ensina Marilena Chaui, do *Estado perfeito* para o *governante perfeito*[37], o qual deve ter a capacidade de conciliar as diferentes vocações e temperamentos dos cidadãos, distribuindo-lhes as funções de acordo com as aptidões. Nas palavras da autora, o político é, em Platão, "um artesão que fia e tece as almas para que realizem sua *arete* e a da Cidade".[38]

Nas *Leis*, última obra de Platão, é fornecido um modelo de legislação (constituição) para a cidade, na qual, não sendo possível efetivar

---

35 PLATÃO, *República*, *cit.*, p. 251 (Livro V, 473d-e).

36 REALE, *História da Filosofia Antiga II*, *cit.*, p. 275-276. Nesse mesmo sentido, Lima Vaz assevera que: "Este rigorismo da *República* [na qual se tem a Ideia como o único domínio do inteligível] é matizado no *Político* e nas *Leis*, podendo descobrir-se aí uma das fontes prováveis de inspiração da *pragmateia* ética de Aristóteles". VAZ, *Escritos de Filosofia IV*: Introdução à Ética Filosófica 1, *cit.*, p. 116 (nota).

37 CHAUI, *Introdução à História da Filosofia*, *cit.*, p. 310.

38 CHAUI, *Introdução à História da Filosofia*, *cit.*, p. 314.

aquela justiça promovida pelo Filósofo-Rei, conforme a *Ideia do Bem*,[39] a justiça deve ser estabelecida pela lei como a distribuição igualitária dos bens, na proporção dos méritos e necessidades de cada um. Nas *Leis*, Platão estabelece, pois, essa noção:

> Há, com efeito, duas espécies de igualdade que levam o mesmo nome, mas que, de fato, em numerosos casos, são quase opostas: uma consiste na igualdade da medida, de peso e de número e qualquer Estado ou qualquer legislador pode introduzi-la na distribuição das honras, bastando utilizar a sorte; mas há outra que é a verdadeira e perfeita igualdade e que não é facilmente conhecida por qualquer um. Ela é o julgamento de Zeus e, de ordinário, dela bem pouco se encontra entre os homens, mas esse pouco que dela se encontra, seja na administração pública, seja entre os particulares, produz toda espécie de bem. Com efeito, ela concede mais ao maior, menos ao menor, dando a um e a outro em medida correspondente à sua natureza; e, assim confere honras sempre maiores aos que possuem maior virtude, mas aos que, quanto à virtude e à educação, se encontram no caso oposto, *concede proporcionalmente o que a eles pode caber.* Nisso justamente consiste para nós a política e a justiça em si para a

---

39 Vale anotar o denso estudo realizado por Giovanni Reale sobre a Ideia do Bem, que segundo o autor, é "o Princípio que dá significado e valor a todas a coisas". É o conhecimento supremo, o *Uno*, que por analogia ao Sol ilumina ou confere a verdade das coisas. É não só a causa da cognoscibilidade das coisas, mas a causa também do ser e da essência, sendo, portanto, superior a elas. É, pois, o fundamento da justiça e de tudo o que é útil e tem valor. Cf. REALE, Giovanni. *Para uma Nova Interpretação de Platão*. Releitura da Metafísica dos Grandes Diálogos à Luz das "Doutrinas não escritas". Trad. Marcelo Perine. 2ª ed. São Paulo: Loyola, 2004, p. 245-256.

qual devemos tender, fixando sempre o olhar nessa espécie de igualdade, ao constituir o Estado que agora estamos fundando; e quem quer que no futuro pense em fundar outro, deve ter em vista a mesma meta, não já o interesse de uns poucos ou de um só, ou a soberania do povo, mas sempre a justiça ou, como dissemos antes, estabelecer entre os desiguais a igualdade que é segundo a natureza.[40]

É importante perceber que a razão não deixou de ocupar no pensamento de Platão o lugar privilegiado que conquistara em seus trabalhos de juventude. Ela manteve seu *status* de capacidade suprema do homem, superior a toda experiência sensível, única apta a conhecer a verdade e a guiar a ação virtuosa.

Todavia, conforme ensina Giovanni Reale:

> Se, num primeiro momento, Platão polarizou quase toda a sua atenção sobre os valores da alma como se fossem os únicos valores, pouco a pouco, solicitado sobretudo por seus interesses políticos, atenuou a desvalorização dos outros valores e chegou à dedução de uma verdadeira e própria tábua de valores, a primeira sistemática e completa que nos foi transmitida pela Antiguidade. 1) O primeiro e mais elevado lugar pertence aos Deuses e, portanto, aos valores que podemos denominar religiosos. 2) Logo após os Deuses vem a alma que é, no homem, a parte superior e melhor, com os valores que lhe são peculiares da virtude e do conhecimento, ou seja, como os valores espirituais. 3) Em terceiro lugar, vem o corpo com seus valores (os valores vitais como hoje se diria). 4)

---

40 PLATÃO, *Leis*, VI, 757 a-d *apud* REALE, *História da Filosofia Antiga II, cit.*, p. 283-284.

Os fundamentos éticos da cultura jurídica ocidental   153

Em quarto lugar, vêm os bens da fortuna, as riquezas e os bens exteriores em geral.[41]

Nesse sentido, a justiça enquanto virtude não deixou de ser a harmonização dos elementos da alma, cada qual realizando a sua função natural, deixando, portanto, à razão o conhecimento da verdade e o governo da ação. Entretanto, a justiça, enquanto ordenadora da vida política,[42] que, num primeiro momento, se fundava na *Ideia de Bem*, a ser implementada a cargo dos Filósofos-Reis, passou a assentar-se sobre a noção mais concreta de distribuição igualitária dos bens, segundo o critério do "justo meio" e tendo-se em conta os méritos e as necessidades dos indivíduos e o valor dos bens. E, na escala dos valores a serem considerados, Platão manteve-se fiel aos seus primeiros escritos, que privilegiavam o racional e o espiritual em detrimento das contingências dos sentidos e da matéria.

β. *Aristóteles*

Aristóteles,[43] discípulo de Platão, forneceu ao Ocidente uma perspectiva inteiramente nova no que tange ás formas de se chegar à verdade, não

---

41 REALE, *História da Filosofia Antiga II, cit.*, p. 206-207.

42 Vale frisar que há em Platão duas justiças, conforme anotara Goldschmidt: "Existe um justiça no Estado, existe uma no indivíduo". GOLDSCHMIDT, Victor. *Os Diálogos de Platão*. Estrutura e Método Dialético. Trad. Dion Davi Macedo. São Paulo: Loyola, 2002, p. 274.

43 Aristóteles nasceu em 384-383 a.C. em Estagira (Macedônia). Aos 18 anos ingressou na Academia platônica, onde permaneceu por quase vinte anos. Depois de deixar a Academia, foi tutor de Alexandre, filho de Filipe, rei da Macedônia, o qual se tornaria um dos homens mais importantes de todos os tempos. Ao retornar a Atenas, em 335/334 a.C., fundou o Liceu, escola que também ficou conhecida por Perípato (em virtude do seu hábito de proferir suas lições passeando pelos jardins da

obstante, em sua compreensão da justiça e das virtudes, ter permanecido, de maneira geral, bastante conexo às reflexões fundamentais do mestre. Segundo Cabral de Moncada:

> A ambos envolvia a mesma atmosfera da Grécia naquela situação histórica que se seguiu à guerra do Peloponeso, caracterizada, depois da derrota de Atenas (404), pela decomposição da democracia ateniense e pelo avançar da conquista macedônica depois da batalha de Cheronea (338). A mesma preocupação ética profunda, o mesmo sentido de medida justa, da harmonia e da ordem racional, timbre de uma das faces do gênio grego na sua concepção apolínea da vida, e ainda a mesma tendência estética e eudemonista para considerar como fim do homem a felicidade (ευδαιμονια) [*eudaimonia*], identificada ao mesmo tempo como a virtude e a contemplação amorosa intelectual da verdade (σοφια) [*sophia*], explicando-nos porventura a fundamental identidade das concepções de ambos os filósofos acerca do homem, da sua moral, e portanto do direito e do Estado.[44]

Aristóteles, tendo estudado por quase vinte anos na Academia platônica, conheceu profundamente o pensamento de Platão, do qual partiu para formular seu próprio sistema filosófico, que em muitos aspectos consistiu num desenvolvimento das reflexões platônicas, todavia, sob uma perspectiva predominantemente materialista, o que o distanciou definitivamente do mestre.

---

escola). Com a morte de Alexandre em 323 a.C e a forte reação antimacedôniacaque se instaurou, foi exilado em Calcídia, onde morreu em 322 a.C. Cf. REALE, *História da Filosofia Antiga II*, cit., p. 315-316.

44 MONCADA, L. Cabral de. *Filosofia do Direito e do Estado*. Coimbra: Coimbra, 1995, p. 27.

Antes de passarmos à exposição das concepções éticas de Aristóteles, não podemos deixar de trazer à colação as noções essenciais de sua teoria do conhecimento, a fim de compreender os pressupostos que o afastam de Platão.

A divergência fundamental levantada por Aristóteles era a de que a verdade (ou a essência) não se encontra fora das coisas, numa realidade transcendente (*plano inteligível*) como queria Platão, mas sim nelas mesmas.

Enquanto Platão afirmava que a estrutura inteligível das coisas era a sua *ideia*, isto é, o que permitia acessar a verdade de algo era a intuição de sua essência (localizada num plano transcendente) pela razão, Aristóteles asseverava que a estrutura inteligível de algo (sua verdade) estava nele mesmo, ou melhor, era imanente à sua realidade física.

Conforme Cabral de Moncada, Aristóteles:

> Meteu, por assim dizer, as *Ideias* platônicas dentro das *coisas* e fundou deste modo aquilo a que se pode chamar uma teoria *imanentista* das primeiras. Segundo ele, portanto, na sua Ontologia metafísica, as Ideias deixam de existir separadas das coisas num mundo transcendente e inalterável, e passam a existir e a viver no interior das próprias coisas e realidades sensíveis. As Ideias são como que apeadas do pedestal olímpico onde viviam hipostasiadas, como seres mitológicos, e baixam à terra, conferindo às coisas sensíveis, nessa como que encarnação dum verbo, o verdadeiro 'momento' da realidade que elas contêmz.[45]

---

45 MONCADA, *Filosofia do Direito e do Estado, cit.*, p.25.

Nesse sentido, em sua busca pela verdade, pelo estabelecimento de um conhecimento epistêmico (científico),[46] Aristóteles voltou-se para a experiência sensível, justamente o que era definitivamente repudiado por Platão.

Todavia, conforme alerta Giovanni Reale, Aristóteles não negou definitivamente a existência de realidades suprassensíveis, tendo sustentado a existência de uma *Inteligência Transcendente* (Deus ou Primeiro Motor Imóvel), compreendida como a *Inteligência suprema* ou o *supremo Bem*, que é o princípio que move todas as coisas ou ao qual elas tendem (o fim último).[47]

Desse modo, Aristóteles, em lugar do princípio do *Uno* contido na *Ideia de Bem* platônica, introduziu a noção de *Bem* como *causa final* da realidade.[48] Além disso, substituiu as **ideias** *transcendentes* de Platão pelas **formas**, entendidas como a essência imanente às coisas, que compreende tanto sua *estrutura inteligível* quanto sua *existência sensível particular*.[49]

---

46 Conforme Aristóteles: "O conhecimento científico é um estado que nos torna capazes de demonstrar" (1139b; Livro VI, 3, 31-32); "O conhecimento científico é um juízo acerca de coisas universais e necessárias, e tanto as conclusões da demonstração como o conhecimento científico são derivados de primeiros princípios (pois ciência envolve apreensão de uma base racional). Desse modo, o primeiro princípio de que deriva o que é cientificamente conhecido não pode ser objeto de ciência" (1140b; Livro VI, 6, 31-35), pois segundo o autor "é a razão intuitiva que apreende os primeiros princípios" (1141a; Livro VI, 6, 9-10), os quais não podem ser demonstrados. Cf. ARISTÓTELES, *Ética a Nicômaco, cit.,* p. 131, 133-134.

47 REALE, *História da Filosofia Antiga II, cit.,* p. 324-327. A *Inteligência Transcendente*, compreendida como o primeiro motor (Deus),é a causa eficiente de todas as coisas, é "pura forma isenta de qualquer matéria" e não é parte do universo. Cf. LUCE, *Curso de Filosofia Grega, cit.,* p. 125.

48 REALE, *História da Filosofia Antiga II, cit.,* p. 325-326.

49 REALE, *História da Filosofia Antiga II, cit.,* p. 326.

Vale ressaltar que para Aristóteles a única e verdadeira realidade está nas coisas particulares, aquelas apresentadas aos sentidos, e que apenas partindo de suas variações concretas poderíamos conhecer sua essência, estabelecendo, portanto, a separação, possível apenas no âmbito do pensamento, entre a *forma* e a *matéria*.[50]

Nesse sentido, esclarece Marilena Chaui que em Aristóteles:

> Conhecer é reunir os componentes de uma coisa singular, ou de uma substância real, unir os semelhantes e separar os discordantes, para formar o conceito ou a definição dessa coisa singular. Para isto, começamos com os dados dispersos da experiência – a sensação –, passamos a uma primeira síntese desses dados empíricos – o sentido comum e a imaginação auxiliada pela memória – e chegamos a uma primeira unidade racional que nos oferece os atributos ou predicados essenciais e acidentais desta coisa – a razão.[51]

Além disso, diferentemente de Platão, para quem a verdade das coisas é inata ao homem, o qual para conhecê-las deve abandonar as percepções equívocas dos sentidos e buscá-la em sua própria alma, sede da razão, em Aristóteles o homem nasce desprovido de qualquer

---

50 O *ser* para Aristóteles é, pois, a união necessária da **forma** (essência) e da **matéria** (aquilo do que a coisa é feita), as quais não existem separadamente em sua realidade física. Nesse sentido, teríamos que a *forma* do homem é a alma/razão, e a sua *matéria* é o corpo (ossos, pele etc.). Todavia, esse exame estático do *ser* não é, para o filósofo, suficiente para captar a multiplicidade dos seus significados, do seu *devir*. Desse modo, além dos princípios (ou das causas) *formal* e *material* do *ser*, devemos compreender sua **causa eficiente** (aquilo de que provém a sua mudança e o seu movimento) e sua **causa final** (a sua razão de ser, a sua finalidade). Eis a teoria aristotélica das *quatro causas*. Vide REALE, *História da Filosofia Antiga II, cit.*, p. 340-344.

51 CHAUI, *Introdução à História da Filosofia, cit.*, p. 438.

158 MARCELO MACIEL RAMOS

conhecimento, que se dará apenas a partir dos dados fornecidos pela experiência sensível.

Outra importante diferença está na percepção aristotélica de que o *ser* não é unívoco como na perspectiva de Parmênides, ou, mesmo na de Platão (como universal transcendente), mas de que, na verdade, ele se exprime numa multiplicidade de significados.[52] Por exemplo, o ser *mesa* refere-se a uma infinidade de sentidos. É a superfície sobre a qual se faz as refeições, se estuda, se trabalha, se joga etc. O próprio ser *homem* refere--se ao gênero masculino e ao feminino e, ainda, aos bebês, às crianças, aos adultos *etc*. Mas todos eles referem-se a um único princípio,[53] a *substância*, que, de modo geral, é a *forma* (ειδοζ - *eidos*, μορφη - *morphe*) a natureza interior das coisas ou a essência íntima delas, a qual resulta necessariamente a constituição física delas, a *matéria*.[54]

Aristóteles, para explicar a variabilidade das coisas, distingue o *ser* em **essência**, o que ele é verdadeiramente ou necessariamente, e **acidente**, o que ele *é* por puro fortuito; e, ainda, *em* **potência**, que é "a capacidade de um objeto passar de um estado para outro", e *ato*, que é "a realização do potencial, exibindo uma perfeição superveniente à imperfeição".[55]

Desse modo, em seu empenho para compreender a variabilidade do ser, separando-o e organizando-o no âmbito do pensamento, Aristóteles estabeleceu uma forma inteiramente nova de ordenar o

---

52 REALE, *História da Filosofia Antiga II, cit.*, p. 343. Nesse sentido, Danilo Marcondes esclarece que para Aristóteles "as coisas existem de diferentes maneiras, ou seja, o modo de existência da substância individual é diferente do das qualidades, quantidades, e relações, já que estas dependem das substâncias". MARCONDES, *Iniciação à História da Filosofia, cit.*, p. 72-73.

53 REALE, *História da Filosofia Antiga II, cit.*, p. 343.

54 REALE, *História da Filosofia Antiga II, cit.*, p. 355.

55 LUCE, *Curso de Filosofia Grega, cit.*, p. 120.

conhecimento. Pela primeira vez, pensou-se em classificar as ciências, conforme a diferença dos *objetos* e, consequentemente, do *método* para sua investigação. Daí a divisão aristotélica dos saberes em *teorético, prático* e *poiético*.[56]

Interessa-nos, aqui, o saber prático sistematizado por Aristóteles sob o nome de *Filosofia Prática*, ou *Ciência Política*,[57] conforme denominação dada pelo próprio autor na *Ética a Nicômaco*,[58] a qual se divide em seus dois ramos, a Ética (ação individual) e a Política propriamente dita (ação social).[59]

Conforme Lima Vaz:

> A primeira característica que distingue a Ética aristotélica e marca profundamente sua originalidade com relação à Ética platônica é a definição de seu *objeto* e, consequentemente, o *método* que convém seguir na

---

56 VAZ, *Escritos de Filosofia IV*: Introdução à Ética Filosófica 1, *cit.*, p. 114.

57 Vale anotar que apesar de Aristóteles, no início da *Ética a Nicômaco*, falar em Ciência Política, afirma, mais adiante, que "como o conhecimento científico envolve demonstração, mas não há demonstração de coisas cujos primeiros princípios são variáveis, [...] a sabedoria prática não pode ser ciência, nem arte. Não pode ser ciência porque aquilo que se refere às ações pode ser de outro modo; nem arte porque agir e produzir são coisas de espécies diferentes. Resta, então, a alternativa de ela ser uma *capacidade verdadeira e raciocinada de agir no tocante às coisas boas ou más para o homem*" (1140a-1140b; Livro VI, 5, 32-35 e 1-6). E, noutro trecho, esclarece que "*a sabedoria prática relaciona-se com as coisas humanas e coisas que podem ser objeto de* DELIBERAÇÃO; com efeito, dizemos que deliberar é acima de tudo a função do homem dotado de sabedoria prática, aliás, deliberar; no entanto, *ninguém delibera sobre coisas invariáveis*, nem sobre coisas cujo fim não seja um bem que possa ser obtido pela ação. Delibera bem, no sentido absoluto da palavra, o homem que visa calculadamente ao que há de melhor para os homens, naquilo que é atingível pela ação" (1141b; Livro VI, 7, 9-13). Cf. ARISTÓTELES, *Ética a Nicômaco*, *cit.*, p. 132 e 135 (grifos nossos).

58 ARISTÓTELES, *Ética a Nicômaco, cit.*, p. 18 (1094a; Livro I, 2, 30).

59 VAZ, *Escritos de Filosofia IV*: Introdução à Ética Filosófica 1, *cit.*, p. 117.

investigação desse objeto específico. Tendo rejeitado a teoria platônica das Ideias na forma original e nas versões que recebera na Primeira Academia, Aristóteles recusou igualmente a *univocidade* do inteligível implicado por aquela teoria e adotou, por conseguinte, a pressuposição da *plurivocidade* do objeto da inteligência, o que o levou a adotar uma concepção *analógica* do *objeto* da *epistheme*, ou da ciência, com consequente *divisão* das ciências e a determinação do *método* próprio de cada uma.[60]

Esclarece ainda o autor que Aristóteles estabeleceu uma clara distinção entre as *ciências teoréticas,* nas quais os objetos obedecem à necessidade do inteligível, alcançadas pela *demonstração dedutiva,* pelos *silogismos científicos* ou pela *dialética apodítica,* e as *ciências práticas,* cujos objetos estão sujeitos à mudança, e por isso a eles não cabem os referidos métodos.[61]

Nesse sentido, não podemos deixar de reproduzir a elucidativa lição de Lima Vaz:

> Sendo o objeto das ciências *práticas* sujeito a mudanças (*endechomenon allos echein*) pela intervenção da *liberdade* e por outros fatores aleatórios, a forma de demonstração ou de racionalidade que a ele convém procede pelo confronto das opiniões geralmente aceitas sobre tal objeto (*endoxa*), desde que opostas, tendo por objeto a opinião que apresente maiores títulos de razoabilidade ou racionalidade, não obstante essa permaneça distinta, pelo grau de necessidade lógica, da racionalidade das ciências demonstrativas propriamente ditas. Aqui

---

60 VAZ, *Escritos de Filosofia IV:* Introdução à Ética Filosófica 1, *cit.,* p. 115.

61 VAZ, *Escritos de Filosofia IV:* Introdução à Ética Filosófica 1, *cit.,* p. 115.

OS FUNDAMENTOS ÉTICOS DA CULTURA JURÍDICA OCIDENTAL 161

> é possível ver claramente a diferença entre a racionalidade *unívoca* de cunho platônico e a racionalidade *analógica* adotada por Aristóteles. Como para Platão as Ideias constituem o único domínio do inteligível (*to noeton*) como tal, toda ciência, e também a ciência da *praxis*, tem seu objeto talhado nesse domínio. [...] A analogicidade do inteligível para Aristóteles permite-lhe definir o objeto específico de uma ciência da *praxis* com seu procedimento epistemológico próprio, distinta seja das ciências *teóricas*, seja das ciências *poiéticas*. A designação "ciência da *praxis*" põe em relevo, de resto, a peculiaridade desse tipo de saber. Nas ciências *teoréticas* e *poiéticas*, o fim é a perfeição do *objeto:* ou a ser contemplado em sua *verdade* na *teoria*, ou a ser fabricado em sua *utilidade* na *poiesis*. Na ciência da *praxis* ou ciência prática, o fim é a perfeição do *agente* pelo conhecimento da natureza e das condições que tornam *melhor* ou *excelente* o seu agir (*praxis*),[62]

Feitas estas primeiras considerações, cumpre-nos, enfim, apresentar uma síntese das reflexões mais representativas de Aristóteles, no que tange à ação humana.

Na *Ética a Nicômaco*, Aristóteles busca compreender a ação do homem a partir da sua noção de **bem**, entendida como "aquilo a que as coisas tendem".[63] Há, pois, em toda ação um fim ao qual ela visa realizar. Desse modo, conforme o próprio filósofo, "o fim da medicina é a saúde, o da construção naval é um navio, o da estratégia militar é a vitória, e o da economia é a riqueza".[64] Nessas atividades, a ação não se confunde

---

62 VAZ, *Escritos de Filosofia IV:* Introdução à Ética Filosófica 1, *cit.,* p. 116-117.

63 ARISTÓTELES, *Ética a Nicômaco, cit.,* p. 17 (1094a; Livro I, 1, 3).

64 ARISTÓTELES, *Ética a Nicômaco, cit.,* p. 17 (1094a; Livro I, 1, 9-11).

com o *bem* (o fim) ao qual elas tendem. Elas destinam-se, portanto, a produzir algo, a realizar um *bem* (um fim), que não se confunde com a própria ação. A ação de tocar um violão, por exemplo, visa à produção de sons musicais, seja para entreter a si próprio, aos outros, ou, mesmo, para desenvolver algum tipo de habilidade motora.

Ao lado dessas atividades, ditas *poiéticas*, há ações nas quais o fim ou o bem a que se dirige é desejado por si mesmo. A ação, nesse caso, não é boa pelo que realiza ou produz, mas porque seu fim vale por si. E, segundo Aristóteles, se buscarmos o *bem* que tem valor em si mesmo, isto é, aquele que não tenha além dele nada maior, ou melhor, ao qual se subordinar, chegaremos, portanto, ao *sumo bem*,[65] que para o filósofo é a **felicidade** (*eudaimonia*; ευδαιμονια), a qual não é, como pensa o senso comum, o prazer, mas sim a realização plena do homem em sua essência, ou seja, em sua capacidade de conhecer e agir conforme sua razão.[66]

Esse tipo de ação corresponde, pois, às *ações belas e justas*, isto é, aquelas que são objeto dos *saberes práticos*, a Ética e a Política, que são, segundo o próprio filósofo, os saberes mais prestigiosos e que prevalecem sobre tudo.[67]

Desse modo, a *Filosofia Prática* de Aristóteles se ocupa em examinar a complexidade do homem, tanto em seu *princípio formal*, a razão, quanto em seu *princípio material*, as paixões e os impulsos do corpo, a fim de compreender os mecanismos que movem sua ação e de estabelecer, a partir do *princípio final* do homem, a felicidade, enquanto realização plena da razão, a diferença entre a ação justa (virtude) e a injusta (vício), bem como as diretrizes para se produzir um Estado justo.

---

65 ARISTÓTELES, *Ética a Nicômaco, cit.*, p. 17 (1094a; Livro I, 2, 23).

66 ARISTÓTELES, *Ética a Nicômaco, cit.*, p. 19 (1095a; Livro I, 4, 20).

67 ARISTÓTELES, *Ética a Nicômaco, cit.*, p. 18 (1094a; Livro I, 2, 29).

Os fundamentos éticos da cultura jurídica ocidental   163

A ação justa é, pois, aquela guiada pelo bem mais perfeito e, conforme esclarece Marilena Chaui:

> Um bem, diz Aristóteles, é mais perfeito do que os outros quando procurados por si mesmo e não em vista de outra coisa, e a felicidade é um bem deste gênero, diferentemente da honra, da riqueza, do prazer e da inteligência, que são buscados como meios para outros fins.[68]

É importante ter claro que, ao contrário de Platão, para quem a ação virtuosa é decorrência necessária do conhecimento da verdade, Aristóteles inaugura a noção de que a verdade, ou melhor, o saber sobre a ação justa refere-se sempre ao possível. Sendo o homem um ser misto, dotado tanto de *vontade racional* quanto de *tendências irracionais* (apetites e inclinações),[69] e estando a ação sempre a depender de uma escolha na qual não é possível determinar qual elemento (sensação, razão e desejo) prevalecerá, não há como afirmar qual será a ação efetiva,[70]

---

68 CHAUI, *Introdução à História da Filosofia, cit.*, p. 441. Vale ainda anotar que o bem é tomado por Aristóteles sob várias perspectivas, conforme ensina Marilena Chaui: "Segundo a substância, o bem é a atividade pura (o divino ou o intelecto); segundo a qualidade, é a excelência ou virtude; segundo a quantidade, é justa medida, sem excesso e sem falta; segundo a ação e a paixão, é o desejo racional. [...] Sendo a felicidade um fim em si mesma e para si mesma, ela é o Bem Supremo e, como tal, é um bem prático e não teórico, é uma ação e não uma ideia contemplativa". CHAUI, *Introdução à História da Filosofia, cit.*, p. 442.

69 Nesse sentido, afirma Aristóteles: "A alma tem duas partes: a que concebe uma regra ou princípio racional, e a privada de razão" (1139a; Livro VI, 1, 4-5). E mais adiante, aprofunda-se na reflexão: "São três os elementos da alma que controlam a ação e a verdade: sensação, razão e desejo" (1139a; Livro VI, 2, 18-19). Cf. ARISTÓTELES, *Ética a Nicômaco, cit.*, p. 128-129.

70 CHAUI, *Introdução à História da Filosofia, cit.*, p. 443.

164   Marcelo Maciel Ramos

apesar de se poder dizer qual é a *melhor ação*, tendo-se em vista o conhecimento do *sumo bem*.

Todavia, assim como Platão, Aristóteles afirma ser a capacidade racional a substância do homem, isto é, o seu caráter essencial (a forma), e que as paixões[71] representam o seu caráter acidental, no sentido de que são meras contingências ou casualidades na constituição do humano.

Nesse sentido, Aristóteles aproxima-se do pensamento platônico ao sustentar que a ação ética é aquela na qual o homem tem como fim a felicidade, que é justamente a realização plena da capacidade máxima do homem, a razão. Uma vida feliz (ética) é, assim, aquela na qual se vive racionalmente.

Entretanto, se em Platão a felicidade é também a vida devotada à verdade, o que leva necessariamente à ação virtuosa, em Aristóteles a felicidade, ou a virtude, é o ***exercício permanente*** da razão, a qual fornece a medida (o *justo meio*) entre os extremos contrários da paixão. Aristóteles não exclui, pois, do exame da ação virtuosa[72] as paixões[73]

---

71 Marilena Chaui esclarece que a paixão, ou o desejo, consiste na "inclinação natural para buscar o prazer e fugir da dor, segundo o modo como somos afetados pelos objetos da sensação, ou conforme os imaginemos segundo suas imagens retidas na memória". CHAUI, *Introdução à História da Filosofia, cit.*, p. 444.

72 "O estudo do prazer e do sofrimento também pertence ao campo filosófico político, pois ele é o arquiteto do fim com vista no qual dizemos que uma coisa é má e outra é boa, em absoluto. Ademais, uma de nossas tarefas necessárias é examiná-lo, pois não somente estabelecemos que a virtude e o vício morais relacionam-se a sofrimentos e prazeres, como a maioria pensa que a felicidade envolve prazer; e é por isso que foi dado ao homem feliz um nome derivado de uma palavra que significa prazer". ARISTÓTELES, *Ética a Nicômaco, cit.*, p. 164 (1152b; Livro VII, 11, 1-9). "Se as virtudes relacionam-se com ações e paixões, e cada ação e cada paixão é acompanhada de prazer ou de sofrimento, pelo mesmo motivo a virtude se relacionará com prazeres e sofrimentos". ARISTÓTELES, *Ética a Nicômaco, cit.*, p. 43-44 (1104b; Livro II, 3, 14-17).

73 "Por paixões quero significar os apetites, a cólera, o medo, a audácia, a inveja, a alegria, a amizade, o ódio, o desejo, a emulação, a compaixão, e de um modo geral os

humanas, conforme fizera Platão. Não há, segundo o filósofo, um bem único e transcendental[74] como critério da ação virtuosa, mas esta, ao contrário, refere-se a uma pluralidade de bens particulares (fins), não obstante todos eles devam remeter-se ao *sumo bem* (a felicidade). Desse modo, a virtude consiste na moderação pela razão desses bens particulares (das paixões).

Nesse sentido, ensina Marilena Chaui que:

> A presença da paixão como um elemento essencial da ação moral faz com que a tarefa da ética seja educar nosso desejo para que não se torne vício e colabore com a ação feita por meio da virtude. Em outras palavras, Aristóteles não expulsa a afetividade, mas busca os meios pelos quais o desejo passional se torne desejo virtuoso.[75]

Aristóteles acrescenta que a virtude não é apenas a ação que se pauta pelos critérios racionais do justo meio, mas é, antes de tudo, a permanente **disposição** voluntária (desejo) e deliberada (escolha) para agir[76] desse modo. Trata-se, pois, de um esforço constante de moderação e prudência.

Segundo o filósofo:

> A virtude moral é uma disposição de caráter relacionada com a escolha, e a escolha é um desejo deliberado,

---

sentimentos que são acompanhados de prazer ou sofrimento". ARISTÓTELES, *Ética a Nicômaco, cit.*, p. 46 (1105b; Livro II, 5, 21-24).

74 ARISTÓTELES, *Ética a Nicômaco, cit.*, p. 22-23 (1096a; Livro I, 6, 29-30).

75 CHAUI, *Introdução à História da Filosofia, cit.*, p. 444.

76 "A origem da ação (sua causa eficiente, não final) é a escolha, e a origem da escolha é o desejo e o raciocínio dirigido a algum fim". ARISTÓTELES, *Ética a Nicômaco, cit.*, p. 129 (1139a; Livro VI, 2, 33-34).

para que a escolha seja acertada deve ser verdadeiro o raciocínio e reto o desejo, e este último deve buscar exatamente o que o primeiro determina.[77]

Num raciocínio inverso, o vício (a ação injusta) é, em Aristóteles, o excesso ou a falta de medida ou moderação, enquanto em Platão é a ignorância. Nesse, se o sujeito age viciadamente é porque não conhece a verdade, pois segundo o filósofo, o caminho para virtude é o mesmo que leva ao conhecimento e vice-versa. Naquele, o vício é fraqueza da vontade, que apesar de saber qual é o bem, não consegue realizá-lo.[78] Por isso, a virtude é compreendida como disposição ou hábito de agir conforme o bem e não o simples conhecimento dele.

À guisa de conclusão acerca da virtude aristotélica, valemos-nos aqui da elucidativa definição de Marilena Chaui, que esclarece ser a virtude

> uma disposição interior constante que pertence ao gênero das ações voluntárias feitas por escolha deliberada sobre os meios possíveis para alcançar um fim que está no alcance ou no poder do agente e que é um bem para ele. Sua causa material é o *ethos* do agente, sua causa formal, a natureza racional do agente, sua causa final, o bem do agente, sua causa eficiente, a educação do desejo do agente. É a disposição voluntária e refletida para a ação excelente, tal como praticada pelo homem prudente.[79]

---

77 ARISTÓTELES, *Ética a Nicômaco, cit.*, p. 129 (1139a; Livro VI, 2, 23-27).

78 CHAUI, *Introdução à História da Filosofia, cit.*, p. 452.

79 CHAUI, *Introdução à História da Filosofia, cit.*, p. 455.

A finalidade da Ética é, pois, tornar o homem autossuficiente, senhor de si próprio, a realizar sua capacidade suprema de razão, não se submetendo, portanto, passivamente às suas paixões.[80]

Trata-se, conforme vimos, de um conhecimento prático (e não teorético como em Platão) dirigido a formar, portanto, o homem prudente (*phronimos*), aquele capaz de discernir, conforme os ditames da razão, o bom e mau. Esta é, pois, a tarefa da Ciência Política (em seu sentido amplo), que deve ser assumida pelo Estado na formação de bons cidadãos.

Afinal, o Estado (cidade), enquanto forma mais elevada de comunidade,[81] ambiente natural de realização do homem em suas capacidades supremas, deve governar-se conforme esses mesmos propósitos.

Desse modo, há uma identidade entre o fim (ou o bem) do indivíduo e o do Estado, que é justamente esta ordenação da ação segundo critérios racionalmente deliberados.

Nas palavras do filósofo:

> A finalidade de todo conhecimento e de toda atividade é a virtude. Isso é especialmente verdade em relação às atividades mais importantes, a do Estado e do cidadão. No Estado, a virtude objetiva é a justiça; e isso significa justiça para toda a comunidade.[82]

Com isso, a virtude no âmbito do Estado, como justiça objetiva, é tida por Aristóteles como um valor superior. Conforme o próprio autor:

---

80 CHAUI, *Introdução à História da Filosofia, cit.*, p. 454-455.

81 ARISTÓTELES, *Política, cit.*, p. 143 (Livro I, 1, 1).

82 ARISTÓTELES, *Política, cit.*, p. 234 (Livro III, 12, 55).

> Ainda que esse fim seja o mesmo para o indivíduo e para a cidade-Estado, o fim desta última parece ser algo maior e mais completo, seja a atingir, seja a preservar; e embora seja desejável atingir esse fim para um indivíduo só, é mais nobre e mais divino alcançá-lo para uma nação ou para as cidades Estados.[83]

É nesse sentido que se afirma que um Estado será tanto melhor quanto mais virtuosos forem seus governantes e seus cidadãos.[84] Além disso, se o Estado é naturalmente necessário ao homem, o bem coletivo deve sobrepor-se ao individual. Para tanto, os governantes devem ser, segundo Aristóteles, prudentes, isto é, detentores daquele saber prático que os tornam capazes de discernir entre o bem e o mal, e, mais ainda, devem estar permanentemente dispostos a tanto.

Para o filósofo, portanto:

> No melhor Estado deve acontecer que a virtude dos virtuosos, homens e cidadãos, sejam idênticas. [...] E, assim, a mesma educação e a mesma moral que irão tornar virtuoso um homem também farão com que ele consiga desempenhar deveres de cidadão e de rei.[85]

Portanto, o bom governante não é, em Aristóteles, o filósofo, detentor do saber teorético (das causas primeiras), mas sim o prudente, detentor do saber prático. Segundo esclarece Marilena Chaui, "o filósofo concretiza as virtudes intelectuais; o prudente, as virtudes éticas.

---

83 ARISTÓTELES, *Ética a Nicômaco, cit.*, p. 18 (1094b; Livro I, 2, 8-10).

84 , *Introdução à História da Filosofia, cit.*, p. 463.

85 ARISTÓTELES, *Política, cit.*, p. 250-251 (Livro III, 18, 96).

Não é possível ser filósofo sem ser prudente, mas é possível ser prudente sem ser filósofo".[86]

Por fim, não podemos deixar de abordar brevemente a concepção aristotélica de justiça, tão importante na construção do *ethos* ocidental.

Aristóteles distingue dois tipos de justiça: 1) a justiça num sentido amplo, enquanto virtude, a qual é promovida pela lei que educa para o bem comum;[87] e 2) a justiça num sentido estrito,[88] que se subdivide em *justiça distributiva* e *justiça corretiva*.

A **justiça distributiva** é aquela que deve ser estabelecida na relação entre o Estado e o cidadão na distribuição dos bens (cargos, dinheiro, honras etc.). Nesse tipo de justiça, o critério racional que deve ser empregado é o da **proporcionalidade**, do meio-termo, no sentido de que

---

86 CHAUI, *Introdução à História da Filosofia, cit.,* p. 459.

87 "A justiça é a virtude completa no mais próprio e pleno sentido do termo, porque é o exercício atual da virtude completa. Ela é completa porque a pessoa que a possui pode exercer sua virtude não só em relação a si mesmo, como também em relação ao próximo" (1129b; Livro V, 1, 30-33). "A Lei manda praticar todas as virtudes e nos proíbe de praticar qualquer vício, e o que tende a produzir a virtude como um todo são aqueles atos prescritos em lei visando à educação para o bem comum" (1130b; Livro V, 2, 23-26). ARISTÓTELES, *Ética a Nicômaco, cit.,* p. 105 e 107.

88 "Da justiça particular e do que é justo no sentido que lhe corresponde, uma das espécies é a que se manifesta nas distribuições de magistraturas, de dinheiro ou das coisas que são divididas entre aqueles que têm parte na constituição (pois em tais coisas alguém pode receber um quinhão igual ou desigual ao de outra pessoa); a outra espécie é aquela que desempenha uma função corretiva nas transações dos indivíduos. Esta última divide-se em duas: algumas são transações voluntárias, e outras são involuntárias. Voluntárias são, por exemplo, as compras e vendas, os empréstimos para consumo, o empréstimo para uso, o penhor, o depósito, a locação [...] Das transações involuntárias, algumas são clandestinas, como furto, o adultério, o envenenamento, o lenocínio, o engodo com o objetivo de escravizar, o falso testemunho; e outras são violentas, como a agressão, o sequestro, o assassinato, o roubo, a mutilação, a injúria e o ultraje". ARISTÓTELES, *Ética a Nicômaco, cit.,* p. 108 (1130b-1131a; Livro V, 1, 30-35 e 1-9).

a cada um será dado um quinhão correspondente ao seu papel. "Se as pessoas não são iguais, não receberão coisas iguais."[89] Esta é, segundo o filósofo, uma proporção geométrica, pois "o todo está para o todo assim como cada parte está para cada parte correspondente".[90] Portanto, conclui Aristóteles que "o justo neste sentido é o meio-termo, e o injusto é o que viola a proporção".[91]

A *justiça corretiva* subdivide-se, ainda, em outras duas conforme o tipo de relação estabelecida: a *voluntária* (contratual) e a *involuntária* (legal). A primeira consiste nas relações particulares voluntariamente estabelecidas entre os indivíduos, como a compra e venda, o empréstimo, a locação etc. A segunda compreende as obrigações contraídas em virtude da violação de uma lei, seja como a reparação de um dano, seja como a pena imputada por uma transgressão.[92] A justiça tanto das transações voluntárias quanto das involuntárias é corretiva, pois seu critério deve consistir numa **igualdade** reta, aritmeticamente estabelecida.[93] Nesse caso o meio-termo entre a perda e o ganho será o igual, isto é, a equivalência.[94]

---

89 ARISTÓTELES, *Ética a Nicômaco, cit.,* p. 108-109 (1131a; Livro V, 3, 23).

90 ARISTÓTELES, *Ética a Nicômaco, cit.,* p. 109 (1131b; Livro V, 3, 15).

91 ARISTÓTELES, *Ética a Nicômaco, cit.,* p. 108 (1131b; Livro V, 3, 12-13).

92 As relações involuntárias, mesmo as de caráter penal, referem-se também a relações entre particulares. Vale anotar que na Antiguidade o executor da pena era o próprio ofendido, deste modo, a relação que se estabelecia entre o ofensor e ofendido permanecia, no que tange à cobrança da pena, no âmbito privado.

93 "A justiça nas transações entre um homem e outro é efetivamente uma espécie de igualdade, e a injustiça nessas relações é uma espécie de desigualdade, todavia não de acordo com a espécie de proporção que citamos, e sim de acordo com uma proporção aritmética". ARISTÓTELES, *Ética a Nicômaco, cit.,* p. 110 (1132a; Livro V, 4, 1-4).

94 ARISTÓTELES, *Ética a Nicômaco, cit.,* p. 108 (1131a; Livro V, 3, 14-21).

Além disso, Aristóteles afirma que ao lado da *justiça legal,* aquela estabelecida por convenção nas leis e decretos da cidade, há uma *justiça natural,* que tem a mesma força em todos os lugares e não faz nenhuma distinção entre os homens.[95] A ***justiça legal*** é, conforme ensina Joaquim Carlos Salgado, o governo da lei. "A ordem é a lei e o governo da lei é preferível ao de qualquer cidadão, porque a lei é a *razão sem apetites.*"[96] Todavia a lei, a que se refere Aristóteles, não é o produto do arbítrio do legislador, mas deve ter como critério de validade a lei natural, "que expressa a própria natureza da ordem política que é uma ordem natural destinada a realizar a *autarkeia* do homem, que isolado não pode consegui-la".[97]

Já a ***justiça natural*** é apresentada como ***equidade,***[98] que, segundo o filósofo, é o justo que corrige o rigor da razão universal contida na lei (justiça legal), que não consegue abarcar certos casos particulares. O equitativo é, pois, superior à justiça legal, embora não seja superior à justiça absoluta,[99] que, segundo Salgado, é a própria lei natural.[100]

Nas palavras do estagirita:

---

95 ARISTÓTELES, *Ética a Nicômaco, cit.,* p. 117 (1134b, Livro V, 7, 1-21).

96 SALGADO, *A Ideia de Justiça em Kant, cit.,* p. 41.

97 SALGADO, *A Ideia de Justiça em Kant, cit.,* p. 41. Salgado esclarece, ainda, que a lei natural é "a lei que revela a natureza da comunidade política, o seu fim, pois que o Estado é uma realidade natural cujo *telos* é a *autárkeia.* Há um parentesco próximo entre razão, lei e igualdade. A razão é o comum a todos os homens, o igual. A lei é a razão porque 'é a instância impessoal e objetiva' que impede o arbítrio e realiza a igualdade jurídica (tal como desenvolvida pelo Estado romano). SALGADO, *op. cit.,* p. 41.

98 Conforme o filósofo: "Justiça e equidade não parecem ser absolutamente idênticas, nem ser especificamente diferentes". ARISTÓTELES, *Ética a Nicômaco, cit.,* p. 124 (1137a; Livro V, 10, 34-35).

99 ARISTÓTELES, *Ética a Nicômaco, cit.,* p. 125 (1137b; Livro V, 10, 25-27).

100 SALGADO, *A Ideia de Justiça em Kant, cit.,* p. 43.

O que origina o problema é o fato de o equitativo ser justo, porém não o legalmente justo, e sim uma correção da justiça legal. A razão disto é que toda lei é universal, mas não é possível fazer uma afirmação universal que seja correta em relação a certos casos particulares. Nos casos, portanto, em que é necessário falar de modo universal, mas não é possível fazê-lo corretamente, a lei leva em consideração o caso mais frequente, embora não ignore a possibilidade de erro em consequência dessa circunstância. E nem por isso esse procedimento deixa de ser correto, pois o erro não esta na lei nem no legislador, e sim na natureza do caso particular, já que os assuntos práticos são, por natureza, dessa espécie. Por conseguinte, quando a lei estabelece uma lei geral e surge um caso que não é abarcado por essa regra, então é correto (visto que o legislador falhou e errou por excesso de simplicidade), corrigir a omissão, dizendo o que o próprio legislador teria dito se estivesse presente, e que teria incluído na lei se tivesse previsto o caso em pauta.[101]

Esclarece Salgado que:

O equitativo parece, pois, não ser diferente da lei natural, na medida em que possa ser entendido como um critério de estabelecimento da igualdade ditado pela razão, conforme à lei natural, já que a razão para Aristóteles é uma forma superior da natureza, é a natureza humana.[102]

---

101 ARISTÓTELES, *Ética a Nicômaco, cit.*, p. 125 (1137b; Livro V, 10, 11-24).

102 SALGADO, *A Ideia de Justiça em Kant, cit.*, p. 43.

Os fundamentos éticos da cultura jurídica ocidental   173

Portanto, o justo é, na concepção aristotélica, aquele que observa a lei e a igualdade ou, em outras palavras, o que é conforme a lei e a equidade.[103]

A distinção da concepção de justiça em Platão e Aristóteles está, conforme ensina Salgado, no fato de que enquanto o primeiro investiga-a com ideia para, só depois de a conhecer, defini-la como lei, o segundo define a justiça em função da lei.

Nas palavras do próprio autor:

> Aristóteles diverge, na concepção de justiça, da direção platônica: em vez de investigar a justiça como ideia, para, depois de conhecê-la, definir o direito, isto é, em vez de definir o direito em função da idia de justiça, que seria o seu objeto, define a justiça em função do direito, que se torna o objeto da justiça, que só "se dá no Estado".[104]

Diante de todo o exposto acerca do pensamento ético clássico, representado aqui pelos seus maiores e mais impactantes pensadores, temos na Antiguidade grega um *ethos eudaimonista*,[105] isto é, uma concepção de vida ética cujo fim é a felicidade, entendida como realização plena da capacidade racional humana, seja para produzir conhecimentos sobre o mundo, seja para estabelecer critérios para a ação, o que só é possível na organização política do Estado.

Desse modo, não há entre os antigos gregos nenhuma distinção, a não ser de mera conveniência teórica, como afirmara o próprio

---

103 salgado, *A Ideia de Justiça em Kant, cit.*, p. 44.

104 salgado, *A Ideia de Justiça em Kant, cit.*, p. 42.

105 Nesse sentido, afirma Lima Vaz que a "Ética antiga terá, por conseguinte, em todos os seus modelos, uma feição *eudaimonista* e *teleológica*". vaz, *Escritos de Filosofia IV*: Introdução à Ética Filosófica 1, *cit.*, p. 91.

174 Marcelo Maciel Ramos

Aristóteles, entre a ação individual (Ética) e a ação social (Política), visto que a virtude (a vida feliz) é o fim tanto do indivíduo, quanto do Estado. Os critérios racionais que devem governar a ação humana são, pois, os mesmos que devem governar o Estado. De todo modo, tem-se que a ação individual, uma vez que está naturalmente inserida na vida coletiva (ζῷον πολιτικον ou *zoon politikon*), é necessariamente política. O homem apenas existe em sua plenitude como cidadão completamente integrado e dissolvido no todo coletivo.

Portanto, no âmbito do indivíduo, a virtude (o justo, o ético) era entendida como o governo da ação pela razão, tida ora como critério de equilíbrio, no qual cada parte da alma realiza sua função sem se arrogar do papel das outras, afastando, pois, da ação virtuosa as paixões, como em Platão, ora como critério de moderação, que imprime às paixões um meio-termo, como em Aristóteles. Do mesmo modo, no âmbito da cidade, a justiça é o governo da cidade pela razão, expressa seja pelo equilíbrio entre os cidadãos, cada um exercendo o seu papel conforme sua vocação, deixando o governo sob a responsabilidade daqueles mais capazes de conhecer a verdade (os filósofos), como em Platão, seja pela proporcionalidade, ora aritmética (tratar igualmente os iguais), ora geométrica (tratar desigualmente os desiguais), a cargo dos prudentes, isto é, daqueles detentores do conhecimento e da disposição de agir conforme o *sumo bem*.

O que vai afastar definitivamente Platão de Aristóteles, no plano ético, é, segundo José Luiz Borges Horta, a primazia espiritual platônica, a buscar, longe do corpo, o critério da ação humana. Em Aristóteles, ao contrário, a ética é trazida ao plano da vida do homem, na medida em que seus critérios revelam-se pela mediação concreta dos bens materiais e das leis.[106]

---

106 Entrevista de orientação, concedida em dezembro de 2006.

Ética helenística

Esta *bela totalidade ética*[107] da Antiguidade clássica, na qual o indivíduo encontrava-se dissolvido na *polis*, para a qual toda a sua ação ética[108] tendia, é rompida definitivamente com o Império Alexandrino, na segunda metade do século IV a.c.

Alexandre, o Grande (Μεγαζ Αλεξανδροζ ou *Megas Alexandros*),[109] rei da Macedônia, produziu uma das mais profundas transformações experimentadas pelo Ocidente. Talvez sua importância política só seja comparável à de Carlos Magno (*Carolus Magnus*), responsável pela homogeneização da doutrina cristã e pela profunda integração dos reinos da Europa no século IX d.C., e à de Napoleão Bonaparte, que promoveu na França a primeira grande revolução da península europeia a qual pôs fim ao antigo regime monárquico, instaurando uma nova era política e jurídica no século XIX.

Com o Império de Alexandre há uma modificação radical da vida ética do homem grego. A destruição da estrutura política da *polis*, substituída por um império universal, a congregar os mais diversos povos e a concentrar na mão de um monarca divino o destino de todos, abalou definitivamente as referências éticas do período clássico.

Conforme ensina Giovanni Reale:

---

107 BOURGEOIS, Bernard. *O Pensamento Político de Hegel*. Trad. Paulo Neves da Silva. São Leopoldo: Unisinos, 1999, p. 42.

108 A partir de então a distinção entre ética e moral ficam patentes.

109 Alexandre Magno(356-323 a.C.) sucedeu seu pai, Filipe II, rei da Macedônia, em 336 a. C., e já em 338 a. C. desembarcou na Ásia Menor para dar continuidade à expansão iniciada por seu pai. Em dez anos estabeleceu um império que se estendia da península grega até o rio Indus na Índia. Sobre a vida e o Império de Alexandre vide MOSSÉ, Claude. *Alexandre, o Grande*. Trad. Anamaria Skinner. São paulo: Estação Lierdade, 2004.

Assim, de um golpe se destruía o valor fundamental da vida espiritual da Grécia clássica, que Platão, na *República*, e Aristóteles, na *Política*, ao mesmo tempo teorizaram, mitificaram, hipostasiaram e sublimaram. Da mesma maneira, inopinadamente, estas obras perdiam, aos olhos de quem visse a revolução de Alexandre, o seu significado e a sua vitalidade, vindo a situar-se numa perspectiva longínqua, em total falta de sintonia com os tempos.[110]

Apesar de o Império alexandrino não ter durado, a *polis* jamais se restabeleceu. Com a morte precoce de Alexandre, o espólio de seu empreendimento foi dividido entre várias monarquias, e, mais tarde, sob o domínio de Roma, o ideal de império universal é, enfim, perpetuado.

Com isso, o *ethos* do antigo grego, que identificava o *fim* do cidadão e da cidade é destroçado diante da nova realidade política. O homem grego não se reconhecia mais naquele Império universal e multicultural, que se apresentava concretamente através da figura divina do imperador, senhor absoluto do *destino coletivo (político) de cada um* de seus súditos. Aqui, a estranheza da frase representa a cisão promovida naquele momento. Se antes o indivíduo é a consubstanciação do todo, isto é, se os limites ético-políticos do cidadão era a própria cidade, na qual a autonomia individual (não submissão da ação aos desejos) era a expressão concreta da autonomia coletiva (não submissão do todo aos interesses particulares), agora, o indivíduo encontrava-se desamparado, diante da usurpação de sua essência ética. Ele deixa de ser, portanto, o senhor de seu próprio destino, agora transferido compulsoriamente a outrem, o imperador.

---

110 REALE, Giovanni. *História da Filosofia Antiga III:* Os Sistemas da Era Helenística. Trad. Marcelo Perine. São Paulo: Loyola, 1994, p. 6.

Com isso, ensina Giovanni Reale que:

> O homem, não podendo mais pedir à Cidade, ao *ethos*
> do Estado e aos seus valores os conteúdos da própria
> vida, foi coagido, pela força dos acontecimentos, a
> fechar-se em si mesmo, a buscar no seu íntimo novas
> energias, novos conteúdos morais e novas metas pelas
> quais viver.[111]

O helenismo[112] é, pois, essa nova fase do pensamento filosófico, despertado pelas consequências do Império alexandrino, o qual, além da ruptura ético-política, promoveu um sincretismo cultural, que forneceu ao pensamento novas perspectivas.

De modo geral, as filosofias do helenismo têm em comum o fato de buscarem o valor da ação moral no próprio homem, tendo em vista que esse, não podendo mais encontrá-lo nas ruínas política da *polis* e, nem mesmo, no novo Império que o submetia, o qual ele não podia ainda compreender, passa, então, a buscar unicamente em si mesmo os recursos para uma vida feliz (virtuosa).[113]

Dessa maneira, todas as escolas do helenismo querem ensinar ao homem como ser feliz diante do novo contexto que lhe era apresentado. Se antes se entendia que a felicidade, a plena realização da essencialidade humana, apenas seria possível no Estado, tido como a forma de

---

111 REALE, *História da Filosofia Antiga III, cit.*, p. 7.

112 Segundo Danilo Marcondes, o termo helenismo é uma derivação da palavra Hélade, que na Antiguidade era utilizada para designar a Grécia. O vocábulo foi cunhado pelo historiador alemão J. G. Droysen, em sua obra *Hellenismus* (1836-1843), para se referir a influência exercida pela cultura grega sobre todo o Mediterrâneo e Oriente Próximo a partir da conquista de Alexandre. Cf. MARCONDES, *Iniciação à História da Filosofia, cit.*, p. 84.

113 REALE, *História da Filosofia Antiga III, cit.*, p. 14.

comunidade mais elevada e natural, agora, com um Império estranho (que é um outro) usurpador de todos os valores e verdades estabelecidos, não restava alternativa ao homem senão bastar-se a si mesmo, encontrando em si a *tranquilidade* tão desejada diante da perturbadora realidade. Por esta razão, conforme Giovanni Reale:

> Todas [as filosofias do helenismo] identificam a felicidade com algo mais negativo que positivo, que constitui mais renúncia do que conquista, que implica amputações e eliminações de exigências humanas do que enriquecimento delas, mais um anular-se do que um desenvolver-se. Todas concordam em afirmar que a felicidade está na *ataraxia*, ou seja, na paz de espírito. Pirro busca a paz de espírito na total *renúncia*, na plena *indiferença* e na *insensibilidade*; Zenão busca-a na *apatia*, na *impassibilidade*, ou seja, na supressão de todas as paixões do ânimo; Epicuro, enfim, busca-a na *aponia*, isto é, na *supressão da dor física* e na *ataraxia*, ou seja, *na eliminação de qualquer perturbação do ânimo*.[114]

Ao voltar-se totalmente para o homem na busca dos critérios que devem guiar a ação feliz (virtuosa), o helenismo estabelece a compreensão do homem como parte isolada, amputando-o da comunidade política (*polis*) sem a qual, na concepção clássica, não poderia ser homem, pois não realizaria sua essência.

O homem, a partir de então, passa a ser entendido como parte isolada, como ser autônomo, capaz de realizar-se sozinho, bastando-se, pois, a si mesmo.

Esta compreensão terá impactos significativos na civilização que se formava no Mediterrâneo. Tendo penetrado em Roma, ela será

---

114 REALE, *História da Filosofia Antiga III, cit.*, p. 15.

Os FUNDAMENTOS ÉTICOS DA CULTURA JURÍDICA OCIDENTAL   179

fundamental para o desenvolvimento do direito, fornecendo um importante pressuposto filosófico para a afirmação do homem (ao menos do cidadão romano) como sujeito de direitos, ao qual se deve proteger mesmo contra o Estado, do qual ele é, então, dissociado.

Dos vários pensamentos filosóficos desenvolvidos no contexto do helenismo, interessa-nos, sobretudo, as concepções elaboradas pelo Estoicismo, cujos reflexos sobre o cristianismo e sobre o pensamento ocidental foram fundamentais.

Todavia, não podemos deixar de fazer uma breve menção ao ceticismo e ao epicurismo, os quais representam bem as perspectivas daquele período.

O ceticismo é, de imediato, o pensamento que mais expressa a crise e a profunda angústia promovida pelo Império alexandrino. Trata-se de uma corrente de pensamento difundida a partir do discurso cético de Pirro de Elida, quem, de todos os fundadores das novas escolas, viveu de modo mais direto a ruptura radical promovida pela derrocada da *polis*. Tendo participado da expedição de conquista de Alexandre, Pirro viveu o momento em que a consciência grega perdia suas mais preciosas verdades e não podia, de pronto, encontrar outras.[115]

Diante de toda a angústia e desorientação que as transformações políticas radicais e a difusão de novas perspectivas filosóficas vindas do oriente promoviam, o homem se via incapaz de compreendê-las imediatamente, não podendo, por conseguinte, estabelecer novos ideais de realização humana. Com isso, os céticos defendiam uma indiferença absoluta diante da verdade e da vida política. Entendiam que não seria possível estabelecer um critério seguro de conhecimento e de ação, pelo que propunham, como caminho para uma vida feliz, o afastamento de

---

115 REALE, *História da Filosofia Antiga III, cit.*, p. 391-394.

tudo que pudesse perturbar o espírito. E a vida política era justamente o que mais inquietava as almas.

Era preciso, pois, não ter opinião e não se envolver ou deixar ser envolvido pelas intempéries da vida. Somente a insensibilidade, a omissão diante da realidade e o recolhimento em si mesmo poderiam fomentar a *tranquilidade* (*ataraxia*), entendida, de modo geral, como o fim a ser alcançado pelo homem (a felicidade).

O EPICURISMO, escola fundada por Epicuro (341–270 a.C.)[116] em Atenas, propunha novas respostas para a crise espiritual vivida. Em linhas gerais, tinha uma orientação materialista, inspirada no atomismo pré-socrático, tomando a experiência sensível como o mais sólido critério de verdade. A alma, como todas as coisas, era entendida como um agregado de átomos que se dissolvia com a morte.

Desse modo, entendia-se que o fim do agir humano era a *busca do prazer* e a *fuga da dor*.[117] Afinal, conforma e ensina Giovanni Reale, "se material é a essência do homem, material será também o seu bem específico, aquele bem que, atuado e realizado, o torna feliz".[118]

---

116 REALE, *História da Filosofia Antiga III, cit.*, p. 141.

117 São bastante elucidativos, no que tange à compreensão do prazer pelo Epicurismo, os seguintes fragmentos atribuídos a Epicuro: "Chamamos ao prazer princípio e fim da vida feliz. [...] Nem a posse das riquezas nem a abundância das coisas nem a obtenção de cargos ou o poder produzem a felicidade e a bem-aventurança; produzem-na a ausência de dores, a moderação nos afetos e a disposição de espírito que se mantenha nos limites impostos pela natureza. [...] Quando dizemos, então, que o prazer é fim, não queremos referir-nos aos prazeres dos intemperantes ou aos produzidos pela sensualdiade, como creem certos ignorantes, que se encontram em desacordo conosco ou não nos compreendem, mas ao prazer de nos acharmos livres de sofrimentos do corpo e de perturbação da alma". EPICURO. *Antologia de Textos*. Trad. Agostinho da Silva. 2ª ed. São Paulo: Abril Cultural, 1980, p. 17.

118 REALE, *História da Filosofia Antiga III, cit.*, p. 204.

Os FUNDAMENTOS ÉTICOS DA CULTURA JURÍDICA OCIDENTAL   181

Além disso, a identificação do homem com a organização política é definitivamente contestada. A vida política é considerada inútil, razão pela qual o homem deveria 'viver escondido', separado e longe do tumulto que ela promovia.[119]

A felicidade era compreendida, portanto, como a ausência de dor e perturbação, como *tranquilidade* (*ataraxia*). É a paz do espírito que só poderia ser alcançada se o homem aprendesse bastar-se a si mesmo, uma vez que de nada lhe servia a organização política.[120]

Há, pois, no Epicurismo, um acentuado individualismo a proclamar o egoísmo, o recolhimento em si e o afastamento da vida política. Nesse sentido, afirma Luis Fernando Coelho que "o epicurista é por definição um egoísta, cuidando somente de sua vida particular, na procura da felicidade pessoal, mediante o refinamento espiritual e sensível, sem importar-se com a vida pública".[121] A ação moral será, desse modo, aquela que dá vazão aos desejos e necessidades naturais de forma equilibrada e moderada.[122]

Por fim, a organização política e a justiça são entendidas como meras convenções, estabelecidas para promover a felicidade (o prazer moderado) ao maior número de pessoas e para evitar, nas relações recíprocas, o dano (a dor).[123]

---

119 REALE, *História da Filosofia Antiga III, cit.*, p. 151.

120 REALE, *História da Filosofia Antiga III, cit.*, p. 152.

121 COELHO, *Introdução Histórica à Filosofia do Direito, cit.*, p. 98.

122 MARCONDES, *Introdução à História da Filosofia, cit.*, p. 93.

123 Conforme Epicuro: "A justiça não tem existência por si própria, mas sempre se encontra nas relações recíprocas, em qualquer tempo e lugar em que exista um pacto de não produzir nem sofrer dano. [...] Das normas prescritas como justas, o que é considerado útil nas necessidades da convivência recíproca tem o caráter do justo, embora não seja igual para todos os casos. Se, pelo contrário, se estabelece

O **Estoicismo**, enfim, é a mais importante escola da era helenística. Além de ter produzido as mais profundas reflexões do período, é, dentre as escolas que se estabeleceram, a que teve maior repercussão no pensamento ocidental.

Fundado por Zenão de Cício,[124] o Estoicismo assumiu, conforme o espírito da época, posições nitidamente materialistas. Entendia que todas as coisas passíveis de serem conhecidas tinham natureza corpórea, compreendendo como tal a inteligência, a virtude, a alma ("sopro quente") e, até mesmo, Deus.[125] Além disso, consideravam que o homem nascia como uma "tábua rasa", sem nenhum conhecimento inato, e que a sensação era, por conseguinte, o momento inicial do conhecer.[126]

Todavia, conforme assevera Lima Vaz, o Estoicismo paradoxalmente adota um profundo racionalismo, ao conceber como princípio de toda a realidade uma razão universal e imutável,[127] nada obstante a compreendesse *materialisticamente*, como o faziam os pré-socráticos.

---

uma lei que depois se revela conforme a utilidade de convivência recíproca, então já não conserva o caráter do justo". Cf. EPICURO, *Antologia de Textos, cit.,* p. 19.

124 Zenão nasceu em Cício, na ilha de Chipre, entre 333 e 332 a.C., tinha origem semita, provavelmente fenícia. Foi para Atenas por volta dos vinte anos atraído pelo pensamento filosófico que lá se produzia, o qual tomara conhecimento através das obras trazidas pelo seu pai, que como comerciante ia com frequência à cidade. Como não era cidadão grego, não podendo, pois, adquirir um edifício, passara a dar suas lições num pórtico, que em grego se diz *stoá*, daí derivando o nome de seus seguidores, estoicos. Morreu em 262 a.C. Cf. REALE, *História da Filosofia Antiga III, cit.,* p. 261 e 270.

125 REALE, *História da Filosofia Antiga III, cit.,* p. 263-266.

126 REALE, *História da Filosofia Antiga III, cit.,* p. 277-278.

127 VAZ, *Escritos de Filosofia IV*: Introdução à Ética Filosófica 1, *cit.,* p. 147 e 158.

Fábio Konder Comparato acrescenta que para os estoicos a natureza (*physis*) se confunde com a razão (*logos*).[128]

Conforme ensina Giovanni Reale, os estoicos compreendiam o λογοσ (*logos*), como um princípio unitário que é ao mesmo tempo o *princípio de verdade* na lógica, o *princípio criador* do cosmos na física e o *princípio normativo* na ética,[129] expressando, desse modo, uma polivalência que reúne "o momento subjetivo e o objetivo, o gnosiológico e ontológico e, ainda, o antropológico e o cosmológico". Como nos pré-socráticos, o *logos* é, portanto, o princípio que determina o sentido de todas as coisas, incluindo o dever ser do homem.[130]

---

128 COMPARATO, Fábio Konder. *Ética:* Direito, Moral e Religião no Mundo Moderno. São Paulo: Companhia das Letras, 2006, p. 109.

129 Conforme Antonio Carlos Wolkmer, trata-se "princípio do panteísmo estoico que aglutina a lei da natureza, a lei da razão e a lei da divindade". WOLKMER, *Síntese de uma História das Ideias Jurídicas, cit.*, p. 34.

130 REALE, *História da Filosofia Antiga III, cit.*, p. 273-274. Giovanni Reale chama atenção para o fato de os estoicos terem preferido a palavra λογοζ (*logos*), em vez de νουζ (*nous*), como fizera Parmênides, Platão e Aristóteles para significar pensamento, inteligência e, mesmo, princípio primeiro. Cf. REALE, *História da Filosofia Antiga III, cit.*, p. 273. Nesse sentido, o autor anota, ainda, a interessante reflexão de Max Pohlenz: "Para os gregos, a essência do *logos* não se esgota no conhecer e no falar. Não se pode só dizer que uma coisa é, mas também que uma coisa deve ser. O *logos* não termina no conhecimento, mas contém ainda um impulso para o agir. Somente partindo dessa função podemos compreender por que o *logos* tornou-se o conceito fundamental da filosofia de Zenão e teve um significado que o *nous* nunca pôde alcançar. Para Zenão, o *logos* não representa somente a razão pensante e cognoscente, mas também o princípio espiritual que dá forma a todo o universo, racionalmente e com base num plano rigoroso, e fixa para cada criatura singular sua destinação. Para Zenão, como para Heráclito, o *logos* reina tanto no cosmo como no homem e fornece-nos a chave para captar não só o significado do mundo, mas também o da nossa existência espiritual, e para conhecer o nosso destino efetivo. Desse modo, ele indica também a via para chegar a uma compreensão do devir cósmico, de modo a satisfazer em igual medida o pensamento racional de Zenão e o seu sentimento

Vale anotar que os estoicos elaboram uma compreensão algo heraclitiana do *logos*, identificando-o com Deus ("fogo artífice, princípio que tudo transforma e penetra"). Todavia, não se tratava, no início, de um Deus pessoal, como o do judaísmo ou mesmo o do cristianismo, mas de um princípio expresso na natureza de todas as coisas, numa compreensão panteísta e materialista da divindade, não obstante, no Estoicismo tardio, essa compreensão de Deus ter assumido uma feição cada vez mais espiritual e pessoal.[131]

Giovanni Reale ensina, a propósito da compreensão estoica do *logos*, que:

> Se todas as coisas, sem exceção, são produzidas pelo imanente princípio divino que é *logos*, inteligência e razão, tudo é rigorosa e profundamente racional, tudo é como a razão quer que seja e como não pode não querer que seja, tudo é como deve ser e como é bom que seja, e o conjunto de todas as coisas é perfeito: não há obstáculo à ação do artífice imanente, pois a própria matéria é o veículo de Deus, e assim tudo o que existe tem o seu significado exato e é feito do melhor

---

religioso". POHLENZ, Max. *La Stoa*. Trad. O. de Gregório e B. Proto. Florença: Nuova Itália, 1967, p. 54 *apud* REALE, *História da Filosofia Antiga III, cit.*, p. 274.

131 REALE, *História da Filosofia Antiga III, cit.*, p. 302-309. "Essa concepção panteísta-materialista de Deus *não exclui o politeísmo*. Também para os estoicos, de fato, como para todos os gregos, as concepções de Deus uno e Deus múltiplo não se excluem mutuamente, e monoteísmo e politeísmo não parecem posições antitéticas. Eles, de fato, falam de Deus uno e, ao mesmo tempo, de Deuses múltiplos, e, por fim, falam de "Demônios" e de "Heróis" intermediários entre Deuses e homens. O Deus é o *logos-fogo*, é o princípio ativo supremo ou, noutra perspectiva, é a totalidade do cosmo. Os Deuses múltiplos são os Astros, isto é, partes privilegiadas do cosmo, e são concebidos como seres vivos e inteligentes". REALE, *História da Filosofia Antiga III, cit.*, p. 309. Veja-se, novamente, a inspiração heraclitiana.

OS FUNDAMENTOS ÉTICOS DA CULTURA JURÍDICA OCIDENTAL   185

modo possível; o todo é em si perfeito: as coisas individuais, mesmo sendo consideradas imperfeitas em si, têm a sua perfeição no conjunto do todo.[132]

Desse modo, há no Estoicismo uma noção de *providência*, de um *finalismo universal*, que se exprime no entendimento de que todas as coisas foram feitas pelo logos e são, conforme dito, como devem ser. Não se trata, todavia, de uma providência transcendente (como a judaica e a cristã), mas sim imanente às coisas.[133]

Daí deriva a noção de destino dos estoicos, que representa uma necessidade irresistível contra a qual não se pode opor. Todo acontecimento é, desse modo rigorosamente determinado pelo *logos*.

É importante ressaltar, ainda, que na concepção estoica de mundo o homem ocupa uma posição proeminente, uma vez que participa do *logos* divino mais do que qualquer outro ser vivente.[134] Por esta razão, os estoicos não aceitam, ao contrário dos epicuristas, que o instinto fundamental do homem seja o sentimento de prazer, o que o colocaria no mesmo plano do animal. Seu instinto fundamental é, ao contrário, a razão. Mais uma vez, ecoam os pré-socráticos: a natureza (*physis*) característica do homem é, pois, sua racionalidade (*logos*).[135]

---

132 REALE, *História da Filosofia Antiga III, cit.*, p. 313.

133 REALE, *História da Filosofia Antiga III, cit.*, p. 314. Giovanni Reale anota a hipótese levantada por Pohlenz, segundo a qual Zenão, que era de origem semita, teria tirado do patrimônio espiritual de sua raça e da sua pátria os germes da noção de providência, em geral tênue na tradição filosófica grega. Desse modo poderia tratar-se de "um eco da Providência bíblica, imanentisticamente interpretada, assim como a ideia de *Heimarméne* [providência] poderia ser um eco do fatalismo, profundamente desenvolvido entre os povos orientais, em particular entre os árabes". REALE, *História da Filosofia Antiga III, cit.*, p. 317.

134 REALE, *História da Filosofia Antiga III, cit.*, p. 324.

135 REALE, *História da Filosofia Antiga III, cit.*, p. 328-329.

Portanto, a felicidade só pode ser atingida pela sujeição do homem ao *logos* que rege todas as coisas, incluindo ele mesmo. É preciso, desse modo, integrar-se no cosmos, vivendo segundo suas leis (segundo as leis da natureza), o que implica, no que diz respeito à natureza humana, viver racionalmente, sem opor-se ao destino inexorável dos acontecimentos. Só assim se poderá alcançar a **tranquilidade** (*ataraxia*).

Esclarece Giovanni Reale que:

> Viver segundo a natureza significa *viver realizando plenamente a apropriação ou conciliação do próprio ser e do que o conserva e atua*, e, em particular, dado que o homem não é simplesmente ser vivente, mas ser racional, viver segundo a natureza será *viver 'conciliando-se' com o próprio ser racional, conservando-o e atuando-o plenamente*.[136]

Assim, se o fim primordial do ser humano é a conservação de si mesmo, é natural que ele aproprie-se do seu próprio ser e de tudo o mais que é conforme a sua essência (sua racionalidade), conciliando-se com o princípio divino do *logos*.[137] Desse modo, o impulso primogênito (a causa) do homem é a própria razão. A paixão é, ao contrário, consequência do seu afastamento daquela.[138]

A ação reta (virtuosa) é, pois, aquela que reflete perfeitamente a reta razão (*orthos logos*), traduzindo, por conseguinte, no agir a perfeição do *logos* universal.[139] Para tanto, pregava-se a impassibilidade absoluta

---

136 REALE, *História da Filosofia Antiga III, cit.*, p. 330.

137 REALE, *História da Filosofia Antiga III, cit.*, p. 330.

138 VAZ, *Escritos de Filosofia IV*: Introdução à Ética Filosófica 1, *cit.*, p. 158.

139 VAZ, *Escritos de Filosofia IV*: Introdução à Ética Filosófica 1, *cit.*, p. 157.

Os FUNDAMENTOS ÉTICOS DA CULTURA JURÍDICA OCIDENTAL 187

(*apatia*) em relação às paixões, através da qual o homem poderia libertar--se das perturbações da alma, alcançando, assim, a tranquilidade.[140]

Por fim, é importante anotar uma característica significativa da doutrina estoica, que teve importantes repercussões no pensamento ocidental, conforme veremos mais adiante. Trata-se do cosmopolitismo típico do estoico, que se compreendia não mais como cidadão da *polis*, mas parte de um todo maior: o universo. Desse modo, concebia-se a humanidade como uma comunidade universal, sem se fazer distinção entre os homens (a não ser entre o sábio e o tolo), o que implicava na proclamação de uma igualdade universal, sob o fundamento de que todos participam da mesma natureza divina do logos.[141]

Da ética grega à ética cristã

Conforme vimos, desde o Império alexandrino, o mundo helênico havia sucumbido a uma profunda crise ética, precipitada pela destruição da antiga estrutura política da cidade, na qual o homem encontrava todas as suas referências morais e religiosas.

Até então, o grego buscava o critério de sua ação virtuosa na norma absoluta imposta pela cidade. Com isso, a virtude só poderia ser desenvolvida na vida da *polis*, cujo mais alto fim era a educação (παιδεια, ou *paideia*) do indivíduo para a cidadania.[142] Nesse contex-

---

140 COELHO, *Introdução Histórica à Filosofia do Direito, cit.*, p. 103.

141 COELHO, *Introdução Histórica à Filosofia do Direito, cit.*, p. 103-104.

142 JAEGER, Werner. *Paideia:* A Formação do Homem Grego. Trad. Artur M. Parreira. 4ª ed. São Paulo: Martins Fontes, 2003, p. 114. Jaeger ensina que no mundo grego acreditava-se poder estabelecer uma norma absoluta para a ação humana, que deveria ser ensinada aos cidadãos através de uma *paideia* a cargo da *polis*. A educação era tida, pois, como o meio de inserir o homem na cultura, ensinando-lhe os valores sagrados da cidade, apoiados nas representações mitológicas dos seus deuses. Conforme magistral lição do autor: "Como suma da comunidade citadina, a *polis*

188 MARCELO MACIEL RAMOS

to, este homem dissolvia-se na vida coletiva, de tal modo que o fim da sua ação individual (moral) era o mesmo do da cidade (política).

Ensina Werner Jaeger que:

> A antiga cidade-estado era para os cidadãos a garantia de todos os princípios ideais de vida; πολιτεύεσθαι [virtude cívica] significa participar da experiência comum. Tem também o simples significado de 'viver'. É que ambas as coisas eram uma só. Em tempo algum o Estado se identificou tanto com a dignidade e o valor do Homem.[143]

Além disso, a cidade congregava aqueles que adoravam os mesmos deuses.[144] Assim, pertencer à cidade significava pertencer necessariamente à sua religião pública, cujo culto era obrigatório a todos.[145]

Nesse contexto, o *exercício da cidadania* (*política*), o *culto religioso* e a *ação moral* eram, então, aspectos indissociáveis da vida. O

---

oferece muito. Em contrapartida, pode exigir o máximo. Impõe-se aos indivíduos de modo vigoroso e implacável e neles imprime o seu caráter. É fonte de todas as normas de vida válidas para os indivíduos. O valor do homem e da sua conduta mede-se exclusivamente pelo bem ou pelo mal que acarretam à cidade". JAEGER, *op. cit.*, p. 141-142.

143 JAEGER, *Paideia, cit.*, p. 146.

144 OHLWEILER, Otto Alcides. *A Religião e a Filosofia no Mundo Greco-Romano*. Porto Alegre: Mercardo Aberto, 1990, p. 75.

145 Conforme Ohlweiler: "Várias eram as cerimônias religiosas celebradas nas cidades. A principal cerimônia do culto da cidade constituía-se de um repasto público chamado sacrifício. Este era realizado em comum, com acesso a todos os cidadãos em honra das divindades protetoras da cidade. Além desses enormes banquetes coletivos sempre realizados com festas solenes, a religião prescrevia para cada dia um repasto sagrado, em que um certo número de cidadãos para isso escolhidos devia comer em comum, no recinto da pritânia, junto da lareira e dos deuses protetores." OHLWEILER, *A Religião e a Filosofia no Mundo Greco-Romano, cit.*, p. 76.

homem, ao prestar reverência aos deuses nacionais, estava exercendo seu *dever* público como cidadão e adequando-se, ao mesmo tempo, às exigências morais que equivaliam às leis da cidade, cuja elaboração ele podia controlar.[146]

Portanto, no período grego clássico entendia-se que a felicidade só seria possível na *polis*, a qual tinha como sumo dever fomentar, através da educação, a realização plena das capacidades racional e moral do homem, libertando-o do jugo de suas paixões e preparando-o, desse modo, para a cidadania, reduto da totalidade do seu ser.

A liberdade do grego antigo era, pois, tida como o desenvolvimento de sua essência *pela* e *para* a cidade, numa relação harmoniosa que os tornava uma só coisa. Ele era livre porque participava das decisões da *polis*. E, sua ação política, tomada individualmente, seria virtuosa enquanto o fim objetivado por ela fosse a coletividade, sem a qual não seria possível realizar seu próprio *ser*.[147]

Nesse sentido, Jean Hyppolite ensina que:

> O cidadão antigo era livre precisamente porque não opunha a sua *vida privada à sua vida pública*; pertencia à cidade, mas a cidade não era, como Estado, uma potência estrangeira que o constrangia. [...] Assim, esta liberdade era uma integração do indivíduo no todo; e,

---

146 Vale lembrar que tanto na Democracia grega quanto na República romana havia mecanismos de participação dos cidadãos nas decisões da cidade, incluindo-se, aí, a elaboração das leis. Não obstante, à época o *status* de cidadão fosse extremamente restrito, dentre os cidadãos, era universal e igual o poder de voz (*isegoria*) e o de voto (*isonomia*) nas assembleias. A este respeito é indispensável a leitura de STARR, Chester G. *O Nascimento da Democracia Ateniense; A Assembleia no Século V a.C.* Trad. Roberto Leal Ferreira. São Paulo: Odysseus, 2005.

147 Não se tratava, desse modo, de liberdade individual, tal qual a concebemos hoje. A liberdade do antigo era o pertencimento à cidade, da qual era, ao mesmo tempo, produto e produtor.

afirma já Hegel, num todo, numa *ideia* que, para ele, estava presente na realidade, e não num além.[148]

Com o estabelecimento do Império alexandrino e, mais tarde, do Império romano, desapareceu para o homem antigo aquilo que preenchia sua existência – a cidade –, não lhe restando alternativa senão resignar-se diante da transferência inevitável do poder sobre sua vida pública a outrem (o imperador) e de buscar em si mesmo ou em outros planos de existência (no além) a razão de sua realização (a felicidade).

Desse modo, a vida política, a religiosa e a moral deixam de expressar toda a unidade da vida.[149]

A religião antiga, que estava intrinsecamente associada à história e aos símbolos da cidade, expressando, pois, a saga dos deuses e heróis que se sucederam na sua formação, foi perdendo, pouco a pouco, o significado, diante de um império multicultural, que fazia contrastar uma infinidade de mitos particulares.

Nesse sentido, ensina Otto A. Ohlweiler que:

> Foi necessária a decadência da cidade, após a conquista macedônica, para arruinar o prestígio dos deuses tradicionais. Daí por diante, o culto desses antigos deuses terá sobretudo um caráter formal. Poderão existir cultos de Estado, mas já não haverá uma religião da cidade. Também os cultos domésticos são arrastados na

---

148 HYPPOLITE, *Introdução à Filosofia da História de Hegel, cit.*, p. 31.

149 Trata-se da *bela totalidade* registrada por Hegel, a representar, conforme José Luiz Borges Horta, a permanente promessa de Estado aspirada pelo Ocidente. HORTA, José Luiz Borges. *Horizontes Jusfilosóficos do Estado de Direito.* Uma investigação tridimensional do Estado liberal, do Estado social e do Estado democrático, na perspectiva dos Direitos Fundamentais. Belo Horizonte: Faculdade de Direito da UFMG, 2002 (Tese, Doutorado em Filosofia do Direito), p. 8.

ruína. Os fiéis não perdoam aos deuses por terem-nos abandonado no momento em que deviam salvaguardar, em troco do culto a eles dirigido pelos homens, a independência da cidade. Os atenienses queixavam-se de viverem longe das divindades ou mesmo dando-as como inexistentes, o que, em outros tempos, seria uma blasfêmia passível de punição por impiedade. O desprestígio das divindades políadas teve como uma das consequências que os fiéis se voltassem para aqueles deuses cujo culto, comum a várias cidades, apresentavam um cunho mais universal.[150]

Além disso, uma vez que o poder político do antigo, o qual fundamentava sua ação moral e integrava toda sua vida ética, havia sido transferido compulsoriamente ao imperador, ele passa a evitar o mundo para tentar encontrar algo de absoluto ou em si mesmo ou no Além.

Há que se ressaltar que a reflexão aqui desenvolvida desvela apenas os aspectos gerais ou comuns do helenismo, o qual se estendeu por vários séculos, desde o Império alexandrino no século IV a.C. até a oficialização do cristianismo no século IV d.C., o que acaba nos levando a uma indesejável simplificação de um processo multissecular que se desdobrou em várias formas peculiares, que emergiram em contextos e épocas distintas. Nesse sentido, é importante, ao menos, deixar registrado o fato de que, enquanto na Grécia, despojada precocemente de suas cidades, o individualismo do helenismo manifestou-se sob a forma de filosofias que buscavam justificar a ação virtuosa no próprio homem, em Roma, ele expressou-se através do desenvolvimento do Direito Privado, a garantir

---

150 OHLWEILER, *A Religião e a Filosofia no Mundo Greco-Romano, cit.*, p. 112-113.

192   MARCELO MACIEL RAMOS

as liberdades individuais (concretizada na propriedade),[151] diante da progressiva avocação do poder político pelo Imperador, fato que só aconteceu alguns séculos depois do Império de Alexandre.

Todavia, de modo geral, o helenismo representou a cisão da vida ética antiga, a preparar os espíritos para a manifestação do cristianismo. Nesse interregno, tentou encontrar a essência perdida do homem nele mesmo, seja pela realização do prazer, como no Epicurismo, seja pela submissão a uma lei natural (ao *logos* imanente), como concebida pelos estoicos. Entretanto, ao refugiar-se no indivíduo, deixou de apresentar justificativas que apaziguassem os espíritos diante da usurpação pelo imperador da vida pública, isto é, das decisões sobre a ação individual em suas relações coletivas.

Desse modo, quando o Império romano já não tinha mais forças para se impor militarmente e sua religião particular já havia sido totalmente esvaziada, não conseguindo atrair a sincera adesão dos seus súditos ao culto ao imperador – cuja divindade fundava-se na filiação aos antigos deuses, que pouco ou nada significavam quanto mais distante de Roma se estivesse –, precisou de uma religião universal adequada a um império multicultural.[152] Uma religião que fosse capaz de conferir

---

151 HYPPOLITE, Jean. *Introdução à Filosofia da História de Hegel*. Trad. José Marcos Lima. Lisboa: Edições 70, 1995, p. 33.

152 "A verdade é que a difusão da religião oficial romana foi enormemente dificultada pela indiferença das massas populares dos países subjugados que pouco se deixavam sensibilizar pelos deuses romanos. Sabe-se que a política religiosa ao tempo de Augusto (27a.C.–14 d.C.) tratou de cercar com honrarias os sacerdotes, restabelecer o funcionamento regular dos templos e condenar a propagação dos cultos orientais; o próprio imperador não deixou de ganhar alguns adeptos tanto nas províncias orientais com nas ocidentais. Mas o culto dos imperadores não tinha como poder converter-se em religião universal do Império pelas mesmas razões que a religião romana tradicional. O Império era profundamente odiado, de sorte que o culto em honra aos imperadores não tinha elementos atrativos capazes de sensibilizar mais do que estreita camada de membros da aristocracia,

unidade ao Império através de uma crença comum, que pregasse a resignação e a obediência do homem diante da autoridade e que trouxesse alento às almas, diante da impossibilidade de o homem realizar-se plenamente nesta vida.

Nesse sentido, o Deus cristão apresentava-se como o absoluto transcendente, no qual o homem poderia depositar toda a sua essência, todas as suas expectativas, resignando-se diante da impossibilidade de ser o senhor de sua própria vida política.[153] A mensagem cristã era, pois, uma mensagem de libertação, mas visto que a liberdade política não era possível, tratava-se de uma promessa de libertação espiritual a se concretizar num outro plano de vida.[154]

É verdade que muitas filosofias do helenismo promoviam uma libertação espiritual (enquanto liberdade individual e interior). Mas, ao pregarem a indiferença perante a vida política, minavam a unidade substancial do império, a qual a doutrina cristã poderia suprir artificialmente pela fé num Deus universal, que tinha o poder de unir sob a mesma crença todos os homens.

Bertrand Russel esclarece que:

> El cristianismo surgió en el Imperio romano entre poblaciones totalmente privadas de poder político, cuyos Estados nacionales habían sido destruido y se habían unido formando un vasto conglomerado impersonal. Durante los tres primeros siglos de la era cristiana los individuos que adoptaron el cristianismo no pudieron alterar las instituciones sociales o políticas bajo las cuales

---

particularmente provincial". OHLWEILER, *A Religião e a Filosofia no Mundo Greco-Romano, cit.*, p. 177.

153 HYPPOLITE, *Introdução à Filosofia da História de Hegel, cit.*, p. 34.

154 O conteúdo da mensagem cristã será oportunamente desenvolvido.

vivían, aunque estaban profundamente convencidos de que eran malas. En esas circunstancias, era natural que adoptasen la creencia de que un individuo podía ser perfecto en un mundo imperfecto y que la vida buena no tenía nada que ver con este mundo.[155]

Além disso, segundo Paul Johnson:

O mundo encontrava-se intelectualmente pronto para o cristianismo. Estava esperando por um Deus. No entanto, é improvável que o mundo helênico fosse capaz de gerar tal sistema com seus próprios recursos. Suas armas intelectuais eram variadas e poderosas. Dispunha de uma teoria da natureza e de uma certa cosmologia. Tinha a lógica e a matemática, os rudimentos de uma ciência empírica. Podia desenvolver metodologias. Contudo, faltava-lhe a imaginação necessária para associar história e especulação, para produzir aquela mistura lampejante do real e do ideal que constitui a dinâmica religiosa. A cultura grega era uma máquina intelectual para a elucidação e transformação das ideias religiosas. Bastava colocar um conceito teológico e ele emergiria sob uma forma de elevada sofisticação, comunicável a todo o mundo civilizado.[156]

---

155 RUSSELL, Bertrand. *Por qué no soy Cristiano*. Trad. Josefina Martinez Alinari. Barcelona: Edhasa, 1999, p. 108.

156 JOHNSON, Paul. *História do Cristianismo*. Trad. Cristiana de Assis Serra. Rio de Janeiro: Imago, 2001, p. 16.

Da rica reflexão do historiador, não podemos, entretanto, compartilhar da opinião de que faltasse criatividade ao mundo helênico para forjar um Deus único. A criatividade dos gregos era de tamanha exuberância que eles haviam formulado uma mitologia riquíssima, povoada de deuses e heróis, envolvidos em narrativas carregadas de detalhes e significados.

Na verdade, parece-nos que o que impediu gregos e romanos de produzir seu próprio mito universal foi o fato de estarem mais ocupados em fazer ciência e política, segundo os mecanismos racionais que haviam descoberto. Além disso, eles haviam aprendido a separar razão e mitologia (crença), e, em virtude disso, talvez não lhes fosse natural teorizar em matéria de religião.

Entretanto, à medida que suas relações políticas transformavam-se, seus deuses, que antes se identificavam com as extintas cidades-Estado, não mais incorporavam os significados de outrora. Desse modo, o mundo helênico, ocupado com a razão, foi relegando gradativamente as perspectivas religiosas de sua vida para um plano secundário, deixando um vazio que somente seria preenchido pelo cristianismo, curiosamente elaborado a partir da síntese de seus próprios elementos culturais com os do povo judeu.

5. A ÉTICA CRISTÃ

Tomou, pois, o Senhor Deus o homem,
e colocou-o no paraíso de delícias,
para que o cultivasse e guardasse.
E deu-lhe este preceito, dizendo:
Come de todas as árvores do paraíso,
mas não comas do fruto da árvore
da ciência do bem e do mal.

GÊNESIS 2, 15-17

As origens do cristianismo

CONFORME DITO ANTERIORMENTE, o cristianismo é o marco religioso da civilização ocidental. Mas o que é, afinal, a religião cristã? E, ainda: há de fato um cristianismo tipicamente ocidental? Para responder estas questões precisamos voltar ao contexto de surgimento desta religião, procurando compreender como os elementos culturais helênicos e judaicos convergiram para a sua construção.[1]

---

1 É importante perceber que uma religião é sempre produto da criação humana e não um dado espontâneo que é revelado aos homens. Ela é um produto da cultura, expressão da racionalização dos medos e desejos humanos, ainda que inspirados profetas insistam em *revelações*.

O mito central do cristianismo consiste na crença na divindade de Jesus Cristo,[2] filho e, ao mesmo tempo, a própria expressão humana do Deus único e verdadeiro,[3] criador e senhor de todas as coisas e homens. Nascido de uma virgem, por intervenção do Espírito Santo,[4] o Cristo fora enviado ao mundo como homem para proclamar a verdade e salvar a humanidade do pecado, o que se concretizaria através da sincera adesão à sua mensagem.

Não nos interessa aqui o homem histórico, Jesus de Nazaré,[5] que teria dado origem ao mito. Importa-nos os significados estabelecidos no entorno da sua figura divina e suas consequências para a formação dos valores e normas que orientaram a construção da civilização ocidental.

---

2 A palavra Cristo é uma derivação do grego Χριστοζ (*Khristos*) e significa "o ungido", no sentido de messias, salvador; no latim temos *Christus*.

3 Na doutrina cristã o Cristo, Deus-filho, é a consubstanciação do Deus-pai, isto é, constituem a mesma substância. Esta foi a solução teológica encontrada para congregar a afirmação da divindade de Jesus e a de que só há um único Deus.

4 O Espírito Santo é compreendido pela doutrina cristã como o próprio Deus, completando a trindade: Deu-pai, Deus-filho e Espírito Santo. Os três são partes distintas da unidade divina. De um ponto de vista mitológico, podemos identificar a trindade tanto na mitologia hindu (Brahma, Vishnu e Shiva) quanto na grega (Zeus, Apolo e Dionísio). Cf. HORTA, José Luiz Borges. *Introdução aos Grandes Sistemas Contemporâneos do Direito:* Notas de Aula. Belo Horizonte: Faculdade de Direito da UFMG, 2006.

5 JESUS teria nascido em Nazaré, na Galileia, por volta do ano 4 a.C. Pouco se sabe dele até os dois ou três últimos anos de sua vida, quando assumiu uma vida pública de peregrinações e pregações. Os únicos documentos que se referem a ele são os Evangelhos Canônicos, os livros do Novo Testamento, as composições ditas apócrifas e o Talmude, além de alguns escritos de FÍLON e de JOSEFO, historiadores do primeiro século, que apesar de não fazerem menção direta a Jesus, citam as conturbações religiosas da Palestina na época. Sobre a vida de Jesus, *vide* RENAN, Ernest. *Vida de Jesus*; Origens do Cristianismo. Trad. Eliana Maria de A. Martins. São Paulo: Martin Claret, 2003; CROSSAN, John Dominic. *The Historical Jesus*: The Life of a Mediterranean Jewish Peasant. Nova York: Harper San Francisco, 1991.

OS FUNDAMENTOS ÉTICOS DA CULTURA JURÍDICA OCIDENTAL   199

O caráter essencial do mito, que deve ser ressaltado, está no fato do Deus cristão não se identificar com nenhum povo particular. Ele é o senhor (o pai) de todos os homens, não fazendo nenhuma distinção entre eles.

A história deste mito surgiu no seio da tradição judaica, num contexto absolutamente distinto daquele experimentado pelos gregos e pelos romanos. Enquanto estes já haviam há muito descoberto a racionalidade como instrumento de conhecimento, permitindo-lhes estabelecer a noção de universalidade, o que se refletia em sua postura político-cultural sincrética, os judeus viviam ainda em meio ao sobrenatural e, em função de seus fracassos políticos, necessitavam estabelecer os limites de seu povo através de um enclausuramento cultural, que negava o outro para afirmar a si próprio.

Desse modo, enquanto a cultura do mundo greco-romano era, sobretudo, ecumênica, os judeus estavam inseridos numa tradição cultural que afirmava a todo tempo sua diferença, numa perspectiva eminentemente particular.[6]

O fato é que o mito cristão, ao contrário da maioria das narrativas mitológicas, que se identificam com os elementos culturais dos povos nos quais surgem, reclamava para si, desde seus primeiros desenvolvimentos, um caráter universal. E essa universalidade, que representa o caráter fundamental do cristianismo, não poderia ter sido elaborada sem a profunda interferência das perspectivas gregas.

Vale lembrar que o mito cristão surgiu na Palestina, que à época estava sob o domínio do Império romano. A região era habitada por vários povos, além do povo judeu, que haviam, desde Alexandre, o Grande, no século IV a.C., perdido definitivamente o domínio político

---

6   Por todos, *vide* BLOOM, Harold. *Jesus e Javé*. Os Nomes Divinos. Trad. José Roberto O'Shea. Rio de Janeiro: Objetiva, 2006.

de suas possessões. Com o fim do Império alexandrino, esses povos caíram nas mãos da monarquia greco-oriental dos selêucidas, que estabeleceram, desde então, um esforço de helenização da região, fortemente combatido pelos judeus.[7] Nos anos que antecederam o nascimento de Jesus, a região foi sendo gradualmente submetida a Roma. Num primeiro momento, o Império romano controlava aquelas imediações, estabelecendo acordos com os monarcas locais. A partir do ano 6 d.C., Roma toma a custódia direta daqueles territórios, através de seus procuradores.[8]

Nesse contexto, com a presença contínua de gregos e romanos na Palestina, era inevitável que o espírito helênico rondasse a consciência dos povos da região.

Não é de espantar que uma das figuras mais importantes na construção do cristianismo, Paulo de Tarso,[9] tenha sido um judeu, cidadão romano, familiarizado com as filosofias gregas. Paulo, mesmo não tendo conhecido a figura de Jesus, é, sem dúvida, o maior responsável pela construção do seu mito e pela sua difusão pelo mundo greco-romano.

---

7   JOHNSON, Paul. *História do Cristianismo*. Trad. Cristiana de Assis Serra. Rio de Janeiro: Imago, 2001, p. 18.

8   JOHNSON, *História do Cristianismo, cit.*, p. 19-20.

9   Segundo Paul Johnson, a cidade natal de Paulo, Tarso, "era um empório comercial, um centro de cultos de todos os tipos, gnóstica, exótica, oriental e estoica. Tarso era um ponto central do sincretismo, uma encruzilhada cultural e religiosa, uma cidade familiarizada com estranhas procissões religiosas nas ruas e debates helênicos dentro de casa. Paulo era o produto desta diversidade" e estava, portanto, preparado "para ser o apóstolo do universalismo". JOHNSON, *História do Cristianismo, cit.*, p. 50. Fábio Konder Comparato acrescenta que Paulo era um "judeu helenizante da diáspora, cuja visão de mundo, por isso mesmo, fora marcada pelo universalismo próprio da cultura grega". COMPARATO, Fábio Konder. *Ética:* Direito, Moral e Religião no Mundo Moderno. São Paulo: Companhia das Letras, 2006, p. 78. Nesse mesmo sentido, *vide* BLOOM, *Jesus e Javé, cit.*, p. 71.

Ele via na nova fé uma vocação universal que não cabia nos limites estritos do judaísmo.

Portanto, desde os primeiros esforços de construção e difusão da nova religião, o elemento grego esteve fortemente presente. Tanto nas filosofias que forneciam os fundamentos metafísicos do mito, quanto na própria língua grega, que foi, a princípio, o veículo da nova religião.

A concepção de um Deus universal, que não se identificava com nenhum povo particular, só poderia ter encontrado fundamentação no universalismo das perspectivas helênicas, desenvolvidas pela Filosofia Clássica, bem como nas Filosofias do helenismo, que buscavam uma *lei cósmica* (não identificada com nenhuma nação) para explicar a vida num império que se pretendia mundial. Além disso, houve nos primeiros séculos da nova religião um esforço tremendo para conciliar a mensagem cristã com as filosofias gregas, conforme veremos mais adiante. Por fim, a maior parte dos Evangelhos e dos escritos do Novo Testamento reconhecidos pela Igreja foi redigida em língua grega. Ora, a língua é o suporte simbólico mais importante de uma cultura, incorporando estruturas de pensamento e significados que lhes são peculiar. É improvável que um judeu capaz de escrever em grego não estivesse fortemente familiarizado com a cultura helênica.[10]

Nesse sentido, Danilo Marcondes ensina que:

> A religião cristã, embora originária do judaísmo, surge e se desenvolve no contexto do helenismo, e é precisamente da síntese entre o judaísmo, o cristianismo e a

---

10 Nesse mesmo sentido, *vide* VAZ, Henrique C. de Lima. *Escritos de Filosofia IV: Introdução à Ética Filosófica 1*. 2ª ed. São Paulo: Loyola, 2002, p. 168.

cultura grega que se origina a tradição cultural ocidental de que somos herdeiros até hoje.[11]

A religião cristã nasce, portanto, do enlace entre elementos da tradição hebraica e da cultura helênica. Mas é sob a égide das perspectivas gregas que os elementos da religião judaica serão processados para formar a religião universal de que carecia o mundo greco-romano.

Portanto, o cristianismo, em sua gênese cultural, não se confunde com o judaísmo, do qual recolheu mitos e conteúdos éticos, mas tampouco se confunde com o helenismo, no qual buscou sua estrutura racional e também a substância das especulações éticas formuladas desde Sócrates. A religião cristã é o resultado dialético desses elementos, a produzir um sistema religioso que não consiste na soma de seus fatores, mas numa totalidade inteiramente nova. Ao congregar judaísmo e helenismo, o cristianismo não é um, nem outro, mas um universal que assume e supera a dualidade e as contradições das culturas que integra.

Por esta razão, o nome que foi progressivamente assumindo, Catolicismo, representa seu caráter essencial. Afinal, a palavra católico deriva do grego χαθολιχοζ (*katholikos*), que significava universal. E é justamente esta universalidade a essência da nova religião.

No entanto, não podemos olvidar que, do mito cristão, originado em meio ao judaísmo, surgiram vários cristianismos, cada qual por meio de suas próprias sínteses culturais. À interpretação que se dava à mensagem de Jesus Cristo eram incorporados elementos culturais dos vários locais para onde fora difundida.

Nos primeiros séculos da nova religião, não podemos falar de uma única Igreja cristã. No início, era inevitável que a Igreja se expandisse

---

11 MARCONDES, Danilo. *Iniciação à História da Filosofia; Dos pré-socráticos a Wittgenstein.* 4ª ed. Rio de Janeiro: Zahar, 1997, p. 105.

Os fundamentos éticos da cultura jurídica ocidental   203

não como um movimento uniforme, mas como um conjunto de heterodoxias. Desse modo, havia inúmeras variações do cristianismo, com pouco em comum além de serem centradas na crença da ressurreição de Jesus, encarnação humana do filho de Deus.[12]

Na Palestina havia um judaísmo cristão (ou cristianismo judeu) que não conseguira transpor os limites da religião judaica, mantendo-se fiel aos seus ritos e mandamentos éticos. Eram seguidores da mensagem do Cristo, mas se limitavam a interpretá-la nos limites do judaísmo.

A própria Igreja cristã de Jerusalém, construída nesse contexto fortemente judaico, tendia a um retorno ao judaísmo. Seus líderes defendiam a permanência dos antigos ritos e uma observância mais estrita da lei mosaica, não obstante o primeiro concílio do cristianismo, realizado em Jerusalém no ano 49 d.C., houvesse decidido pela ruptura com a antiga religião.[13]

De outro lado, Paulo defendia o mito universal do Cristo, o salvador da humanidade e não apenas dos judeus. Esses, apegados à ideia de que haviam sido eleitos como o povo do Deus verdadeiro e único, não podiam admitir em sua congregação religiosa os não eleitos.[14] Paulo, ao

---

12   Segundo Johnson: "Cada Igreja tinha sua própria 'história de Jesus', e todas haviam sido fundadas por um membro do bando original, que passara a tocha adiante para um sucessor designado, e assim por diante". JOHNSON, *História do Cristianismo, cit.*, p. 59. O grupo original a que se refere Johnson é composto pelos apóstolos e seguidores de Jesus, testemunhas de suas mensagens e seus feitos.

13   JOHNSON, *História do Cristianismo, cit.*, p. 12.

14   O mito do "povo eleito" é claramente descrito na seguinte passagem bíblica: "Porque tu és um povo consagrado ao Senhor teu Deus. O Senhor teu Deus te escolheu para seres um povo particular, entre todos os povos que há na terra. Não *(foi)* porque excedêsseis em número todas as nações, que o Senhor se uniu a vós menos em número do que todos os outros povos, mas foi porque o Senhor vos amou e guardou o juramento que tinha feito a vossos pais". DEUTERONÔMIO 7, 6-8. O juramento a que se refere esta passagem é o feito por Deus a Abraão, depois renovado a Isaac e Jacó (Israel), de uma posteridade numerosa e da posse das terras que lhes seria indicada, a "terra

204 MARCELO MACIEL RAMOS

contrário, insistia na construção de uma religião universal e defendia a sua pregação para os não judeus.

O embate estabelecido entre estas duas principais perspectivas terminou com a devastação de Jerusalém pelos romanos entre os anos 66 e 70,[15] o que promoveu a transferência do centro irradiador da nova religião para Roma. Essa mudança permitiu a ruptura definitiva com o judaísmo e a construção do cristianismo sob as perspectivas helênicas, sob o comando, no seu primeiro século, de Paulo de Tarso.

Nesse mesmo sentido, a propósito da destruição de Jerusalém, ensina Johnson que:

> O centro de gravidade do cristianismo deslocou-se para Roma; e o vácuo teológico deixado pela extinção da Igreja de Jerusalém foi preenchido pelo sistema paulino. Seguiu-se uma série de reajustes. O Cristo de Paulo não fora ancorado no Jesus histórico da Igreja de Jerusalém. Isso foi remediado por Marcos, que escreveu a primeira biografia de Jesus, apresentando-o como uma divindade. Lucas, em seu evangelho e seus Atos, completou a cirurgia plástica dando ao tronco decapitado do Jesus de Jerusalém uma cabeça paulina.[16]

---

prometida", cujos limites são estabelecidos nas seguintes passagens: "Naquele dia, fez o Senhor aliança com Abrão, dizendo: Eu darei à tua descendência esta terra, desde o rio do Egito, até ao grande rio Eufrates". GÊNESIS 15, 18. "Fixarei os teus limites desde o mar Vermelho até ao mar dos filisteus, e desde o deserto até ao rio; entregarei nas vossas mãos os habitantes do país, e os expulsarei da vossa vista. Não farás aliança com eles, nem com os seus deuses". ÊXODO 23, 31-32. Mais adiante, estes limites são detalhados em NÚMEROS 34, 3-12.

15 JOHNSON, *História do Cristianismo, cit.*, p. 59. A destruição da cidade e do Templo foi a solução encontrada por Roma para calar o acirramento da revolta contra o seu domínio sobre a região.

16 JOHNSON, *História do Cristianismo, cit.*, p. 57.

Os fundamentos éticos da cultura jurídica ocidental   205

É verdade que o cristianismo herdou da tradição judaica, além da noção de um Deus único transcendente, o seu mito de criação do mundo, narrado no primeiro livro da *Torah*.[17] Além disso, acolheu alguns dos seus preceitos éticos, na medida de sua compatibilidade com a nova mensagem do Cristo. Por fim, fundamentou a própria divindade de Jesus, seu mito central, a partir dos elementos descritos pelas profecias messiânicas, contidas nos livros sagrados dos judeus,[18]

---

17 A *Torah* (a lei) corresponde, na tradição cristã, ao Pentateuco, do grego *Pentateuchos* (obra em cinco tomos). Ocupa o primeiro lugar dentre os livros do Antigo Testamento. Compõe-se dos seguintes livros: Gênesis, Êxodo, Levítico, Números e Deuteronômio. Conforme magistral síntese do Pe. Matos Soares, "o Gênesis narra as origens do universo e do gênero humano até à formação paulatina do povo de Israel na sua estada no Egito. O Êxodo narra a saída dos israelitas do Egito, conduzidos por Moisés aos pés do Sinai, para aí receberem de Deus a sua lei religiosa e civil e se constituírem, por meio de um pacto sagrado ('testamento'), em peculiar 'povo de Deus (Javé)'. O Levítico regula o culto religioso à maneira de ritual, dirigido especialmente aos levitas que formavam o clero consagrado ao serviço do santuário. Os Números recebem o nome dos recenseamentos do povo contidos na primeira parte, estendendo-se, depois, em referir fatos e providências legislativas correspondentes a cerca de quarenta anos de vida nômade no deserto da península sinaítica. No Deuteronômio, ou segunda lei, emanada pelo fim da jornada no deserto, Moisés retoma a legislação precedente para adaptá-la às novas condições de vida sedentária, em que o povo viria a se encontrar com a conquista do Palestina". SOARES, Matos. *O Pentateuco. In* BÍBLIA SAGRADA, *cit.*, p. 19.

18 A propósito, eis algumas profecias, narradas no Antigo Testamento, sob as quais se fundou o mito do Cristo: "O cetro não será tirado de Judá, nem o príncipe de sua descendência, até que venha aquele que deve ser enviado. E ele será a expectação das nações". GÊNESIS 49, 10. "Uma virgem conceberá e dará à luz um filho e o seu nome será Emanuel. Ele comerá manteiga e mel, até que saiba rejeitar o mal e escolher o bem". ISAÍAS 7, 14-15. "Porquanto um menino nasceu para nós, um filho nos foi dado e foi posto o principado sobre o seu ombro; e será chamado Admirável, Conselheiro, Deus forte, Pai do século futuro, Príncipe de paz. O seu Império se estenderá cada vez mais e a paz não terá fim; sentar-se-á sobre o trono de Davi e sobre o seu reino, para o firmar e fortalecer pelo direito e pela justiça, desde agora e para sempre; fará isto o zelo do Senhor dos exércitos". ISAÍAS 9, 6-7. "Verdadeiramente ele foi o que tomou sobre si as nossas fraquezas, ele mesmo carregou com as nossas dores; nós o

206 MARCELO MACIEL RAMOS

os quais foram, inclusive, adotados como parte da Bíblia cristã, sob o título de Antigo Testamento.

Todavia, há que se ter claro que **não foi a tradição judaica que forneceu ao cristianismo a noção do Deus universal**, comum a toda humanidade. Afinal, o Deus judeu, Javé (*Iahweh*), havia escolhido os hebreus[19] para estabelecer uma aliança exclusiva, que implicava na negação dos outros povos. Desse modo, em troca da fidelidade de culto e da observância da lei revelada, prometera-lhes uma posteridade numerosa e a posse das terras de Canaã,[20] através da sua intervenção

---

reputamos como um leproso, como um homem ferido por Deus e humilhado. Mas foi ferido por causa das nossas iniquidades, foi despedaçado por causa dos nossos crimes". ISAÍAS 53, 4-5.

19 Os termos hebreu, israelita e judeu sucedessem-se historicamente na narrativa bíblica. A palavra *hebreu* deriva de Heber, que conforme a genealogia exposta no Gênesis, é o ascendente comum deste povo. Desse modo em linha descendente temos desde Adão, o primeiro homem, até Abraão, o pai da nova religião: Adão, Set, Enós, Cainan, Malaleel, Jared, Henoc, Matusalém, Lamec, Noé, Sem, Arfaxad, Salé, **HEBER**, Faleg, Reu, Sarug, Nacor, Tare e Abrão. GÊNESIS 5, 1-30 e GÊNESIS 11, 10-25. Os *israelitas* são os descendentes de **ISRAEL**, nome atribuído por Deus a Jacó, quando da renovação da aliança. "Não te chamarás mais Jacó, mas teu nome será Israel. E chamou-o Israel; E disse-lhe: Eu sou o Deus onipotente; cresce e multiplica-te; nações e multidões de povos nascerão de ti, de ti procederão reis. Dar-te-ei a ti e à tua posteridade depois de ti a terra que dei a Abraão e Isaac". GÊNESIS 35, 10-12. A propósito, a descendência dos doze filhos de Jacó (RÚBEN, SIMEÃO, LEVI, JUDÁ, ZABULÃO, ISSACAR, DAN, GAD, AZER, NEFTALI, JOSÉ e BENJAMIM. GÊNESIS 49, 28) formará as doze tribos de Israel. Por fim, o termo *judeu* deriva do nome de uma das doze tribos, a tribo de JUDÁ, que por determinação divina, teria o domínio sobre as demais. É desta tribo o rei Davi, do qual, segundo o mito, descende Jesus Cristo. "Depois da morte de Josué os filhos de Israel consultaram o Senhor, dizendo: Quem marchará à nossa frente contra o cananeu e será o nosso chefe na guerra? E o senhor disse: Marchará Judá". Cf. JUÍZES 1, 1-2. "Foram os homens de Judá e ungiram ali Davi, para reinar sobre a casa de Judá". Cf. II SAMUEL 2, 4. A genealogia de Jesus está descrita em MATEUS 1, 1-17.

20 A **aliança de Javé com Abraão** está descrita no Gênesis: "E Deus disse-lhe: Eu sou, e a minha aliança (*será*) contigo, e tu serás pai de muitas gentes. E não mais serás chamado com o nome de Abrão, mas chamar-te-ás Abraão. Eu te farei crescer (*na*

direta, na luta e expulsão dos infiéis que ali viviam, com os quais não deveriam se misturar.[21]

Destarte, a perspectiva universal que fora impressa ao mito do Cristo por Paulo de Tarso, a qual fora difundida pelo Império romano, era uma perspectiva essencialmente grega. Ao desenvolver, a partir da mensagem de Jesus, a noção de um Deus universal, senhor de todos os homens, princípio de tudo, Paulo, ao lado de alguns evangelistas, apresentava ao mundo ocidental uma novidade sem precedentes.

Os estoicos haviam chegado a desenvolver a ideia de um λογοζ (*logos*) divino universal, entendido como o artífice de tudo. Todavia, tratava-se, no estoicismo, de um princípio imanente, distinto da perspectiva pessoal e transcendente contida no Deus judaico, a qual fora herdada pelo cristianismo.

---

sua posteridade) extraordinariamente, e te farei chefe das nações, e de ti sairão reis. E estabelecerei a minha aliança entre mim e ti, e entre a sua descendência depois de ti no decurso das gerações, por um pacto eterno; para que eu seja o teu Deus, e da tua descendência depois de ti. Darei a ti e à tua posteridade a terra da tua peregrinação, toda a terra de Canaã, em possessão eterna, e serei o seu Deus". GÊNESIS 17, 4-8. A propósito, a circuncisão representa o sinal dessa aliança: "Eis o meu pacto, que haveis de guardar entre mim e vós, e a tua posteridade depois de ti: Todos os homens entre vós serão circuncidados; circuncidareis a carne do vosso prepúcio, para que seja o sinal da aliança entre mim e vós". GÊNESIS 17, 10-13.

21 "Se ouvires a sua voz [do anjo do Senhor], e fizeres tudo o que te digo, eu serei inimigo dos teus inimigos, e afligirei os que te afligem. O meu anjo caminhará adiante de ti, e te introduzirá na terra dos amorreus, dos heteus, dos ferezeus, dos cananeus, dos heveus e dos jebuseus, os quais eu exterminarei". ÊXODO 23, 22-23. "Não caminheis segundo os costumes das nações que eu estou para expulsar da vossa vista, porque fizeram todas estas coisas e eu as abominei". LEVÍTICO 20, 23. "O Senhor disse a Moisés: Ordena aos filhos de Israel e dize-lhes: Quando tiverdes passado o Jordão, entrando na terra de Canaã, exterminai todos os habitantes daquele país; [...] Se vós não quiseres matar os habitantes do país, os que ficarem serão para vós como pregos nos olhos, e lanças nas ilhargas, e opor-se-ão a vós na terra da vossa habitação". NÚMEROS 33, 50-55.

Nada obstante, o Deus único judaico, apesar da novidade ética que representava, não teria serventia para o mundo greco-romano, uma vez que estava diretamente identificado com o povo judeu.

Portanto, é a perspectiva universalista de Paulo que fundou os alicerces da religião cristã, orientando a construção da sua doutrina e da Igreja católica, que com a destruição do templo de Jerusalém, transfira-se para Roma.

De Roma, o novo mito foi rapidamente disseminado pelo Império, carente de uma religião universal que congregasse as diversidades de uma organização política pretensamente mundial.

A rápida difusão da crença cristã estava diretamente relacionada com o declínio da vitalidade do helenismo. A religião greco-romana consistia em uma série de cultos e demonstrações públicas de medo, respeito e gratidão para com os deuses e heróis de suas cidades-Estado. Com o desmantelamento da estrutura da *polis*, a partir da criação de um Império helênico por Alexandre, e mais tarde de um Império romano, o cidadão antigo não mais se encontrava diretamente envolvido no governo e na religião da cidade. A religião pública através da qual o indivíduo se integrava na comunidade, identificando-se imediatamente com a *polis*, havia tido seu conteúdo esvaziado, diante das novas referências políticas. Restava-lhe rituais públicos vazios de significados e a alternativa de buscar em um ente transcendente a essência perdida.

Desse modo, o cristianismo, passado o primeiro momento de repúdio e perseguição, apresentava-se como uma alternativa atraente para um império mundial com dificuldades em manter suas possessões sobre regiões que não se identificavam com a religião antiquada e particularizada do mundo greco-romano. Cada localidade cultuava seus próprios deuses e, em muitos casos, essas crenças particulares entravam em choque com a religião oficial do Império, apesar de sua peculiar tolerância para com elas.

O imperador Constantino parece ter sido o primeiro a dar-se conta das vantagens apresentadas pelo cristianismo. A crença em um Deus universal, se identificada com um Império que se pretendia mundial, poderia promover uma sobrevida à decadência de Roma. Justificar a autoridade imperial por concessão de um Deus ecumênico era mais adequado do que fazê-lo sustentando-se em deuses locais, desconhecidos nos confins do Império.

Além disso, conforme ensina Johnson:

> A verdade é que, no decorrer das operações anticristãs, em larga escala da segunda metade do século III, o Estado foi forçado a admitir que seu inimigo mudara e tornara-se um aliado em potencial. Na longa batalha pela suspensão da clivagem interna, pela codificação de sua doutrina e expansão de suas fronteiras, o cristianismo havia se tornado, sob vários aspectos impressionantes, uma imagem do próprio império. Era católico, universal, ecumênico, ordenado, internacional, multirracial e cada vez mais legalista.[22]

Dessa maneira, Constantino dá o primeiro passo para incorporação oficial do cristianismo pelo Império romano através do Edito de Milão, no ano 313, que impunha a tolerância aos cristãos.[23]

Entretanto, Constantino não estava preocupado com a verdade doutrinária do cristianismo. O que lhe atraiu foi o crescente poder acumulado pelo alto clero da Igreja, que dispunha de uma rica organização

---

22 JOHNSON, *História do Cristianismo, cit.*, p. 93.

23 Nesse sentido, Johnson afirma que: "O assim chamado 'Edito de Milão', por meio do qual o Império romano inverteu sua política de hostilidade para com o cristianismo e concedeu-lhe pleno reconhecimento legal, foi um dos acontecimentos decisivos da história mundial". JOHNSON, *História do Cristianismo, cit.*, p. 83.

210   MARCELO MACIEL RAMOS

administrativa e de uma força espetacular sobre o comportamento de uma imensa massa de crentes.[24]

Constantino, ao admitir o cristianismo, pôde controlar a política eclesiástica e o estabelecimento da ortodoxia da Igreja, tendo chegado a presidir o Concílio de Niceia no ano 325, um dos mais importantes da Igreja cristã, no qual foram definidas as crenças e as doutrinas centrais da religião.[25]

A partir de Constantino, a cristianização da civilização greco-romana acelerara-se. Poucas décadas depois, a situação de perseguição,

---

24 JOHNSON, *História do Cristianismo, cit.*, p. 107-108.

25 Nesse concílio foi estabelecido o credo central do cristianismo, revisado em 381 no Concílio de Constantinopla. Por esta razão ele é conhecido como **CREDO NICENO-CONSTANTINOPOLITANO**, ainda hoje aceito pela Igreja Católica Apostólica Romana, pela Igreja Ortodoxa, pela Igreja Anglicana e por algumas Igrejas Protestantes. Seu conteúdo, conforme versão oficial da Santa Sé, é o seguinte: "Creio em um só Deus, Pai todo-poderoso, Criador do Céu e da Terra, de todas as coisas visíveis e invisíveis. Creio em um só Senhor, Jesus Cristo, Filho Unigenito de Deus, nascido do Pai antes de todos os séculos: Deus de Deus, luz da luz, Deus verdadeiro de Deus verdadeiro; gerado, não criado, consubstancial ao Pai. Por Ele todas as coisas foram feitas. E por nós homens e para nossa salvação desceu dos Céus. E encarnou pelo Espírito Santo, no seio da Virgem Maria, e se fez homem. Também por nós foi crucificado sob Pôncio Pilatos; padeceu e foi sepultado. Ressuscitou ao terceiro dia, conforme as Escrituras; e subiu aos Céus, onde está sentado à direita do Pai. De novo há de vir em sua glória para julgar os vivos e os mortos; e o seu Reino não terá fim. Creio no Espírito Santo, Senhor que dá a vida, e procede do Pai e do Filho; e com o Pai e o Filho é adorado e glorificado: Ele que falou pelos profetas. Creio na Igreja una, santa, católica e apostólica. Professo um só Batismo para a remissão dos pecados. E espero a ressurreição dos mortos e a vida do mundo que há-de vir. Ámé,". CATECISMO DA IGREJA CATÓLICA. *Compêndio.* Vaticano: Libreria Editrice Vaticana, 2005. In: http://www.vatican.va/archive/compendium_ccc/documents/archive_2005_compendium-ccc_po.html#A%20DIGNIDADE%20DA%20PESSOA%20HUMANA (acesso: janeiro de 2007).

Os fundamentos éticos da cultura jurídica ocidental   211

vivida pelos cristãos até então,[26] fora invertida com Constantino II, que promulgou a primeira lei antipagã em 341.[27] E, em 392, com Teodósio I, a nova fé torna-se, enfim, a religião oficial do Império.[28]

Todavia, é importante perceber que nesse ínterim o próprio mito cristão já havia sido moldado pelas perspectivas greco-romanas, e a Igreja cristã de Roma estava, inclusive, se organizando internamente à semelhança do Império.

Conforme anota Paul Johnson, com o tempo, a Igreja cristã foi se transformando num fenômeno tão temporal quanto espiritual, com suas próprias tradições, propriedades, interesses e hierarquias. Além disso, diferentemente do judaísmo, ela não possuía aspirações nacionais incompatíveis com o Império, era universalista e multirracial. Suas concepções e estruturas, à imagem do próprio Império, agora se adequavam aos interesses e necessidades de Roma.

A propósito ensina o autor que:

> A partir do século II, a Igreja Católica, como cada vez mais se autodenominava, enfatizava sua universalidade, sua uniformidade linguística e cultural, sua transcendência geográfica e racial – em suma, sua identidade de objetivos com o império.[29]

---

26 Segundo Johnson não houve perseguição sistemática aos cristãos até a segunda metade do século II. O que se tinha era um grande preconceito e marginalização dos novos cristãos e, eventualmente, episódios isolados de violência. Apenas com o Imperador Décio, por volta do ano 250, inicia-se um política oficial de repressão à nova religião. Cf. JOHNSON, *História do Cristianismo, cit.*, p. 89-91.

27 JOHNSON, *História do Cristianismo, cit.*, p. 118.

28 JOHNSON, *História do Cristianismo, cit.*, p. 83-93.

29 JOHNSON, *História do Cristianismo, cit.*, p. 105.

MARCELO MACIEL RAMOS

E adiante completa:

> O cristianismo estava mudando para satisfazer a opinião pública. No século II, a Igreja havia adquirido os elementos de organização eclesiástica; no século III, criou uma estrutura intelectual e filosófica; e, no IV, especialmente na segunda metade, edificou um personagem público dramático e impressionante: começou a pensar e agir como uma Igreja estatal.[30]

Desse modo, a religião cristã apresentava-se como a religião universal de que necessitava o mundo greco-romano para preencher o seu vácuo teológico. Afinal, desde as pregações de Paulo no século I da então instaurada era cristã até a oficialização da religião pelo Império no século IV, a Igreja, fundada no humanismo da mensagem de Jesus, havia se esforçado intensamente para se adequar ao mundo ocidental, que à época materializava-se sob a forma do Império romano.

Com o fim inevitável do Império no século VI, a Igreja cristã, que já havia impregnado todo o seu domínio, tendo, ao mesmo tempo, se embebido dele, assumira o compromisso de manter unida, senão sob uma única organização política, ao menos sob a mesma crença e identidade cultural, o que viria a ser a civilização ocidental.

O *ethos* judaico

Na *Torah*, recebida pelo cristianismo sob o título de *Pentateuco*, podemos encontrar a essência da Ética judaica. Nela está narrada a história dos judeus desde a criação do mundo por Deus, passando pela emigração dos hebreus para o Egito, onde foram escravizados e de

---

30 JOHNSON, *História do Cristianismo, cit.*, p. 121.

Os fundamentos éticos da cultura jurídica ocidental   213

onde Moisés os teria conduzido através da lendária travessia do Mar Vermelho rumo à terra prometida.[31] A história do êxodo do Egito é marcada por uma longa peregrinação, na qual os fundamentos do judaísmo são estabelecidos por revelação divina a Moisés.

Os dez mandamentos, ou o *decálogo*, que representam o cerne do código ético dos judeus, no qual estão contidos os seus preceitos mais importantes, estão descritos nos livros do Êxodo e no Deuteronômio. Segundo a narrativa bíblica, eles foram escritos em duas tábuas pelo próprio dedo de Deus e entregues a Moisés para que os ensinasse ao seu povo.[32] O conteúdo das tábuas, conforme apresentado no Êxodo, é o seguinte:

> 1) "Não terás outros deuses diante de mim"; 2) "Não farás para ti imagens de escultura, nem figura alguma do que há em cima no céu, e do que há em baixo na terra, nem do que há nas águas debaixo da terra. Não adorarás tais coisas, nem lhes prestará culto"; 3) "Não tomarás o nome do Senhor teu Deus em vão"; 4) "Lembra-te de santificar o dia de sábado. Trabalharás durante seis dias, e farás neles todas as suas obras. O

---

31 "Tendo Moisés estendido a mão sobre o mar, o Senhor, soprando toda a noite um vento forte e ardente, o retirou e secou; e a água dividiu-se. Os filhos de Israel entraram pelo meio do mar enxuto; porque a água estava como um muro à direita e à esquerda deles." Êxodo 14, 21-22.

32 "O Senhor disse a Moisés: Sobe para mim ao monte, e deixa-te estar aí; eu te darei as tábuas de pedra, a lei e os mandamentos, que escrevi, para lhos ensinares. […] Tendo Moisés subido, a nuvem cobriu o monte, e a glória do Senhor pousou sobre o Sinai, cobrindo-o com a nuvem durante seis dias; e, ao sétimo dia, Deus chamou Moisés no meio da escuridão (da nuvem). Ora o aspecto da glória do Senhor era como um fogo ardente sobre o cimo do monte, à vista dos filhos de Israel. E, entrando Moisés pelo meio da nuvem, subiu ao monte; e lá esteve quarenta dias e quarenta noites". Êxodo 24, 12-18. "O Senhor deu a Moisés duas tábuas de pedra do testemunho, escritas pelo dedo de Deus." Êxodo 31, 18.

sétimo dia, porém, é o sábado do Senhor teu Deus; não farás nele obra alguma"; 5) "Honra teu pai e tua mãe, a fim de que tenhas uma vida dilatada sobre a terra que o Senhor teu Deus te dará"; 6) "Não matarás"; 7) "Não cometerás adultério"; 8) "Não furtarás"; 9) "Não dirás falso testemunho contra o teu próximo"; 10) "Não cobiçarás a casa do teu próximo; não desejarás a sua mulher, nem o seu servo, nem a sua serva, nem o seu boi, nem o seu jumento, nem coisa alguma que lhe pertença".[33]

Temos, pois, que o pressuposto basilar da religião judaica é o monoteísmo, ou seja, a crença de que há apenas um único Deus verdadeiro, que é o criador de tudo, razão pela qual ele deve ser amado e obedecido fielmente, e nada além dele deve ser objeto de veneração.

Dessa exclusividade de culto, a resumir numa só figura divina todo o sentido da vida, decorre o dever fundamental do judeu de devotar ao seu Deus todo o seu ser. Afinal, é ele o senhor onipotente, a quem se deve todas as coisas, a começar pela vida.

Nesse sentido, temos no Deuteronômio, logo após a repetição do decálogo, a imposição do dever supremo de amar a Deus:

> Amarás ao Senhor teu Deus de todo o teu coração, e de toda a tua alma, e com toda a tua força. E estas palavras, que hoje eu te intimo, estarão *(gravadas)* no teu coração; e tu as ensinarás a teus filhos, e as meditarás sentado em tua casa, e andando pelo caminho, e estando no leito, e ao levantar-te.[34]

---

33 ÊXODO 20, 3-17. Estes mandamentos são reafirmados no DEUTERONÔMIO 5, 6-21.

34 DEUTERONÔMIO 6, 5-7.

Os fundamentos éticos da cultura jurídica ocidental   215

Outra faceta peculiar da religião judaica está no caráter vigilante e vingativo do seu Deus, o qual, como soberano de toda vida, dispõe dela como bem entender.[35] Desse modo, dita a forma como seus fiéis devem se comportar, submetendo-lhes a ameaças terríveis para evitar a desobediência.[36]

A relação entre Deus e homem no judaísmo é caracterizada, pois, por uma servilidade extremada, na qual este último, diante de sua fragilidade, nada pode. Desse modo, não lhe resta alternativa senão subordinar-se completamente ao *todo-poderoso*, cumprindo estritamente seus preceitos, a fim de conquistar sua graça e evitar sua ira.

Com isso, o judeu recolhe-se à passividade de suas preces, atribuindo a Deus toda realização bem-sucedida e recebendo a culpa por toda mazela, a qual não é mais que a punição divina pelo descumprimento da Lei.

Além disso, os próprios preceitos que regulam a vida humana não contam com nenhuma participação do homem na sua elaboração. Nesse sentido, esclarece Ronie Alexsandro Teles da Silveira que na perspectiva judaica:

---

35 Nesse sentido, comenta Harold Bloom: "A fúria de Javé costumava ser súbita e arbitrária". BLOOM, *Jesus e Javé, cit.*, p. 158. "Javé é um admoestador, e não um mestre." BLOOM, *Jesus e Javé, cit.*, p. 163.

36 "Se obedeceres à voz do Senhor teu Deus, fizeres o que é reto diante dele, obedeceres aos seus mandamentos e guardares todos os seus preceitos, eu não mandarei sobre ti nenhuma das enfermidades que mandei contra o Egito, porque eu sou o Senhor que te sara." ÊXODO 15, 26. "Se, porém, me não ouvirdes e não observardes todos os meus mandamentos, se desprezardes as minhas leis [...] Baldadamente semeareis a vossa semente, a qual será destruída pelos vossos inimigos. Porei a minha face contra vós, caireis diante dos vossos inimigos e sereis sujeitos aos que vos aborrecem; [...] O vosso trabalho será baldado, a terra não dará os seus produtos nem as árvores darão frutos. [...] Se nem ainda assim quiserdes corrigir-vos, mas andares ao contrário de mim, também eu procederei contra vós, e vos ferirei sete vezes mais, por causa dos vossos pecados. Farei cair sobre vós a espada vingadora da minha aliança." LEVÍTICO 26, 14-25.

216 MARCELO MACIEL RAMOS

A sociedade é organizada diretamente pelo arbítrio de Deus. Não são os homens que forjam, enquanto um conjunto de consciências singulares, uma estrutura política e uma constituição para regularem a sua existência. Os homens recebem a Lei de Deus, portanto, todos os seus direitos e deveres são relativos a ele. Deus é o princípio imediato da Moralidade e da Eticidade judaicas.[37]

Por fim, vale anotar o forte materialismo que caracteriza o judaísmo. Os seus mandamentos não contêm um conteúdo espiritual, mas referem-se sempre a ação exterior, que deve observar uma infinidade de ritos dirigidos às coisas cotidianas. O fim da ação moral, isto é, aquela que se conforma à Lei divina, alberga, do mesmo modo, bens materiais, dentre os quais se destacam, conforme se depreende da leitura do Antigo Testamento, a possessão das terras prometidas e a fertilidade, a proporcionar aos judeus uma descendência numerosa.[38]

Nesse sentido, explica Ronie Silveira que:

> Os mandamentos possuem como conteúdo aspectos não espirituais; eles versam somente acerca da forma de comportamento exterior que o crente deve possuir. Um índice dessa exterioridade é o fato de que, da mesma forma que o conteúdo dos mandamentos, também o castigo para a desobediência à Lei possui um aspecto

---

37 SILVEIRA, Ronie Alexsandro Teles da. *Judaísmo e Ciência Filosófica em G. W. F. Hegel.* Santa Cruz do Sul: EDUNISC, 2001, p. 56-57.

38 "E multiplicarei a tua descendência como as estrelas do céu; e darei à tua posteridade todas estas regiões." GÊNESIS 26, 4. "Eu te abençoarei, e multiplicarei a tua descendência, por causa do meu servo Abraão." GÊNESIS 26, 24. "Eu sou o Senhor Deus de Abraão, teu pai, e Deus de Isaac; darei a ti e à tua descendência a terra em que dormes. A tua posteridade será como o pó da terra." GÊNESIS 28, 13-14.

Os fundamentos éticos da cultura jurídica ocidental   217

exterior, ele é somente uma perda da possessão exterior ou a redução e a diminuição dessa possessão exterior. Toda necessidade material, toda ameaça à sobrevivência ou a ausência de posses são sentidas como castigo divino e devem ser evitados não somente por si mesmos, mas também por esse significado religioso que possuem: sinais da ira de Deus com relação a um pecador. Como percebemos facilmente em Jó, o castigo é a perda do território, da garantia exterior de sobrevivência e dos bens materiais. Por outro lado, o sofrimento vinculado a essa perda é sempre interpretado como sinal da ira divina e, portanto, como uma evidência do pecado ou da desobediência à Lei.[39]

Vale anotar a pertinente crítica de Harold Bloom à recepção do legado judaico pelo universo cristão, visto que as formulações teológicas gregas e as memórias da experiência hebraica seriam, conforme o autor, simplesmente, antitéticas.[40] Eis o problema a ser enfrentado pelos teólogos cristãos.

O *ethos* cristão

O cerne da Ética cristã funda-se na pregação de Jesus de Nazaré, a qual fora narrada por vários evangelistas, dos quais a Igreja cristã reconheceu apenas quatro – *Mateus, Marcos, Lucas e João*–,[41] cujos livros

---

39 SILVEIRA, *Judaísmo e Ciência Filosófica em G.W. F. Hegel, cit.*, p. 54-55.

40 BLOOM, *Jesus e Javé, cit.*, p. 270.

41 Estes são, pois, os *Evangelhos canônicos*. No entanto, existem outros Evangelhos de autoria desconhecida ou duvidosa, ditos apócrifos, que fazem relatos da vida de Jesus, como o Evangelho de Tomé, o de Pedro, o dos Hebreus, o Evangelho árabe da infância de Jesus, dentre outros. Cf. RENAN, *Vida de Jesus, cit.*, p. 450. Quanto à autoria dos evangelhos canônicos, conforme Paul Johnson, Marcos teria sido

compõem a primeira parte do Novo Testamento. A eles seguem os *Atos dos Apóstolos*, cuja autoria é atribuída ao terceiro evangelista, Lucas, nos quais são estabelecidos a organização e os dogmas primordiais da nova Igreja, bem como a primazia de Pedro, o apóstolo pioneiro, e de Paulo, o líder intelectual.[42] A eles sucedem as *Epístolas de Paulo*, as quais, sozinhas, constituem um terço de todos os escritos do Novo Testamento,[43] albergando uma profunda e vasta doutrina teológica e moral, que busca explicitar e desenvolver os ensinamentos do Cristo. Seguem, ainda, algumas epístolas de Tiago, Pedro, João e Judas Tadeu, e, por fim, o *Apocalipse*, de João.

---

discípulo de Pedro, um dos apóstolos mais próximos de Jesus, e o teria acompanhado em suas pregações, escrevendo após a morte do mestre seu Evangelho, compilando os acontecimentos e teologias por ele narrados. Lucas pertencia à escola gentílica de Paulo e, Mateus, à vertente judaica da Igreja de Jerusalém. Ambos teriam trabalhado a partir do Evangelho de Marcos. Já o Evangelho de João não apresenta nenuhma ligação com os três primeiros evangelistas, ditos sinópticos; tem um cunho teológico mais forte do que os outros e uma forte conexão com as epístolas paulinas e com a tradição apocalíptica judaica. Cf. JOHNSON, *História do Cristianismo, cit.*, p. 37. Todavia, há, ainda, os que atribuem a Mateus, um dos doze apóstolos de Jesus, a autoria do primeiro Evangelho, que teria escrito em aramaico para os judeus da Palestina, servindo de base para Marcos e Lucas. O Evangelho de João é o que desperta mais controvérsias. Alguns acreditam tratar-se do próprio apóstolo João, filho de Zebedeu, pois a riqueza de detalhes só poderia ter sido narrada por uma testemunha ocular dos fatos. Outros entendem tratar-se de discursos fictícios e que teriam sido escritos por volta do ano 100. Cf. RENAN, *Vida de Jesus, cit.*, p. 23 e 444. Segundo Harold Bloom, a provável ordem cronológica em que aparecem o que chama de "sete versões de Jesus" seria a seguinte: Paulo, Marcos, Mateus, Lucas e Atos, Tiago, João, e o Apocalipse. Cf. BLOOM, *Jesus e Javé, cit.*, p. 55. A propósito, vale anotar que a palavra evangelho deriva da palavra grega ευαγγελιον (*evangelion*), que significa "boa-nova". Cf. BATTAGLIA, O. *Introdução aos Evangelhos:* Um Estudo Histórico-crítico. Rio de Janeiro: Vozes, 1984, p. 19.

42 SOARES, Matos. *Introdução aos Atos dos Apóstolos.* In: BÍBLIA SAGRADA, *cit.*, p. 1182-1183.

43 BLOOM, *Jesus e Javé, cit.*, p. 72.

O cristianismo funda-se numa noção absolutamente original da divindade. O Deus cristão, ao contrário do judeu,[44] é um **Deus amoroso e misericordioso**, que espraia sobre a humanidade sua suprema benevolência, perdoando gratuitamente o pecado humano. Prova disso está no fato d'Ele ter enviado ao mundo seu filho unigênito, Jesus Cristo, encarnação do seu próprio Espírito, para libertar o homem do sofrimento, propondo-lhe uma *nova aliança, baseada no amor e na fé*.

É nesse sentido o testemunho do evangelista João:

> Porque Deus amou ao mundo de tal maneira que deu o seu Filho unigênito, para que todo o que nele crê não pereça, mas tenha vida eterna. Porquanto Deus enviou o seu Filho ao mundo, não para que julgasse o mundo, mas para que o mundo fosse salvo por ele.[45]

Desse modo, a salvação humana apresentava-se como uma oferta graciosa de Deus, que reclamava apenas a adesão espiritual à sua palavra, proferida pelo Cristo.

Ensinam Boehner e Gilson que:

> Em Cristo, manifestou-se a infinita caridade e a grande misericórdia de Deus. Qual Pai amoroso, apiedou-se dos seus filhos caídos, indo ao extremo de enviar-lhes o seu Filho Unigênito. Não é a multidão das ofensas que fixa os limites do seu amor, mas unicamente a soberba e a presunção humanas. Seu amor não exclui senão a quem voluntariamente lhe recusa os dons. Deus

---

44 "O cristianismo troca Javé por um Deus Pai benevolente [...] Essa lacuna entre Javé e o Deus Pai da Trindade é mais uma demonstração de que o judaísmo não é o progenitor do cristianismo". BLOOM, *Jesus e Javé, cit.*, p. 194.

45 JOÃO 3, 16-18.

> se antecipa ao homem e não lhe pede senão que, reconhecendo humildemente a sua insuficiência, fraqueza e pecaminosidade, busque refúgio em Deus e pague o amor com amor.[46]

Com isso, operava-se uma transformação radical dos pressupostos da religião cristã em relação ao judaísmo. Antes, a salvação consistia, conforme vimos, numa recompensa divina de caráter material (possessões de terra e descendência numerosa), em troca da observância estrita de preceitos éticos revestidos de um rigor formal, que acabou prevalecendo sobre o conteúdo dos mandamentos. A mensagem cristã, de modo diverso, liberava os homens daquele extremado rigor ritualístico, das ações puramente exteriores, oferecendo-lhes o perdão prévio pelos pecados cometidos e, por conseguinte, a salvação, agora num plano espiritual, bastando, para tanto, apenas a adesão sincera ao preceito do amor a Deus e aos homens.[47]

Conforme ensina Fábio Konder Comparato:

---

46 BOEHNER, Philotheus; GILSON, Etienne. *História da Filosofia Cristã*. Desde as Origens até Nicolau de Cusa. Trad. Raimundo Vier. 4ª ed. Petrópolis: Vozes, 1988, p. 17.

47 No que tange à salvação pela fé, vale anotar o ensinamento de Paulo de Tarso, em sua epístola aos romanos: "Mas agora manifestou-se sem lei a justiça de Deus, testificada pela lei e pelos profetas. A justiça de Deus (*é infundida*) pela fé de Jesus Cristo em todos e sobre todos os que creem nele, porque não há distinção, porque todos pecaram e estão privados da glória de Deus e são justificados gratuitamente pela sua graça, por meio da redenção, que está em Jesus Cristo, a quem Deus propôs como vítima de propiciação, em virtude do seu sangue por meio da fé, a fim de manifestar a sua justiça pela remissão dos delitos passados, suportados por Deus, a fim de manifestar sua justiça no tempo presente, de maneira a ser reconhecido justo e justificador daquele que tem fé em Jesus Cristo. Onde está, pois, (*ó judeu*) a tua glória? Foi excluída. E por que lei? Pela das obras? Não; mas pela lei da fé. Porquanto sustentamos que o homem é justificado pela fé sem as obras da lei. Porventura Deus só o é dos judeus? Não o é ele também dos gentios? Sim, certamente, ele o é também dos gentios, porque há um só Deus, que justifica pela fé os circuncidados e que

Para Jesus, o cumprimento meticuloso de todas as prescrições rituais, ou a cega obediência à letra da lei, como em matéria de repouso sabático, por exemplo, de nada valiam, quando por trás desse legalismo abandonavam-se a justiça e o amor de Deus. Nesse contexto, o ingresso no Reino de Deus não é apresentado como um direito que se adquire pelo exato cumprimento das obrigações decorrentes do pacto celebrado no Sinai, mas resulta da pura graça divina: é um dom gratuito que Deus faz aos homens de fé.[48]

Desse modo, não basta, segundo o Cristo, cumprir formalmente os preceitos de justiça contidos na *Torah*, mas proceder sempre com intenções puras.[49] A salvação não advém, portanto, do estrito cumprimento das normas rituais, mas da fé, que deve se manifestar, segundo seus ensinamentos, no **dever de amar**.

Portanto, o cristianismo recebera da religião judaica a noção de um Deus pessoal e transcendente, mas, todavia, **espiritualizara essa divindade, apresentando-lhe como o Deus do amor**.

Segundo Boehner e Gilson:

O que os evangelhos acrescentaram de novo à ideia de Deus – sem derrogar em nada à antiga – é que Ele, sobre ser o ente por excelência, é também amor, e que seu verdadeiro nome é Pai.[50]

---

também pela fé justifica os incircuncidados. Destruímos nós, pois, a lei com a fé? Longe disso; antes confirmamos a lei". ROMANOS 3, 21-31 (MS).

48 COMPARATO, *Ética, cit.*, p. 85.

49 COMPARATO, *Ética, cit.*, p. 450.

50 BOEHNER; GILSON, *História da Filosofia Cristã, cit.*, p. 16.

É importante perceber, a despeito das recorrentes afirmações em contrário, que o cristianismo, desde os seus primeiros desenvolvimentos, representou um rompimento radical com a Lei mosaica.

De fato, num primeiro momento, temos um Jesus, conforme descrito no Evangelho de Mateus, a afirmar que não viera revogar a antiga lei, mas confirmá-la,[51] tendo, inclusive, reafirmado vários preceitos da *Torah*, como a proibição de matar, o dever de honrar os pais etc.

Todavia, o Novo Testamento contém uma sucessão de ab-rogações por parte do Cristo, a começar pela negação dos ritos, tão importantes para a tradição judaica. Em toda a narrativa evangélica, Jesus se opõe radicalmente ao estrito cumprimento das obrigações rituais, como o respeito cego ao dever de guardar o sábado,[52] ao de jejuar,[53] ao de purificar-se[54] e ao de prestar sacrifícios a Deus.[55] Além disso, ele revoga as restrições da antiga Lei quanto às carnes puras e impuras,[56] tendo, ainda, enfrentado com furor os fariseus e escribas, os quais zelavam pela conformação externa aos ritos do judaísmo, sem se importar, entretanto, com a verdade dos mandamentos.

A partir da pregação de Paulo de Tarso, a negação dos ritos judaicos radicalizara-se ainda mais. Paulo chega ao extremo de repudiar a circuncisão, símbolo sagrado da aliança entre o Deus judeu e Abraão, além de ter rebaixado a Lei mosaica perante a superioridade de Jesus, o filho unigênito.

---

51 "Não penseis que vim revogar a Lei ou os Profetas; não vim para revogar, vim para cumprir." MATEUS 5, 17.

52 MATEUS 12, 1-14.

53 LUCAS 5, 33-35.

54 MARCOS 7, 1-8.

55 JOÃO 2, 13-22.

56 MARCOS 7, 14-22.

Nesse sentido, Paulo, na Epístola aos Gálatas, afirmara:

> Para a liberdade foi que Cristo nos libertou.
> Permanecei, pois, firmes e não vos submetais, de novo,
> a jugo de escravidão. Eu, Paulo, vos digo que, se vos
> deixardes circuncidar, Cristo de nada vos aproveitará.
> De novo, testifico a todo homem que se deixa circun-
> cidar que está obrigado a guardar toda a lei. De Cristo
> vos desligastes, vós que procurais justificar-vos na lei;
> da graça decaíste. Porque nós, pelo Espírito, aguarda-
> mos a esperança da justiça que provém da fé. Porque,
> em Cristo Jesus, nem a circuncisão, nem a incircun-
> cisão tem valor algum, mas a fé que atua pelo amor.[57]

Quanto à primazia de Jesus sobre Moisés, afirma:

> Pelo que, santos irmãos, participantes da vocação ce-
> lestial, considerai o apóstolo e o pontífice da fé que
> professamos, Jesus, o qual é fiel ao que o constituiu,
> assim como também Moisés o era em toda a casa dele.
> Contudo este é considerado digno de tanto maior gló-
> ria do que Moisés, quanto o que edificou a casa tem
> maior honra que a mesma casa.[58]

Além disso, há uma inovação significativa no conteúdo ético da mensagem cristã, o que a distancia ainda mais do judaísmo. A noção de um Deus amoroso e misericordioso desdobra-se no **dever de amar a Deus e ao próximo**. Este preceito, que constitui o mandamento

---

57 GÁLATAS 5, 1-6.

58 HEBREUS 3, 1-3 (MS).

224   MARCELO MACIEL RAMOS

supremo do cristianismo,[59] apresenta uma novidade sem precedentes no mundo semítico: o impensável dever de amar a todos os homens, sem nenhuma distinção, incluindo-se aí, até mesmo, os inimigos.[60]

Nesse sentido, segundo o testemunho do evangelista Mateus, Jesus, ao ser questionado sobre qual seria o principal dos mandamentos, respondera:

> Amarás o Senhor, teu Deus, de todo o teu coração, de toda a tua alma e de todo o teu entendimento. Este o grande e primeiro mandamento. O segundo, semelhante a este, é: Amarás o teu próximo como a ti mesmo.[61]

A novidade extraordinária do cristianismo em relação ao judaísmo está, pois, nos desdobramentos desse *dever de amar ao próximo*. Não obstante o mesmo mandamento ter sido prescrito também pela Lei mosaica, ele, além de não ocupar a mesma posição privilegiada, na escala dos seus valores mais importantes, apresentava um significado muito mais restrito. O próximo na perspectiva judaica era o amigo, o companheiro de culto, o compatriota. No cristianismo, a compreensão do próximo agiganta-se de tal maneira, que passa assumir toda a universalidade dos homens.

---

59 Ludwig Feuerbach anota que: "A fé no *Deus que se fez homem* por amor – e este Deus é o ponto central da religião cristã – não é senão a fé *no amor*, mas a fé no amor é a fé na *verdade e divindade do coração humano*". FEUERBACH, Ludwig. *A Essência do Cristianismo*. Trad. Adriana Veríssimo Serrão. 2ª ed. Lisboa: Calouste Gulbenkian, 2002, p. 61 (§ 117).

60 A propósito escrevemos: RAMOS, Marcelo Maciel. *Dilectio Proximi*. Uma Investigação sobre as Raízes Cristãs da Civilização Ocidental. Belo Horizonte: Faculdade de Direito da UFMG, 2004 (Monografia em Direito).

61 MATEUS 22, 34-39. Este diálogo é descrito também em MARCOS 12, 28-31.

Os fundamentos éticos da cultura jurídica ocidental 225

Nesse sentido temos, pois, o profundo ensinamento humanista do Cristo, narrado por Lucas, que dará ensejo a esta perspectiva universal:

> Digo-vos, porém, a vós outros que me ouvis: amai os vossos inimigos, fazei o bem aos que vos odeiam; bendizei aos que vos maldizem, orai pelos que vos caluniam. Ao que te bate numa face, oferece-lhe também a outra; e, ao que tirar a tua capa, deixa-o também a túnica; dá a todo o que pede; e, se alguém levar o que é teu, não entres em demanda. Como quereis que os homens vos façam, assim fazei-o vós também a eles. Se amais os que vos amam, qual é a vossa recompensa? Porque até os pecadores ama aos que os amam. Se fizerdes o bem aos que vos fazem o bem, qual é a vossa recompensa? Até os pecadores fazem isso. [...] Amais, porém, os vosso inimigos, fazei o bem e emprestai, sem esperar nenhuma paga; será grande o vosso galardão, e sereis filho do Altíssimo. Pois ele é benigno até para com os ingratos e maus. Sede misericordiosos, como também é misericordioso vosso Pai.[62]

Desse modo, embora o cristianismo retome muitos dos preceitos da antiga Lei, ele os compreende sob uma perspectiva nova, universalizando-os e conferindo-lhes novo *status*.

Nesse sentido, ensinam Boehner e Gilson que:

> Não há dúvida de que as leis fundamentais do Novo Testamento já se contêm nos livros sagrados do Antigo Testamento. Todavia, ao salientar duas leis particulares dentre a imensa multidão dos preceitos da antiga lei, as quais deveriam servir de base para a vida nova,

---

62 Lucas 6, 27-37. Também em Mateus 5, 43-44.

Cristo transformou inteiramente a vida religiosa, e inaugurou uma norma moral nova e mais elevada.[63]

Além disso, o amor e a misericórdia passam a representar na religião cristã os seus valores supremos a guiar todos os demais preceitos.

Ao lado do *dever de amar* tem-se, pois, o **dever de perdoar**, o qual, conexo ao primeiro, aparta definitivamente o *ethos cristão* do judaico. A vingança, identificada com a personalidade do próprio Javé e autorizada pela Lei mosaica, é então suprimida pelo Cristo e o perdão é imposto como dever fundamental.

Nesse sentido, vale a transcrição dos seguintes trechos evangélicos, que representam bem essa concepção:

> Ouviste que foi dito: Olho por olho, dente por dente. Eu, porém, vos digo: não resistais ao perverso; mas, a qualquer que te ferir na face direita, volta-lhe também a outra.[64]
>
> E, quando estiverdes orando, se tendes alguma coisa contra alguém, perdoai, para que vosso Pai celestial vos perdoe as vossas ofensas. Mas, se não perdoardes, também vosso Pai celestial não vos perdoará as vossas ofensas.[65]
>
> Se teu irmão pecar contra ti, repreende-o; se ele se arrepender, perdoa-lhe. Se, por sete vezes no dia, pecar contra ti e, sete vezes, vier ter contigo, dizendo: Estou arrependido, perdoa-lhe.[66]

---

63 BOEHNER; GILSON, *História da Filosofia Cristã, cit.*, p. 17.

64 MATEUS 5, 38-39.

65 MARCOS 11, 25-26.

66 LUCAS 17, 3-4.

Por fim, temos, ainda, no cerne da Ética cristã, o dever *de caridade*, como desdobramento do amor, e o *dever de tolerância*, como desdobramento do perdão.

O próprio amor é entendido como doação. Deus oferece aos homens o sacrifício do seu próprio filho, a representar a dádiva da remissão dos pecados e da salvação. Os homens, do mesmo modo, devem se dar a Deus e ao próximo, desfazendo-se dos seus bens em benefício dos necessitados,[67] estando sempre prontos a ajudar quem quer que seja. Com isso, exalta-se o desapego material, a humildade,[68] condenando-se, por outro lado, a riqueza e a soberba.

Nesse sentido, temos a leitura de Boehner e Gilson:

> Cumpre que a teologia do amor venha acompanhada de uma ética da caridade. Esta consiste no amor a Deus sobre todas as coisas e na renúncia a tudo o que possa contrariar este amor; exige-se, além disso, que todos os homens se amem mutuamente, como convém aos filhos de um mesmo Pai celeste, irmanados em Cristo Jesus, e chamados a se tornarem membros do seu corpo místico, pela infusão de um mesmo

---

67 "Vendei os vossos bens e dai esmola." LUCAS 12, 33.

68 A riqueza é repetidamente abominada nos evangelhos. Nesse sentido, é o *Sermão da Montanha*: "Bem aventurados vós, os pobres, porque vosso é o reino de Deus. Bem-aventurados vós, os que agora tendes fome, porque sereis fartos. Bem-aventurados vós, os que agora chorais, porque haveis de rir. Bem-aventurados sois quando os homens vos odiarem e quando vos expulsarem da sua companhia, vos injuriarem e rejeitarem o vosso nome como indigno, por causa do Filho do Homem. Regozijai-vos naquele dia e exultai, porque grande é o vosso galardão no céu; pois dessa forma procederam seus pais com os profetas. Mas ai de vós, os ricos! Porque tendes a vossa consolação. Ai de vós, os que estais agora fartos! Porque vireis a ter fome. Ai de vós, os que agora rides! Porque haveis de lamentar e chorar. Ai de vós, quando todos vos louvarem! Porque assim procederam seus pais com os falsos profetas". LUCAS 6, 20-26.

espírito de amor. **Esta teologia da caridade é o que há de mais especificamente cristão.** É a fé atuando pela caridade. Para o discípulo de Cristo, a prática humilde e sincera da caridade é penhor seguro da salvação. É verdade que também a filosofia grega nos depara numerosas considerações sobre a função e a necessidade do amor. Entretanto, a ideia teológico--ética e teológico-social do amor-caridade, tal como a encontramos na Patrística e na Idade Média, é exclusivamente própria do cristianismo.[69]

Ainda temos a tolerância que, como regra de ação, é exercitada pelo próprio Jesus, que perdoa e acolhe os pecadores, os desviados e os excluídos. Nos evangelhos temos vários exemplos nesse sentido. Ao samaritano, odiado pelos judeus, é reservado uma parábola, a apresentá--lo como homem humilde e caridoso.[70] A prostituta e a adúltera não são rechaçadas.[71] O filho pródigo é perdoado pelo pai abandonado.[72]

A tolerância é, pois, desdobramento necessário da noção de igualdade humana que permeia a Ética cristã. Os homens são todos filhos de Deus, do Pai supremo, estando, pois, aptos a integrarem igualmente o reino dos céus, bastando para tanto a fé no amor divino.[73] Com isso,

---

69 BOEHNER; GILSON, *História da Filosofia Cristã*, cit., p. 17 (grifos nossos).

70 LUCAS 10, 25-37

71 LUCAS 7, 36-49; JOÃO 8, 1-11.

72 LUCAS 15, 11-32.

73 A propósito da igualdade humana, Hegel afirma que: "Só nos primórdios do cristianismo, o espírito individual e pessoal adquire infinito valor absoluto: Deus quer que todos os homens se salvem. Na religião cristã surge a doutrina da igualdade de todos os homens diante de Deus, porque Cristo os fez livres pela liberdade do cristianismo. Estes princípios tornam a liberdade independente de toda a causa externa (nascimento, condição e cultura)". HEGEL, *Introdução à História da Filosofia*, cit., p. 95.

O cristianismo afasta-se do particularismo das perspectivas judaicas, afirmando não haver distinção entre judeus e não judeus.[74]

Portanto, enquanto o judaísmo, restrito às suas perspectivas culturais, fundava-se na particularidade de seu povo, privilegiado por ter sido escolhido pelo Deus verdadeiro para empreender com ele um pacto eterno, que estabelecia um *ethos* de submissão e obediência, o cristianismo, fundado no humanismo da mensagem do Cristo, alçada ao universalismo por Paulo, instituíra um *ethos* da comunhão e da caridade. Da comunhão espiritual com Deus e com os homens, através do amor fiel e da caridade, pelo desapego e negação do corpo e das coisas dessa vida,[75] em troca de uma salvação espiritual eterna.

---

74 Nesse sentido, em sua Epístola aos romanos, Paulo afirma: "Pois não há distinção entre judeu e grego, uma vez que o mesmo é o Senhor de todos". ROMANOS 10, 12. "Porque vós, irmãos, fostes chamados à liberdade; porém não useis da liberdade para dar ocasião à carne; sede, antes, servos uns dos outros pelo amor." GÁLATAS 5, 13.

75 "Não ameis o mundo nem as coisas que há no mundo. Se alguém amar o mundo, o amor do Pai não está nele; porque tudo que há no mundo, a concupiscência da carne, a concupiscência dos olhos e a soberba da vida, não procede do Pai, mas procede do mundo. Ora, o mundo passa, bem como a sua concupiscência; aquele, porém, que faz a vontade de Deus permanece eternamente." I JOÃO 2, 15-17. "Digo-vos pois: andai segundo o Espírito e não satisfareis os desejos da carne. Efetivamente, a carne tem desejos contrários ao espírito, e o espírito desejos contrários à carne; estas coisas (*a carne e o espírito*) são contrárias entre si, para que não faça tudo que quereis. [...] E os que são de Cristo crucificaram a sua própria carne com os vícios e concupiscências. Se vivemos pelo Espírito, conduzamo-nos também pelo Espírito." GÁLATAS 5, 16-25 (MS).

230   MARCELO MACIEL RAMOS

Todavia, à medida que a mensagem espiritual cristã era difundida pelo mundo greco-romano,[76] as primeiras assembleias[77] de cristãos assumiam um aspecto cada vez mais institucional e temporal. Tendo encontrado no Império o ambiente propício para se espraiar, a Igreja cristã logo foi adquirindo um poder considerável sob a vida dos seus fiéis. Entretanto, esse poder era constantemente ameaçado pelo Império e mesmo pela tradição politeísta e racionalista tão arraigada no espírito greco-romano. Desse modo, o cristianismo acabou por reinserir muito do rigor do Antigo Testamento, rememorando os deveres de obediência e submissão típicos do judaísmo, a fim de garantir, uma vez difundida a crença em seu Deus, a fidelidade a Ele pelo medo e pela culpa.

Na ótica do Professor José Luiz Borges Horta, ante o risco de serem libertos os novos cristãos dos velhos ritos judaicos, Paulo de Tarso acaba entendendo por necessário resgatar muito do rigor antigo, desconhecido dos pagãos a quem pregava, e o faz com suas epístolas, no paradoxal fenômeno que Horta chama de *judaicização* do cristianismo.

---

76 A propósito da absorção da fé cristã pelo mundo greco-romano, vale anotar a lição de Bernard Bougeois: "A doutrina cristã da degradação humana exprimia a realidade da corrupção existente e a justificava, compensando-a ao mesmo tempo no ideal de uma felicidade futura dada ao homem pelo Mestre divino, o Objeto transcendente. [...] A revelação cristã não passa de uma revelação do homem: o romano privado de toda liberdade só podia ter por deus um Deus-Objeto, exterior e superior a ele, um Mestre; sua religião não podia ser senão uma religião que impunha verdades e virtudes a um homem tão degradado e consciente de sua degradação que ele só podia recebê-las de uma *autoridade*, de uma *religião positiva*". BOURGEOIS, *O Pensamento Político de Hegel*, cit., p. 47.

77 Em grego, assembleia é εγχλήσια (*ecclesia*), donde derivou o termo igreja. Cf. CAVIGIOLI, Juan. *Derecho Canonico*. Trad. Ramon Lamas Lourido. Madrid: Revista de Derecho Privado, 1946, p. 27-28.

Em suma, Paulo libertou os pagãos convertidos dos ritos judaicos, mas teve de inserir a velha ética do judaísmo.[78]

Com isso, a Igreja cristã pôde garantir o poder sobre a ação dos seus fiéis, e, com o fim do Império romano, manter a unidade do fragmentado mundo medieval.

Portanto, ao lado do *ethos* do amor, da caridade e do perdão são reinseridos os deveres de submissão e de obediência à Lei divina, a qual fora revelada por Cristo e confiada à Igreja erigida por seus seguidores.

A propósito, vale ressaltar que a Igreja cristã apresentava-se como depositária da verdade revelada por Deus, segundo determinação do próprio Cristo, que transferira a Pedro, seu apóstolo mais próximo, a autoridade sobre sua palavra, conforme nos narra o evangelista Mateus:

---

78 Entrevista de orientação concedida pelo Professor José Luiz Borges Horta em junho de 2004. *In* RAMOS, *Dilectio Proximi, cit.*, p. 44. Isto fica, ainda, mais patente, na pregação de Paulo aos próprios judeus, conforme narrada em suas epístolas aos Hebreus. Neste caso, utilizou-se do argumento do pecado e do castigo, a fim de garantir, pelo temor a Deus tão presente no espírito judaico, a difusão da fé no Cristo. São esses elementos que serão reinseridos, mais tarde, mesmo dentre os convertidos do Império, para garantir a fidelidade ao culto. Nesse sentido, temos os seguintes trechos das epístolas paulinas: "Por esta razão, importa que nos apeguemos, com mais firmeza, às verdades ouvidas, para que delas jamais nos desviemos. Se, pois, se tornou firme a palavra falada por meio de anjos, e toda transgressão ou desobediência recebeu justo castigo, como escaparemos nós, se negligenciarmos tão grande salvação?" HEBREUS 1, 1-3. "Tende cuidado, irmãos, jamais aconteça haver em qualquer de vós perverso coração de incredulidade que vos afaste do Deus vivo, pelo contrário, exortai-vos mutuamente cada dia, durante o tempo que se chama Hoje, a fim de que nenhum de vós seja endurecido pelo engano do pecado." HEBREUS 3, 12-13. "Porque, se vivermos deliberadamente em pecado, depois de termos recebido o pleno conhecimento da verdade, já não resta sacrifício pelos pecados; pelo contrário, certa expectação horrível de juízo e fogo vingador prestes a consumir os adversários. Sem misericórdia morre pelo depoimento de duas ou três testemunhas quem tiver rejeitado a lei de Moisés. De quanto mais severo castigo julgais vós será considerado digno aquele que calcou aos pés o Filho de Deus, e profanou o sangue da aliança com o qual foi santificado, e ultrajou o Espírito da graça?". HEBREUS 10, 26-30.

232   Marcelo Maciel Ramos

> Também eu te digo que tu és Pedro, e sobre esta pedra edificarei a minha Igreja, e as portas do inferno não prevalecerão contra ela. Dar-te-ei as chaves do reino dos céus; o que ligares na terra terá sido ligado nos céus; e o que desligares na terra será desligado nos céus.[79]

Com isso, a Igreja cristã de Roma[80] fundou sua autoridade sobre o primado de Pedro, seu primeiro Pontífice Máximo,[81] cuja sucessão contínua atravessou os séculos, conferindo-lhe o poder exclusivo sobre a Doutrina cristã. O Papa é, pois, o sucessor direto de Pedro, constituído por Cristo como a pedra fundamental da Igreja e o guardião das chaves do reino dos céus. Daí deriva seu supremo poder sobre a interpretação das escrituras e sobre o estabelecimento de dogmas ou regras canônicas.

Destarte, visto que é a Igreja cristã a guardiã da salvação divina, o *ethos* cristão passa a concretizar, em última instância, o *dever de submeter-se a ela*.

---

79 Mateus 16, 18-19.

80 Referimos-nos aqui à Igreja Católica Apostólica Romana (ou Igreja latina), sediada em Roma, da qual se desligaram a Igreja Ortodoxa (ou Igreja grega), no século IX, as denominações protestantes e a Igreja Anglicana, no século XVI. Ware, Kallistos. *A Igreja Ortodoxa*. Trad. Pe. Pedro Oliveira. *Disponível em*: http://www.ecclesia.com.br/ biblioteca/ igreja_ortodoxa/a_igreja_ortodoxa28.htm (acesso: dezembro de 2006).

81 O termo **Pontífice** deriva do latim *Pontifex*, que significava, a rigor, "construtor de pontes". Na Antiguidade romana, utilizava-se o termo para designar o sacerdote que estabelecia o elo (a ponte) entre a vida terrena e o além, função que, mais tarde, fora avocada pelo imperador romano. Daí o termo *Pontifex Maximus* (Sumo Pontífice), o qual fora adotado pela Igreja. Ao Pontífice cristão são atribuídos, ainda, os seguintes títulos: *Papa, Vicário de Cristo, Pontífice Romano, Primado da Igreja Universal, Bispo dos Bispos, Patriarca do Ocidente, Bispo de Roma, Primado da Itália, Patriarca de Roma* etc. A propósito, o termo "Papa" é formado pela junção das primeiras sílabas de duas palavras latinas: *Pater Patrum* – "Pai dos Pais". Gargollo, Pbro. Pablo Arce. *El Romano Pontífice. Disponível em*: http://www.encuentra.com/documento. php?f_doc=2685&f_ tipo_doc=9 (acesso: novembro de 2005).

Os fundamentos éticos da cultura jurídica ocidental   233

Para tanto, é resgatada do judaísmo a noção de pecado, a inserir no homem, através do medo e da culpa, o compromisso de obedecer cegamente aos seus preceitos, sob a constante ameaça de recair na eterna danação do espírito após a morte.[82]

A virtude é, portanto, para o cristão (católico), a obediência à vontade de Deus, revelada pelas Escrituras, da qual a Igreja é depositária e intérprete exclusiva. Nesse sentido, conforme ensina Bertrand Russel, a virtude é o que a Igreja aprova e o vício, o que ela reprova.[83]

Vale aqui o elucidativo esclarecimento do autor, ao contrapor a Ética católico-cristã à protestante:

> *Para el protestante, el hombre excepcionalmente bueno es el que se opone a las autoridades y las doctrinas recibidas, como Lutero en la dieta de Worms. El concepto protestante de la bondad es algo individual y aislado. A mí me educaron como protestante y uno de los textos que más inculcaron en mi mente juvenil fue: 'No seguirás a una multitud para hacer el mal'. [...] El católico tiene un concepto completamente diferente de la virtud: para él, la virtud es un elemento de sumisión, no sólo a la voz de Dios revelada en la conciencia, sino a la autoridad de la Iglesia como depositaria de la Revelación. Esto da al católico un concepto de virtud mucho más social que el del protestante y hace mucho mayor la brecha cuando rompe su unión con la Iglesia.*[84]

---

82 Bertrand Russel ressalta a crueldade dessa noção de inferno e castigo eterno engendrada pelo cristianismo. *Vide* RUSSELL, *Por qué no soy Cristiano, cit.*, p. 34-36.

83 RUSSELL, *Por qué no soy Cristiano, cit.*, p. 69.

84 RUSSELL, *Por qué no soy Cristiano, cit.*, p. 151-152.

Portanto, se num primeiro momento o cristianismo apresentava-se como uma promessa de libertação espiritual como consolo ao alheamento político experimentado pelo homem greco-romano, aos poucos essa libertação da alma é subordinada à alienação integral do homem a Deus e à Igreja.

Ensina Ludwig Feuerbach que:

> O mais elevado e íntimo da religião sintetiza-se na seguinte ideia: Deus é o amor que até se tornou homem por causa do homem. A religião distingue-se das outras religiões, sobretudo pelo fato de acentuar como nenhuma outra a salvação do homem. Por isso não se intitula doutrina da verdade ou doutrina de Deus, mas doutrina da salvação do homem. Mas esta salvação não é uma felicidade e um bem-estar mundanos ou terrenos. Pelo contrário, os mais profundos e verdadeiros cristãos afirmam que a felicidade terrena afasta o homem de Deus e que, por sua vez, a infelicidade terrena, o sofrimentos e as doenças reconduzem o homem a Deus e por isso só eles convêm aos cristãos.[85]

Desse modo, impõe-se aos homens, como requisito de salvação espiritual, o dever de afastar-se das coisas mundanas, incluindo-se aí a vida política, remetendo todas as suas expectativas de realização espiritual a uma vida metafísica junto do criador.

Com isso, a vida terrena é esvaziada de todo o sentido, apresentando-se como cárcere inevitável da alma, perante o qual se deve resignar, visto que tudo é segundo a vontade de Deus e nada há que se possa fazer, a não ser submeter-se a ela, portando-se conforme os mandamentos da Igreja, guardiã da chave do reino dos céus, para

---

85 FEUERBACH, *A Essência do Cristianismo, cit.*, p. 226 (§ 317).

auferir, por conseguinte, o direito de acesso à vida celeste. A Deus, o onipotente, é transferida, pois, toda a decisão acerca da vida, e tudo que d'Ele provém deve, então, ser considerado bom, mesmo que não se compreenda os critérios de suas *determinações*. Do contrário, todo o mal é obra do pecado humano.

O homem cristão entrega-se a um profundo fatalismo, reduzindo--se a um ser sem nenhuma essência, sem capacidade de conhecer a verdade segundo seus próprios critérios racionais ou de estabelecer para si próprio os parâmetros que devem guiar sua ação. Tudo lhe é dado pelos céus, o conhecimento da verdade e o seu próprio *ethos*, então, revelado e guardado pela Igreja.

Conforme Ludwig Feuerbach:

> Em suma, face a Deus, o homem nega o seu saber, o seu pensar, para pôr em Deus o seu saber, o seu pensar. O homem renuncia à sua pessoa, mas, em compensação, Deus é para ele um ser onipotente, ilimitado, pessoal. [...] A religião nega, além disso, o bem como uma propriedade da essência humana: o homem é mau, perverso, incapaz do bem; mas, em compensação, só Deus é bom, só Deus é o ser bom. [...] O sagrado é a censura do meu caráter pecador; reconheço-me nele como pecador, mas por isso censuro-me, reconheço o que não sou mas devo ser. [...] O homem não é capaz de nada de bom, ou seja, que na verdade não é capaz de nada *por si mesmo, por capacidade própria*.[86]

Vale lembrar que nas reflexões éticas da GRÉCIA CLÁSSICA a felicidade humana era possível na medida em que homem era, enquanto cidadão indissociável da *polis*, autor e destinatário de suas próprias regras

---

86 FEUERBACH, *A Essência do Cristianismo, cit.*, p. 33-35 (§ 67-70).

morais, que eram, então, necessariamente políticas. Desse modo, temos a indissociabilidade entre moral e política e a afirmação da autonomia racional e moral do homem, como critério de sua realização. No pensamento ético do HELENISMO, de modo diverso, a felicidade era entendida como a tranquilidade propiciada pela omissão em relação à inacessível vida pública e pela ação conforme a própria natureza humana, seja pela busca moderada do prazer (Epicurismo), seja pela conformação à determinação do seu *logos* imanente (Estoicismo). Com isso, operara-se a cisão entre moral e política, afirmando-se a resignação em face do inevitável e o dever do homem de buscar em si próprio o critério de sua vida moral. Por fim, na ÉTICA CRISTÃ a felicidade só é possível no reino dos céus e para atingi-la é preciso guiar-se em conformidade com as determinações de Deus.

Além disso, conforme Ludwig Feuerbach, "sofrer é o supremo mandamento do cristianismo".[87] O sofrimento, inspirado na paixão de Cristo,[88] representa não só o sofrimento moral, a incapacidade e a passibilidade às quais se sujeitam o cristão, mas também "o sofrimento do amor, da capacidade de se sacrificar a si mesmo pelo bem de outros".[89]

Esclarece, ainda, o autor que:

> A salvação é apenas o *resultado* do sofrimento, o sofrimento é o *fundamento*, a fonte da salvação. [...] Se o próprio Deus sofreu por mim, como hei-de estar contente, como posso entregar-me à minha alegria,

---

87 FEUERBACH, *A Essência do Cristianismo, cit.,* p. 65 (§ 123).

88 "A religião cristã é a religião do sofrimento. As imagens do crucificado que encontramos ainda hoje em todas as igrejas não nos mostram um salvador, mas apenas o crucificado, o sofredor". FEUERBACH, *A Essência do Cristianismo, cit.,* p. 66 (§ 125).

89 FEUERBACH, *A Essência do Cristianismo, cit.,* p. 64 (§ 121).

Os fundamentos éticos da cultura jurídica ocidental   237

pelo menos nesta terra depravada que foi o palco do seu sofrimento?[90]

A esta postura de passividade e resignação do cristão, para quem o sofrimento é desejável, soma-se ainda o **dever de submissão** total; na vida política, ao imperador ou ao rei, visto que sua autoridade emana de Deus, cuja vontade a tudo determina; na vida moral, à Igreja, uma vez que é ela a detentora da verdade e das regras de ação necessárias para se alcançar a salvação. É importante, pois, ressaltar esses dois importantes desdobramentos do alheamento moral e político promovido pelo *ethos* cristão: o dever de submeter-se à autoridade política e o dever de reservar a Deus (ou à Igreja) todo o julgamento de ordem moral.

A renúncia do cristianismo à vida política só pode ser compreendida dentro do contexto do helenismo, no qual, a partir do Império de Alexandre, há a cisão da vida ética em vida religiosa, moral e política. Era preciso, diante da usurpação do poder político pelo Império, apelar para uma libertação de ordem espiritual e estabelecer uma religião alheia a qualquer Estado. Jesus, ao proferir a célebre sentença "Dai a César o que é de César e a Deus o que é de Deus",[91] ao mesmo tempo em que libertava o cristianismo de qualquer identificação política

---

90   FEUERBACH, *A Essência do Cristianismo, cit.*, p. 66 (§ 124). Vale registrar, ainda, a interessante lição do autor: "Os filósofos pagãos festejavam a atividade, a espontaneidade da inteligência como a atividade suprema, como a atividade divina; os cristãos santificavam o sofrimento, colocavam o próprio sofrimento em Deus". FEUERBACH, *A Essência do Cristianismo, cit.*, p. 61 (§ 118). Além disso, assevera: "Devemos tomar sempre como *sujeito* o que a religião toma como *predicado*, como *predicado* o que ela toma como *sujeito* [...] Deus sofre – sofre é o predicado – mas para os homens, para outros, não para si. O que significa isto na nossa língua? Apenas que *sofrer por outros é divino*; quem sofre por outros, abandona sua alma, age divinamente, é Deus para os homens". FEUERBACH, *A Essência do Cristianismo, cit.*, p. 63 (§ 120).

91   MARCOS 12, 17. Também em LUCAS 20, 25.

ou cultural específica, separando as questões temporais das espirituais, condenou o homem ocidental a uma mansa passividade em relação à vida coletiva.

O bom cristão resigna-se diante da ofensa, da usurpação, da injustiça, afinal aos pobres, aos humilhados e aos perseguidos está reservado o reino dos céus.[92]

Além disso, o dever de submeter-se à autoridade é regra da qual depende a própria salvação espiritual, conforme afirma Paulo de Tarso na Epístola aos romanos:

> Todo homem esteja sujeito às autoridades superiores; porque não há autoridade que não proceda de Deus; e as autoridades que existem foram por ele instituídas. De modo que aquele que se opõe à autoridade resiste à ordenação de Deus; e os que resistem trarão sobre si mesmos condenação.[93]

Portanto, a virtude cristã consiste na estrita obediência, seja ao Estado no que tange às questões temporais, seja à Igreja no que se refere às questões espirituais.

Nesse sentido, esclarece Antonio Carlos Wolkmer que:

> A supremacia da Igreja Romana como instituição com legitimidade maior da cristandade consolida os ensinamentos de uma filosofia política em torno da forma de governo, da obediência e dos deveres do cristão ao poder público, as origens e os fundamentos do poder constituído, as relações entre Igreja e Estado etc.

---

92 MATEUS 5, 3-12; LUCAS 6, 20-23.

93 ROMANOS 13, 1-2.

Inicialmente, pode-se dizer que a concepção cristã de governo e de autoridade legal se baseia numa filosofia do Direito divino, em que o poder constituído provém de Deus, que dá legitimidade aos governantes, competindo ao povo escolhido a obediência e a subordinação às autoridades em exercício.[94]

Por último, a religião cristã estabelece que **apenas a Deus cabe o julgamento sobre todas as coisas.** Do homem é, pois, usurpado o que lhe restava de mais essencial, sua capacidade racional, isto é, sua faculdade de conhecer e emitir juízos.

Conforme ensinamento de Jesus, descrito por Lucas, temos o seguinte mandamento:

> Não julgueis e não sereis julgados; não condeneis e não sereis condenados; perdoai e sereis perdoados; dai, e dar-se-vos-á; boa medida, recalcada, sacudida, transbordante, generosamente vos darão; porque com a medida com que tiverdes medido vos medirão também.[95]

Desse modo, diante da incapacidade e da proibição humana de julgar, aduz-se que *não é possível qualquer justiça humana*, que não amparada estritamente nas determinações de Deus.

Todavia, é importante salientar que se, de um lado, a fé no Deus onipotente (diferente do homem) retira do cristão sua essência racional

---

94 WOLKMER, *Síntese de uma História das Ideias Jurídicas, cit.*, p. 42.

95 LUCAS 6, 37-38.

e moral, de outro, sob a crença no amor desse Deus, que se fizera humano (igual), o homem é, pois, elevado à essência divina.[96]

Vale anotar que é da identificação do homem com Deus, aliada às perspectivas algo individualistas[97] da Doutrina cristã, é que derivará a afirmação da **dignidade**[98] e do profundo desenvolvimento dado ao conceito de **pessoa humana** pelos teóricos cristãos.[99]

---

96 Vale anotar a interessante leitura de Feuerbach: "Quem determina Deus como um ser ativo, como um ser moralmente ativo, moralmente crítico, como um ser que ama, que produz e recompensa o bem, que castiga, rejeita e condena o mal, quem determina Deus desta maneira, só aparentemente nega a atividade humana, mas na verdade faz dela a atividade mais elevada, mais real. Quem deixa Deus agir de modo humano declara a atividade humana como divina". FEUERBACH, *A Essência do Cristianismo, cit.*, p. 36 (§ 71). E, mais adiante, esclarece: "A religião separa do homem a essência do homem, para voltar a identificá-la de novo com ele. [...] O amor identifica o homem com Deus, Deus com o homem e, por isso, o homem com o homem". FEUERBACH, *A Essência do Cristianismo, cit.*, p. 301 (§ 409).

97 Ensina Feuerbach que: "No cristianismo, o homem concentrava-se apenas em si, apreendia-se como o único ser legítimo e essencial, desligava-se do *encadeamento do universo*, convertia-se num todo autossuficiente, num *ser absoluto, extra e supramundano*. Os pagãos, pelo contrário, não virados sobre eles próprios, não se escondendo em si próprios da Natureza, limitavam a sua subjetividade pela contemplação do mundo. Por mais que os Antigos celebrassem a glória da inteligência e da razão, eram suficientemente *liberais* e *objetivos* para deixarem viver também o outro do espírito, a matéria, e mesmo viver eternamente, tanto na teoria como na prática". FEUERBACH, *A Essência do Cristianismo, cit.*, p. 81 (§ 262). E, mais adiante, esclarece: "Os antigos sacrificavam o indivíduo ao gênero, os cristãos o gênero ao indivíduo. Por outras palavras: o paganismo pensava e apreendia o indivíduo apenas como parte, na sua diferença relativamente ao todo do gênero, o cristianismo, pelo contrário, *apenas* na sua unidade imediata, sem diferença, com o gênero". FEUERBACH, *A Essência do Cristianismo, cit.*, p. 183 (§ 265).

98 Conforme Wolkmer: "A reviravolta proporcionada pelo cristianismo ao afirmar que o bem maior não é o Estado, mas o homem dentro da sociedade, possibilita a edificação de uma concepção transcendental de dignidade humana". WOLKMER, *Síntese de uma História das Ideias Jurídicas, cit.*, p. 38.

99 Nas Jusfilosofia mineira o tema da pessoa humana e do **PERSONALISMO** ocupa relevante lugar. A propósito do tema, *vide* MATA-MACHADO, Edgar de Godói da. *Contribuição*

Portanto, se por um lado o cristianismo estabeleceu um *ethos* do amor e da caridade, a inserir definitivamente no espírito ocidental o dever inafastável de socorrer e proteger os necessitados, sejam eles quem forem, além de ter promovido o desenvolvimento da noção de igualdade[100] e de pessoa humana, introduziu, por outro lado, um *ethos* da alienação e da submissão, a afastar o homem de uma verdadeira vida política ou jurídica. Afinal, o bom cristão obedece pacificamente à autoridade e perdoa o ofensor, não devendo exigir-lhe nunca reparação, visto que só a Deus cabe a aplicação da justiça.

As principais doutrinas da Igreja

Antes de qualquer coisa, é importante anotar que a Doutrina (ou a Filosofia) cristã, da qual trataremos, é aquela produzida ou autorizada pela Igreja Católica Apostólica Romana. Lembremos que dentro da perspectiva da Igreja Latina, toda a verdade emana de Deus e só essa instituição, visto que fundada sobre o primado de Pedro, tem autoridade para se pronunciar sobre ela.

Vale frisar ainda que, não obstante os importantes desenvolvimentos teóricos empreendidos por seus pensadores, a Doutrina cristã não pode ser tida, em rigor, como uma filosofia. Essa tem sempre o homem como ponto de partida e procura explicar o mundo a partir de critérios racionais. A Doutrina do cristianismo, ao contrário, é expressão da própria religião cristã, tendo como centro Deus e como pressuposto fundamental a

---

ao Personalismo Jurídico. Belo Horizonte: Del Rey, 2000; BARBOSA, Arnaldo Afonso. *A Pessoa em Direito;* Uma Abordagem Crítico-construtivo Referenciada no Evolucionismo de Pierre Teilhard de Chardin. Belo Horizonte: Movimento Editorial da Faculdade de Direito da UFMG, 2006.

100 Joaquim Carlos Salgado reafirma a ideia de justiça na Metafísica do objeto como tendo a igualdade como fundamento. Cf. SALGADO, *A Ideia de Justiça em Kant, cit.,* p. 23-79.

242   MARCELO MACIEL RAMOS

fé na sua existência e na verdade por ele revelada aos homens.[101] Todavia, à medida que desenvolvera suas ideias a partir das filosofias dominantes e esforçara-se por estabelecer uma especulação sistemática de sua fé e uma posição crítica perante a filosofia clássica e helenística, o cristianismo forneceu "numerosos pontos de partida para o aprofundamento racional das verdades da fé", aproximando-se, sobremaneira, de um verdadeiro pensamento filosófico, não obstante esbarrasse sempre no pressuposto inquestionável das suas crenças fundamentais.[102]

Lima Vaz adverte, ainda, que não podemos falar em uma Ética cristã, no sentido dado à Ciência do *ethos*, estabelecida pelos gregos, como um exame crítico do *ethos* tradicional e, por conseguinte, como um esforço de legitimá-lo ou sistematizá-lo segundo os critérios supremos da razão.[103] Isto porque o *ethos* cristão, tomado como expressão da vontade de Deus, sob a tutela da Igreja, não comporta o exame crítico típico daquele conhecimento filosófico adequado à Ética. Desse modo, a tradição cristã oferece-nos um exuberante e original *saber ético*, que procura, de fato, legitimar e sistematizar seus preceitos, mas jamais perscrutar-lhes criticamente. Afinal, conforme afirmam Boehner e Gilson, "o imperativo cristão é uma força positiva, que tudo submete ao serviço da cruz, inclusive a reflexão".[104]

Desse modo, toda vez nos que referirmos à Doutrina cristã como Filosofia ou Ética, como fazem seus estudiosos, incluam-se aí estas ressalvas.

---

101   BOEHNER; GILSON, *História da Filosofia Cristã, cit.*, p. 13.

102   BOEHNER; GILSON, *História da Filosofia Cristã, cit.*, p. 13-14.

103   VAZ, *Escritos de Filosofia IV*: Introdução à Ética Filosófica 1, *cit.*, p. 169.

104   BOEHNER; GILSON, *História da Filosofia Cristã, cit.*, p. 25.

Os primeiros pensadores cristãos

Se, num primeiro momento, o cristianismo arrebatou a camada mais humilde do Império romano, pouco a pouco foi permeando os seus estratos mais cultos que, atraídos pela nova fé, passavam a identificá-lo como a verdadeira filosofia e a defendê-lo dos ataques empreendidos por parte dos filósofos da época. Por essa razão, os primeiros a se renderem à Doutrina cristã e a assumirem esse encargo receberam a denominação de apologetas, inaugurando, pois, uma nova fase do pensamento ocidental, que ficaria conhecido como PATRÍSTICA.[105]

O mais ilustre deles foi JUSTINO (século II), que, de pais gentios, se convertera ao cristianismo já adulto. Insatisfeito com a incapacidade da filosofia grega para dar resposta aos problemas mais essenciais, Justino, que sofrera profunda influência do pensamento platônico, voltara-se para a nova fé, afirmando-a como a única verdade total (*logos* total), da qual os antigos filósofos só participaram em parte.[106] Desse modo, defendera ostensivamente a mensagem cristã como expressão da verdade em toda a sua integralidade.

Todavia, a primeira escola propriamente cristã estabeleceu-se em Alexandria no século III, tendo empreendido a primeira síntese entre a filosofia grega, sobretudo a platônica, e os ensinamentos do Cristo.[107] Clemente de Alexandria e Orígenes foram os mais importantes pensadores dessa escola.

TITO FLÁVIO CLEMENTE (c. 150-215) desenvolvera a tese de que a filosofia grega teve o eminente papel de preparar e educar o homem

---

105 BOEHNER; GILSON, *História da Filosofia Cristã, cit.*, p. 25-26. O termo Patrística é uma referência à doutrina formulada pelos primeiros padres da Igreja, incluindo-se aí Agostinho. Cf. MARCONDES, *Iniciação à História da Filosofia, cit.*, p. 107 *et. seq.*

106 BOEHNER; GILSON, *História da Filosofia Cristã, cit.*, p. 26-29.

107 MARCONDES, *Iniciação à História da Filosofia, cit.*, p. 107.

helênico para o cristianismo, assim como a lei mosaica conduzira até ele os judeus. Além disso, a filosofia seria útil à nova religião, à medida que lhe fornecia as armas necessárias para a defesa de sua fé. Todavia, sua função era apenas auxiliar, submetendo-se à sabedoria contida nas Escrituras. Desse modo, a fé e a razão não seriam incompatíveis, sendo a primeira o critério último da verdade, capaz de apontar o erro das doutrinas dos filósofos e de trazer à luz certas verdades ainda ignoradas pela razão.[108]

ORÍGENES (c. 184-254) foi, segundo Boehner e Gilson, o mais expressivo pensador cristão antes de Agostinho, tendo erguido, sobre os fundamentos lançados por Clemente, "o primeiro edifício doutrinal" do cristianismo. Desse modo, procurou organizar os elementos da tradição cristã num sistema doutrinário, tentando compatibilizar as contradições internas contidas nas próprias Escrituras. Para tanto, ponderara que o texto sagrado apresentava-se sob a forma alegórica, não devendo, portanto, ser tomado ao pé da letra. Desse modo, os seus absurdos e incoerências foram ali colocados para que a elegância do estilo não seduzisse o leitor a deter-se na letra do texto, impedindo-o assim de penetrar na sua profunda e realmente divina verdade. Além disso, faz um uso seletivo da filosofia grega, a fim de justificar e desenvolver as afirmações da verdade cristã, esforçando-se para fundamentar a transcendência e a espiritualidade de Deus, bem como a perfeição de sua obra, atribuindo ao *livre-arbítrio* humano a existência dos males e da imperfeição do mundo. Em suas reflexões éticas, situa o homem entre os demônios e os anjos, decaídos da comunhão imaterial e incorporal divina em virtude do pecado, cuja causa não é outra senão o *livre-arbítrio*. O remédio divino (castigo) para o pecado é a reunião do espírito à matéria, que em meio à miséria do corpo é levado a convencer-se

---

108 BOEHNER; GILSON, *História da Filosofia Cristã, cit.*, p. 33-39.

Os FUNDAMENTOS ÉTICOS DA CULTURA JURÍDICA OCIDENTAL 245

de que não é possível salvar-se sem a graça divina. Além disso, não sendo suficiente o "saneamento" pela matéria, Deus se vê obrigado a infligir ao homem catástrofes, exterminando o mundo e reorganizando sua criação, conforme os méritos de cada um, até que todo o mal seja depurado e todas as coisas retornem à sua condição primitiva, em sua comunhão universal com a bondade suprema de Deus. O castigo é visto, pois, como uma forma de educação dos espíritos.[109]

Vale anotar que, houve, ainda, aqueles que entendiam ser a filosofia totalmente desnecessária à fé, representando, na verdade, um perigo constante, visto que lhe era contrária em vários aspectos. Esta era a opinião de teólogos como Taciano (século II), Tertuliano (155-222) e Lactâncio (240-320), que advertiam que a filosofia grega era pagã e, portanto, alheia à mensagem cristã e seus métodos de discussão.

Nada obstante, mesmo os que concebiam a filosofia grega como estágio preparatório para a verdade cristã, e defendiam sua utilização como instrumento racional de justificação da revelação contida nas escrituras, concordavam em afirmar que esta precedia as doutrinas dos filósofos.[110]

Além disso, conforme ensina Danilo Marcondes:

> A leitura que os primeiros pensadores cristãos fazem da filosofia grega é sempre altamente seletiva, tomando aquilo que consideram compatível com o cristianismo enquanto religião revelada. Portanto, o critério de adoção de doutrinas e conceitos filosóficos é, via de regra, determinado por sua relação com os ensinamentos da religião. Nesse sentido, privilegiam-se sobretudo a metafísica platônica, com seu dualismo entre mundo espiritual e material, a lógica aristotélica,

---

109 BOEHNER; GILSON, *História da Filosofia Cristã, cit.*, p. 48-78.

110 MARCONDES, *Iniciação à História da Filosofia, cit.*, p. 108.

com seus recursos demonstrativos e dialéticos, e a retórica dos estoicos e sua ética, com ênfase na resignação, na austeridade e no autocontrole.[111]

Dentre os vários pensadores cristãos que se sucederam, desde aqueles tempos, restringir-nos-emos a destacar dois, que representam, seja pela extensão e profundidade de suas doutrinas, seja pela abrangência sistemática de suas obras, as duas grandes matrizes intelectuais da Igreja cristã, Agostinho e Tomás de Aquino, separados por quase um milênio de história e por pressupostos filosóficos e contextos extremamente distintos.

Agostinho

Aurelius Augustinus foi um dos mais importantes filósofos do cristianismo. Nasceu em Tagaste, na província romana da Numídia (atual Argélia), em 354, tendo sido professor em Cartago, Roma e Milão, e, mais tarde, bispo de Hipona, como ficou conhecido. Morreu em 430, deixando um enorme volume de escritos, os quais exerceram uma influência profunda sobre o pensamento medieval.[112]

Paul Johnson afirma que:

> Agostinho foi o gênio das trevas do cristianismo imperial, o ideólogo da aliança entre Igreja e Estado e o gerador da mentalidade medieval. Depois de Paulo, que

---

111 MARCONDES, *Iniciação à História da Filosofia, cit.*, p. 109.

112 Sobre a vida e obra de Agostinho, *vide* o prefácio de José Américo Motta Pessanha em AGOSTINHO. *Confissões*. Trad. J. Oliveira Santos e A. Ambrósio de Pina. São Paulo: Abril Cultural, 2000.

OS FUNDAMENTOS ÉTICOS DA CULTURA JURÍDICA OCIDENTAL   247

forneceu a teologia básica, ele fez mais para moldar o cristianismo que qualquer outro ser humano.[113]

Agostinho fora maniqueu,[114] donde provavelmente deriva sua concepção de justiça, governada pela dicotomia entre o bem e o mal, além do materialismo que permeou suas primeiras reflexões, do qual só fora libertado a partir da influência que recebeu de Ambrósio (c. 340-397) e dos neoplatônicos. De Ambrósio tomara a interpretação alegórica das Escrituras e o entendimento de que por trás da linguagem ordinária do texto sagrado haveria um sentido oculto, confiado à Igreja.[115] Do neoplatonismo recebera os fundamentos para uma compreensão plenamente espiritual de Deus e da alma, a distinção entre o ser absoluto (único verdadeiro) e o ser meramente participado, além do entendimento que o mal não existe por si, nem pode advir de Deus, pois não é mais do que a corrupção das coisas por Ele criadas, que são necessariamente boas. Dessa última noção derivara seu entendimento

---

113 JOHNSON, *História do Cristianismo, cit.*, p. 136-137.

114 O Maniqueísmo era uma seita que professava uma espécie de racionalismo gentio-cristão, que "menosprezava os simples fiéis e prometia aos seus adeptos um saber de ordem superior, bem como a prova cabal da verdade". Além disso, rejeitavam os dogmas da Igreja Católica e sustentavam uma concepção materialista de Deus e da alma. Agostinho foi membro dessa seita durante cerca de dez anos, o que o levara, em seus primeiros trabalhos, a prender-se a um certo materialismo e a sobrepor a razão à fé, postura que foi revista, mais tarde, sob a influência dos neoplatônicos. Cf. BOEHNER; GILSON, *História da Filosofia Cristã, cit.*, p. 143-144. Vale anotar, ainda, que os maniqueus afirmavam a existência absoluta de dois princípios, o bem e o mal, a luz e as trevas. Cf. PESSANHA, José Américo Motta. *Agostinho*: Vida e Obra. In: AGOSTINHO, *Confissões*. Trad. J. Oliveira Santos e A. Ambrósio de Pina. São Paulo: Nova Cultural, 2000, p. 7.

115 BOEHNER; GILSON, *História da Filosofia Cristã, cit.*, p. 144-145.

248　Marcelo Maciel Ramos

de que o mal, como o é o pecado, não é uma substância em si, mas a falta de algo ou a desordem causada pela corrupção do que é bom.[116]

Agostinho defendia a utilização da filosofia antiga como método de preparação da alma para compreensão da verdade revelada. Entretanto, segundo o filósofo, em vista da limitada racionalidade humana, somente através da fé o homem poderia alcançar a compreensão integral da verdade.[117]

A filosofia agostiniana foi elaborada, pois, a partir da aproximação do neoplatonismo de Plotino (205-270) e Porfírio com os ensinamentos de Paulo de Tarso e do Evangelho de João.[118]

Segundo José Américo M. Pessanha:

> O neoplatonismo viria a ser a ponte que permitiria a Agostinho dar o grande passo de sua vida, pois constituía, para os católicos milaneses, a filosofia por excelência, a melhor formulação da verdade racionalmente estabelecida. O neoplatonismo era visto como uma doutrina que, com ligeiros retoques, parecia capaz de auxiliar a fé cristã a tomar consciência da própria estrutura interna e defender-se com argumentos racionais, elaborando-se como teologia. Com a maior tranquilidade passava-se, entre os católicos de Milão,

---

116　BOEHNER; GILSON, *História da Filosofia Cristã, cit.*, p. 146-147.

117　MARCONDES, *Iniciação à História da Filosofia, cit.*, p. 111.

118　MARCONDES, *Iniciação à História da Filosofia, cit.*, p. 111. José Américo M. Pessanha adverte que a Academia Platônica, da qual Agostinho receber forte influência, já havia apresentado seus próprios desenvolvimentos, tendo assumido uma perspectiva eclética e cética que a distanciava da linha de pensamento do seu fundador. O próprio pensamento de Plotino, do qual bebera Agostinho, consistia numa versão mística do platonismo. PESSANHA, José Américo Motta. *Agostinho*: Vida e Obra. In: AGOSTINHO, *Confissões, cit.*, p. 7-8.

das *Enéadas* de Plotino para o prólogo do Evangelho de São João ou para as epístolas de São Paulo.[119]

Agostinho toma da filosofia platônica sua concepção *inatista* para desenvolver sua teoria do conhecimento, afirmando que a possibilidade de conhecer pressupõe algo de prévio. Porém, diverge de Platão ao se distanciar da doutrina da reminiscência (*anamnese*),[120] desenvolvendo sua *Teoria da interioridade e da iluminação*. Segundo Marcondes, para ele, "a mente humana possui uma centelha do intelecto divino, já que o homem foi criado à imagem e semelhança de Deus".[121] Dessa maneira, o homem só poderá chegar à verdade olhando para dentro de si, onde está a capacidade de se alcançar a iluminação divina.

Desse modo, em sua Teoria do Conhecimento, Agostinho separa o objeto conhecido e o conhecimento que se alcança sobre ele.[122] Partindo de uma clara distinção entre o corpo e a alma, afirmara que a sensação tem natureza puramente espiritual, consistindo numa faculdade própria à alma. Todavia, sendo o objeto da sensação (o sensível) um ente de natureza material, ele é captado pela "luz exterior" dos olhos, que

---

119 PESSANHA, José Américo Motta. *Agostinho*: Vida e Obra. In: AGOSTINHO, *Confissões*, *cit.*, p. 8.

120 Anota José Luiz Borges Horta que a teoria das reminiscências platônica nos leva, necessariamente, à teoria das ideias. Segundo o autor, "o homem reconhece um objeto por que conhece a sua forma, em sua essencial simplicidade. A noção de igualdade, por exemplo (74b), só nos é familiar porque, pondera Sócrates, já pudemos contemplar o Igual em Si. Tal contemplação, acrescenta, necessariamente ter-se-á dado antes do nascimento (75b), e em relação a ideias cujo atributo seria a imutabilidade (79d), caso contrário, caso se alterassem, não poderiam ser conhecidas". HORTA, José Luiz Borges. O Canto do Cisne. *Revista da Faculdade de Direito*, Belo Horizonte, Universidade Federal de Minas Gerais, n. 38, 2000, p. 188.

121 MARCONDES, *Introdução à História da Filosofia, cit.*, p. 112.

122 Aqui fica evidente a distinção entre ser e pensamento, pouco ou nada clara aos antigos.

promove uma mudança no corpo, que é, por conseguinte, percebida de maneira ativa pela alma (pela "luz interior" que dela provém).[123]

Entretanto, asseverara Agostinho, conforme nos ensinam Boehner e Gilson, que, embora as nossas ideias pareçam proceder de fora, estimuladas pelas coisas externas, a espontaneidade e a independência da alma em relação ao corpo permanecem intactas, visto que é ela que se apropria dos sinais exteriores e os interpreta segundo a substância do seu próprio intelecto.[124]

Além disso, a capacidade do homem (ser temporal, contingente e mutável) de conhecer verdades eternas, necessárias e imutáveis só é possível pelo contato imediato com Deus, o absoluto eterno. Desse modo, a concepção de que a verdade sobre as coisas é inata ao homem, que as houvera contemplado graças à metempsicose da alma, conforme desenvolvida pelo platonismo, não seria, para Agostinho, suficiente. A verdadeira e única explicação para o conhecimento encontra-se na semelhança e na participação da racionalidade humana na Razão divina.[125]

Agostinho distingue, ainda, uma *razão superior*, que conduz a alma, pela humildade e renúncia ao corpo, às razões e leis eternas, comum a todos, produzindo, pois, uma *sabedoria* que cultuada leva à felicidade e à virtude, e uma *razão inferior*, produzida pela soberba e egoísmo do corpo, que guiado pelos interesses e pelo apego às coisas passageiras do mundo, promove o conhecimento (*ciência*) das coisas inferiores. Todavia, embora as ciências particulares (razão inferior) sejam entendidas pelo pensador como um auxílio indispensável à sabedoria (razão superior), visto que poucos podem alcançá-la com o olhar

---

123 BOEHNER; GILSON, *História da Filosofia Cristã, cit.*, p. 158-159.

124 BOEHNER; GILSON, *História da Filosofia Cristã, cit.*, p. 162.

125 BOEHNER; GILSON, *História da Filosofia Cristã, cit.*, p. 163.

Os fundamentos éticos da cultura jurídica ocidental   251

puro da inteligência e, quando o fazem, não podem se demorar muito em sua contemplação, em face da intensidade de seu esplendor, elas devem, pois, ser subordinadas ao ideal da sabedoria.[126]

O homem, na concepção de Agostinho, ocupa o lugar mais elevado na criação visível divina. A alma, como parte superior do humano, é o elo entre as ideias divinas e o homem, e tem a função de governar o corpo, submetendo-o, consigo mesma, a Deus, numa espécie de retorno ou ascensão ao criador,[127] que consiste, pois, no *dever* fundamental do homem.

Portanto, esse retorno consiste no fim de toda a moralidade humana, cuja vontade deve reconhecer a *ordem*[128] estabelecida por Deus, num processo ascensional da alma que procede do exterior para o interior e do interior para além do espírito.[129]

Em Agostinho, a tarefa moral do homem resume-se, pois, conforme ensinam Boehner e Gilson, na execução fiel das normas eternas, cuja força motriz é o amor a Deus. Nesse sentido, "dominada pelo amor, a alma cumpre cabalmente a lei divina".[130]

Todavia, ao homem, tendo sido concedido a vontade livre (*liberum arbitrium*), isto é, o poder de optar entre o bem e o mal, cabe a escolha de proceder segundo a justiça pelo amor, mantendo intacta a

---

126 BOEHNER; GILSON, *História da Filosofia Cristã, cit.*, p. 168-172.

127 BOEHNER; GILSON, *História da Filosofia Cristã, cit.*, p. 179-184.

128 Ensina Lima Vaz que: "A ideia de *ordem* é a ideia normativa de toda a existência ética segundo Agostinho. Por ela a conformidade com o *bem* que é, por definição, o *fim*, orienta a vida do indivíduo no sentido do bem realizado, ou seja, na busca da *beatitude*, e realiza o bem no indivíduo e na sociedade na forma da *paz*, ou seja, na 'tranquilidade da ordem'". VAZ, *Escritos de Filosofia IV*: Introdução à Ética Filosófica 1, *cit.*, p. 196.

129 AGOSTINHO, *Confissões, cit.,* p. 303-304 (Livro X, 40).

130 BOEHNER; GILSON, *História da Filosofia Cristã, cit.*, p. 188-191.

reta ordem divina, ou afastar-se dela. Entretanto, mesmo quando essa ordem é perturbada pela vontade humana, aprisionada ao pecado, "a justiça divina é suficientemente poderosa para restaurar o equilíbrio numa ordem superior".[131]

A virtude em Agostinho é, portanto, o amor a Deus, ou seja, consiste numa ação caridosa, típica de quem ama mais a outrem do que a si próprio, doando-se e entregando-se, pois, aos desígnios do criador (do outro absoluto). O vício, ao contrário, é a inversão desta ordem do amor.

No que tange à ordem social, Agostinho compreende-a como um desdobramento da ordem moral. Esta é, conforme vimos, aquela estabelecida na ação individual do homem, a qual se refere sempre a Deus, visto que é ele o princípio primeiro e causa final de tudo. Portanto, se a ordem social é pressuposto para a vida moral e para a felicidade, vale, aqui, a mesma regra do amor a Deus, desdobrada no dever de amar ao próximo. Conforme Boehner e Gilson:

> O homem que tem amor a Deus, há de tê-lo também aos seus semelhantes. Ama-os como a si mesmo, por consideração a Deus. [...] Por isso o justo ama a todos, em Deus, sem excetuar os próprios inimigos.[132]

Desse modo, a paz justa, que é o objeto de toda a sociedade, só pode ser alcançada pela conformação à reta ordem divina, "é a disposição dos seres iguais e desiguais que distribui a cada um os seus lugares".[133] Por conseguinte, se a paz entre Deus e o homem consiste na ordenada obediência pela fé à lei eterna, a paz entre os homens é, pois, a ordenada

---

131 BOEHNER; GILSON, *História da Filosofia Cristã, cit.*, p. 187-192.

132 BOEHNER; GILSON, *História da Filosofia Cristã, cit.*, p. 196.

133 AGOSTINHO. *A Cidade de Deus.* V. III. Trad. J. Dias Pereira. 2ª ed. Lisboa: Calouste Gulbenkian, 2000, p. 1915 (Livro XIX, 13, 1).

OS FUNDAMENTOS ÉTICOS DA CULTURA JURÍDICA OCIDENTAL   253

comunhão da mesma lei,[134] segundo a qual se deve amar o próximo (incluindo-se aí o inimigo), regra esta que se desdobra no dever de não fazer mal a ninguém e no de ajudar sempre os necessitados. Portanto, apenas na ordem divina do amor e da caridade ter-se-á a justa paz.

Todavia, asseverara Agostinho, que não há, de fato, Estado que se deixe reger pelo amor de Deus. Desse modo, concebe uma *paz terrena*, na qual predomina o amor às coisas temporais e contingentes, em oposição a uma *paz transcendente e ultraterrena*, na qual prevalece o eterno amor a Deus na caridade. Com isso, teríamos uma **Cidade terrena** ou do demônio, que tem como fim a paz mundana, e uma **Cidade de Deus** ou celeste, que objetiva a paz ultraterrena.[135] Todavia, não haveria entre ambas uma distinção de ordem material, visto que, concretamente, os seus membros desfrutam dos mesmos bens e do mesmo espaço temporal. Porém, enquanto a Cidade de Deus é uma comunidade espiritual, cujos membros utilizam-se dos bens terrenos como viajantes que vivem da fé e buscam a paz na promessa divina de salvação futura e eterna, os membros da Cidade terrena, ao contrário, buscam a paz terrena e a comodidade desta vida.[136]

Por fim, afirma Agostinho que a Cidade terrena deve compatibilizar as vontades humanas, estabelecendo a paz e a ordem em relação aos bens materiais, uma vez que os membros da Cidade de Deus, enquanto

---

134 BOEHNER; GILSON, *História da Filosofia Cristã, cit.*, p. 196.

135 BOEHNER; GILSON, *História da Filosofia Cristã, cit.*, p. 198-199.

136 AGOSTINHO, *A Cidade de Deus, cit.*, p. 1929-1931 (Livro XIX, 17). Carl J. Friedrich ensina que "a verdadeira *civitas Dei* existe unicamente nos céus e não na terra, mas está representada na terra pela comunidade de fiéis. Essa comunidade não deve estar apenas identificada com a Igreja. Mas até em S. Agostinho encontramos uma firme tendência para tratar a Igreja visível como representante da comunidade dos fiéis". FRIEDRICH, Carl Joachim. *Perspectiva Histórica da Filosofia do Direito*. Trad. Álvaro Cabral. Rio de Janeiro: Zahar, 1965, p. 52.

254   MARCELO MACIEL RAMOS

mortais, participam e beneficiam-se desses bens, não obstante esses não constituam o seu fim. Portanto, diante da constatação de que a Cidade terrena não se guia pela lei divina, assevera que ela deve ao menos garantir a ordem necessária aos seus "habitantes temporários" que se dirigem à Cidade de Deus.[137]

Com isso, conforme Carl J. Friedrich, a comunidade política deve tentar resguardar os valores comuns dos homens, que não são outros senão o amor e a caridade. Desse modo, Agostinho teria substituído a noção de comunidade da lei, recorrente no pensamento antigo, pela noção de comunidade do amor e da caridade.[138]

Dentro dessa perspectiva, a justiça passa a equivaler à caridade, isto é, ao dar-se aos outros e, acima de tudo, a Deus, pressupondo, por conseguinte, a crença e a submissão do homem à Igreja, legítima guardiã da palavra divina.[139]

Por essa razão, apenas na Cidade de Deus, representada na terra pela Igreja, é possível a verdadeira justiça. Assim, enquanto à Igreja cabe o encargo de realizar os valores humanos superiores, resta à comunidade política a tarefa inferior de ordenação e manutenção da paz terrena.

Nesse sentido, ensina Antonio Carlos Wolkmer que:

> A construção teológica agostiniana traça os marcos iniciais de uma doutrina do Estado e fornece os elementos teóricos para justificação da Igreja ocidental. Não só o Estado apresenta limites que a Igreja não conhece, como só poderá integrar-se à Cidade de Deus

---

137 AGOSTINHO, *A Cidade de Deus, cit.,* p. 1929-1931 (Livro XIX, 17).

138 FRIEDRICH, *Perspectiva Histórica da Filosofia do Direito, cit.,* p. 53.

139 FRIEDRICH, *Perspectiva Histórica da Filosofia do Direito, cit.,* p. 54.

subordinando-se à Igreja em todos assuntos ou gestões espirituais.[140]

Além disso, conforme o autor:

> O Direito não se fundamenta pura e simples na natureza humana (como se propunha o estoicismo), pois a natureza, sendo cingida pelo pecado, faz com que a legitimidade da legalidade temporal seja buscada numa ordem divina do mundo. [...] Naturalmente, a concepção de justiça verdadeira só se efetiva no âmbito do cristianismo, vivenciado, em seu conteúdo, pelas práticas do amor, da caridade e da fé cristã.[141]

Lembremos que o pensamento de Agostinho emergiu num contexto extremamente conturbado da história do Ocidente. Embora a essa altura o Império romano já fosse cristão, a dualidade entre poder temporal e espiritual, que permitira sua difusão, ainda chamava a atenção dos pensadores cristãos, em meio à crise ética que tentavam remediar e ao fatídico desmoronamento do Império, a que assistiam.

A propósito, vale anotar, á guisa de conclusão, a valiosa lição de Carl Friedrich:

> Assim, chegamos ao ponto decisivo. A comunidade fragmentou-se. Séculos mais tarde, o fato conduziria à separação de Igreja e Estado, mas, de momento, provocou apenas uma interdependência de Estado e Igreja, dentro da qual a unidade da Cristandade se processava. No que respeita ao Direito, sua importância fora

---

140 WOLKMER, *Síntese de uma História das Ideias Jurídicas, cit.*, p. 56.

141 WOLKMER, *Síntese de uma História das Ideias Jurídicas, cit.*, p. 58.

256   MARCELO MACIEL RAMOS

bastante reduzida, obviamente. Quando o Imperador Justiniano, um pouco mais tarde (530 d.C.), resolveu codificar as noções jurídicas dos romanos, limitou-se a colocar tais noções dentro de uma estrutura cristã. Nenhum esforço real foi efetuado para renovar os alicerces filosóficos desse sistema jurídico, segundo um ponto de vista cristão, uma vez que tal trabalho era considerado bastante desnecessário. A iniciativa do Imperador Justiniano estava muito de acordo com as ideias de S. Agostinho, que aceitou o império embora tivesse preferido, provavelmente, uma federação de repúblicas livres, na acepção de Cícero. Mas, ao mesmo tempo, desejou sujeitar o imperador ao divino dom do amor, porquanto, se isso fosse realizado, mandar e obedecer podiam acontecer como consequência do amor, e a vida pública seria conduzida como se o Estado fosse uma única e grande família. As virtudes do homem cristão seriam, assim, os determinantes da ordem política.[142]

O pensamento de Agostinho teve, pois, um impacto gigantesco no espírito do Ocidente medieval e na própria construção da Igreja católica. Tendo emergido num momento em que o Império romano exalava seus últimos sopros de vida, ao que se seguiu um longo período de fragmentação política, cultural e linguística, além de uma instabilidade social e econômica que estagnara a produção intelectual, ele preenchera de forma soberana a vida do Medievo.

Ademais, não obstante os vários pensadores cristãos que lhe sucederam, não houve, até Tomás de Aquino, quase um milênio mais tarde,

---

142 FRIEDRICH, *Perspectiva Histórica da Filosofia do Direito*, *cit.*, p. 55.

nenhum que se destacasse a ponto de imprimir novas perspectivas ao pensamento da Igreja.

Tomás de Aquino

A partir do final do século XI, com o surgimento das Universidades, houve um intenso florescimento da vida intelectual, impulsionado, sobretudo, pela redescoberta das obras dos pensadores antigos. Com a tradução para o latim dos textos de Aristóteles, seu pensamento, longamente silenciado, difundira-se entre os eruditos da época, reinserindo debates filosóficos, que haviam sido pacificados pela Igreja.

Até então, toda a Doutrina cristã havia elegido o platonismo como a filosofia mais adequada para compreensão da sua fé. Dessa maneira, as perspectivas aristotélicas apresentavam-se, a princípio, como um perigo à verdade intocável por ela estabelecida. Do mesmo modo, as reflexões de caráter moral da Igreja seriam, então, confrontadas com o pensamento aristotélico. Anota Lima Vaz que a difusão da *Ética a Nicômaco* a partir do século XIII toma duas direções distintas: uma de ordem teológica, assumida pelos pensadores cristãos, que tentavam compatibilizá-la com a tradição ética da Igreja, e uma propriamente filosófica, que recuperaria a noção de *eudaimonia* aristotélica.[143]

---

143 VAZ, *Escritos de Filosofia IV*: Introdução à Ética Filosófica 1, *cit.*, p. 205-206. Lima Vaz esclarece, ainda, que "a partir de meados do século XII, a reflexão moral, guiada pela noção fundamental de *lei*, alimenta-se em três correntes principais: a *jurídica*, seguida pelos comentadores do *Decretum* do jurista Graciano (cerca de 1140), conhecidos como *decretistas*; a *teológica*, que irá prevalecer no século XIII, século de nascimento da teologia moral propriamente dita; e a *filosófica*, que será caracterizada pela influência dominante de Aristóteles e de seu grande comentador árabe Averróis. A penetração do pensamento ético de Aristóteles no Ocidente latino teve lugar em ritmo lento, e somente no século XV as três Éticas aristotélicas foram integralmente conhecidas dos eruditos ocidentais. A influência maior, no entanto, foi exercida pela *Ética a Nicômaco*, que foi difundida na versão latina de

É nesse contexto, pois, que viveu Tomás de Aquino.[144] Nascido em Nápoles em 1224, entrou aos 20 anos para Ordem Dominicana, tendo tornado-se, mais tarde, Professor da Universidade de Paris. Morreu em 1274,[145] legando ao cristianismo uma perspectiva portentosa e original das relações entre fé e razão.

A perspectiva materialista de Aristóteles infundiu-se fortemente no pensamento de Tomás de Aquino, que aproveitara vários dos seus conceitos para desenvolver sua Teoria do Conhecimento. Todavia, Aquino recorreu em muitos aspectos ao platonismo, que ainda estava profundamente arraigado nas concepções da Igreja. Desse modo, enquanto sua teoria da existência de Deus propunha provar-se através de cinco vias, todas de índole realista, fornecidas pelos sentidos,[146] sua doutrina das ideias parte da afirmação de que elas existem fora das próprias coisas, visto que antes de serem criadas já existiam no intelecto divino (Ideia).[147]

---

seu texto completo em meados do século XIII". VAZ, *op. cit.*, p. 204-205. Averróis (1126-1198), ou, conforme seu nome árabe, `*Abū Al-Walīd Muhammad Ibn Ahmad Ibn Rušd*, nasceu em Córdoba, na Espanha, à época dominada pelos muçulmanos. De posse das traduções árabes das obras de Aristóteles, escreveu comentários sobre quase a totalidade delas, os quais, a partir da Península Ibérica, foram rapidamente traduzidos para o latim e difundidos, trazendo ao conhecimento do Ocidente o aristotelismo, longamente esquecido. ATTIE FILHO, Miguel. *Falsafa:* A Filosofia entre os Árabes. São Paulo: Palaa Atenas, 2002, p. 300-332.

144 Tomás de Aquino é considerado o mais alto representante da ESCOLÁSTICA, como ficou conhecida a Filosofia medieval a partir dos séculos XI e XII. Cf. MARCONDES, *Iniciação à História da Filosofia, cit.*, p. 116.

145 BOEHNER; GILSON, *História da Filosofia Cristã, cit.*, p. 448.

146 MATTOS, Carlos Lopes. *Tomás de Aquino:* Vida e Obra. In: AQUINO, Tomás de. *Textos selecionados.* São Paulo: Nova Cultural, 2000, p. 5-12.

147 BOEHNER; GILSON, *História da Filosofia Cristã, cit.*, p. 460.

Como em Agostinho, Tomás de Aquino parte da noção fundamental de que Deus é a causa e o fim de todas as coisas e que o mal, nada obstante, não é causado por Ele, pois não consistiria numa realidade em si, mas numa deficiência ou privação da perfeição, em face à natureza corruptível da realidade.[148]

Todavia, em sua concepção do homem, Tomás de Aquino aproxima-se dos conceitos aristotélicos, a fim de interpretá-los à luz do cristianismo. O homem é, então, entendido como o composto indissociável de alma e corpo, no qual aquela é absolutamente dependente deste para exercer suas operações próprias. Embora Aquino tenha reconhecido que a alma é capaz de transcender à matéria, entendera que isso não seria possível sem a ajuda do próprio corpo, do qual é dependente. Por essa razão, no esteio de Aristóteles, compreendera que a faculdade sensitiva encontrava-se na origem de todo conhecimento e que o intelecto humano era destituído de qualquer saber prévio.[149]

Por fim, é importante ressaltar que o pensamento tomásico é francamente racionalista, tendo como postulado básico a capacidade do homem, conferida por Deus, de separar a verdade do erro, mediante o uso da razão. Portanto, conforme esclarece Fábio Konder Comparato, o juízo ético é, em Aquino, puramente intelectual, sem nenhum traço de sentimentos ou emoções, o que o levava a um caminho destoante da tradição anterior, que beirava a heresia.[150]

O ponto de partida de Tomás de Aquino, em suas reflexões éticas, está na compreensão de que o homem, como todo ser, tem um *fim*, conforme estabelecido por Deus no momento da criação. Todavia, por ocupar um lugar privilegiado em meio às criaturas desse mundo,

---

148 BOEHNER; GILSON, *História da Filosofia Cristã, cit.*, p. 466-467.

149 BOEHNER; GILSON, *História da Filosofia Cristã, cit.*, p. 467-476.

150 COMPARATO, *Ética, cit.*, p. 143.

portando, graças a sua semelhança ao criador, uma centelha de sua Razão, ele é capaz, ao contrário dos demais seres, de conhecer seu próprio *fim*, que não é outro senão retornar a Deus.

No entanto, embora o fato de participar da Razão divina incline--o em direção a ela (seu *fim* último), sua vontade livre (livre-arbítrio), concedida pelo criador, permite-lhe escolher os meios (os fins penúltimos ou mediatos) que o conduzem até ela.[151]

Portanto, a virtude é, em Tomás de Aquino, a disposição constante do homem para conformar sua ação à sua própria razão, a qual o leva inevitavelmente, na medida de suas limitações, à Razão divina.

Nesse sentido, ensina Lima Vaz que Tomás de Aquino, mediante a utilização deliberada de uma estrutura noético-metafísica recebida de Aristóteles e profundamente reformulada para adequar-se à perspectiva cristã, distingue na ação o *fim em si mesmo* (*finis cujus*) e o *fim pelo qual* (*finis quo*) ela desenvolve-se.[152] Em outras palavras, o *finis cujus* é aquele em razão do qual existimos e ao qual tendemos inevitavelmente e o *finis quo* é o fim ou o meio pelo qual se busca alcançar o primeiro. Desse modo, conforme dito, o ser humano, criado à imagem e semelhança de Deus, participa da sua perfeição, estando, pois, orientado a Ele como objeto último (*finis cujus*). Todavia, em face de sua livre vontade, há uma significativa diferença entre a tendência natural da ação humana e a sua efetiva consecução. Por essa razão, a virtude (*beatitude*) é a inteira submissão do sujeito, na fruição do objeto (*finis quo*), pela livre disposição da vontade, à ordem divina (*finis cujus*).[153]

Vale ressaltar que Tomás de Aquino, à maneira dos antigos, parte do pressuposto de que a norma suprema dos atos humanos deve ser sempre

---

151 BOEHNER; GILSON, *História da Filosofia Cristã*, *cit.*, p. 476-478.

152 VAZ, *Escritos de Filosofia IV*: Introdução à Ética Filosófica 1, *cit.*, p. 221-222.

153 VAZ, *Escritos de Filosofia IV*: Introdução à Ética Filosófica 1, *cit.*, p. 222-223.

Os fundamentos éticos da cultura jurídica ocidental   261

a razão, de modo que tanto a ação humana interior, orientada pela virtude, quanto a exterior, regulada pelas leis, devem se reduzir a ela.

Há, portanto, no eminente pensador, uma clara distinção entre o *agir ético* (moral) e a *existência ética*. Entendia-se, pois, que a ordem das virtudes constituía a estrutura subjetiva do viver ético, enquanto a natureza normativa e universal do agir virtuoso, sua estrutura objetiva.[154]

Na estrutura objetiva e normativa do agir virtuoso temos, pois, a lei, à qual Tomás de Aquino dedica uma extensa parte da *Suma Teológica*, na qual procura estabelecer os seus caracteres essenciais. Desse modo afirma que uma lei é: i) uma medida da razão;[155] ii) que tem como fim o bem comum;[156] iii) o qual, só pode ser determinado pela própria

---

154 vaz, *Escritos de Filosofia IV*: Introdução à Ética Filosófica 1, *cit.*, p. 234.

155 "A lei é uma regra e medida dos atos, pela qual somos levados à ação ou dela impelidos. Pois, lei vem de *ligar*, porque obriga a agir. Ora, a regra e a medida dos atos humanos é a razão, pois, é deles o primeiro princípio, como do sobredito resulta. Porque, é próprio da razão ordenar para o fim, princípio primeiro do agir, segundo o Filósofo. Ora, o que, em cada gênero, constitui o princípio é a medida e a regra desse gênero." aquino, Tomás. *Suma Teológica*. Das Leis. V. IX. Trad. Alexandre Correia. São Paulo: Odeon, 1936 (Edição Bilíngue Latim-Português), p. 6-7 (Q. XC, Art. I).

156 "Uma ordem supõe a aplicação da lei ao que é por ela regulado. Ora, o ordenar-se para o bem comum (*bonum commune*), que é próprio da lei, é aplicável a fins particulares (*singulares fines*). E, a esta luz, também se podem dar ordens relativa a certos fins particulares. Certamente, as obras dizem respeito ao particular. Mas este pode ser referido ao bem comum, não pela comunidade genérica ou específica, mas, pela da causa final enquanto o bem comum é considerado como fim comum (*finis communis*). Assim como na ordem da razão especulativa nada tem firmeza senão pela resolução aos primeiros princípios indemonstráveis, assim também nada a tem, na ordem da razão prática, senão pela ordenação ao último fim, que é o bem comum. Ora, o que deste modo participa da razão, tem natureza de lei." aquino, *Suma Teológica*, V. IX, *cit.*, p. 10-11 (Q. XC, Art. II).

comunidade à qual se destina, ou por aquele que a representa;[157] iv) devendo, para que possa ser imposta e exigida, ser levada ao conhecimento dos seus destinatários.[158]

Portanto, segundo Aquino, a lei justa (ou verdadeira) é aquela determinada pela razão humana, na medida de sua participação na Razão divina. Logo, ela será necessariamente universal e, uma vez que se refere à vida em comunidade, terá como objeto o bem comum, o qual não pode consistir na razão de cada um, mas sim na razão de todos ou na do príncipe, que atua em nome de todos. Por isso, segundo Carl J. Friedrich, "o bem geral, que possui existência objetiva, só pode ser determinado pela comunidade ou seus representantes".[159]

A lei é, pois, nas palavras do próprio Tomás de Aquino, "uma ordenação da razão para o bem comum, promulgada pelo chefe da comunidade".[160]

Portanto, a lei é entendida como a prescrição de uma regra ou medida para o agir do ser racional, cujo hábitat necessário é a comunidade. Por isso, a lei deve servir sempre ao seu fim comum e ser por ela mesma emanada.

---

157 "A lei, própria, primária e principalmente, diz respeito à ordem, para o bem comum. Ora, ordenar para o bem comum é próprio de toda a multidão ou de quem governa em lugar dela. E, portanto, legislar pertence a toda multidão ou a uma pessoa pública (*personam publicam*), que a rege. Pois, sempre, ordenar para um fim pertence a quem esse fim é próprio." AQUINO, *Suma Teológica*, V. IX, *cit.*, p. 12 (Q. XC, Art. III).

158 "Como já dissemos, a lei é imposta aos que lhe estão sujeitos, como regra e medida. Ora, a regra e a medida impõe-se aplicando-se aos regulados e medidos. Por onde, para a lei ter força de obrigar – o que lhe é próprio – é necessário seja aplicada aos homens, que por ela devem ser regulados. Ora, essa aplicação se faz por chegar a lei ao conhecimento deles, pela promulgação (*promulgatione*). Logo, a promulgação é necessária para a lei ter força." AQUINO, *Suma Teológica*, V. IX, *cit.*, p. 14 (Q. XC, Art. IV).

159 FRIEDRICH, *Perspectiva Histórica da Filosofia do Direito, cit.*, p. 62-63.

160 "*Et, sic, ex quatuor prædictis, potest colligi definitio legis, quæ nihil est aliud quam quædam rationis, ordinatio ad bonum commune, ab eo qui curam communitatis habet promulgata*". AQUINO, *Suma Teológica*, V. IX, *cit.*, p. 14 (Q. XC, Art. IV).

Os fundamentos éticos da cultura jurídica ocidental   263

Esse proclamado racionalismo de Aquino, inspirado na Filosofia antiga, encontra, todavia, seu fundamento na Razão divina, da qual deriva toda razão humana.

Desse modo, temos a célebre distinção tomásica entre LEI HUMANA (*lex humana*), LEI NATURAL (*lex naturalis*), LEI ETERNA (*lex æterna*) e LEI DIVINA (*lex divina*).

A *LEI ETERNA* consiste na vontade suprema do próprio Deus, em sua Razão absoluta e perpétua.[161] Ela é, conforme esclarecem Boehner e Gilson, "a norma derradeira e o fim último de todas as coisas."[162] Todavia, visto que os homens não podem conhecê-la imediatamente, participam dela por meio da *LEI NATURAL*, que é aquela revelada pela razão humana, na medida de sua participação na Razão divina. É ela que fornece as normas universais e últimas do agir de qualquer comunidade, como os princípios da moralidade, tais quais o dever de fazer o bem, o de autoconservação da humanidade etc.[163]

---

161 "Como já dissemos, a lei não é mais do que um ditame da razão prática, do chefe que governa uma comunidade perfeita. Ora, supondo que o mundo seja governado pela divina providência, como estabelecemos na Primeira Parte, é manifesto que toda a comunidade do universo é governada pela razão divina. Por onde, a razão mesma do governo das cousas, em Deus (*Deo*), que é o regedor do universo, tem a natureza de lei. E como a razão divina nada concebe temporalmente, mas tem o conceito eterno, conforme a Escritura, é forçoso dar a essa lei a denominação de eterna." AQUINO, *Suma Teológica*, V. IX, *cit.,* p. 16 (Q. XCI, Art. I).

162 BOEHNER; GILSON, *História da Filosofia Cristã, cit.*, p. 481.

163 "Ora, todas as coisas sujeitas à divina providência (*divinæ providentiæ*) são reguladas e medidas pela lei eterna (*lege æterna*), como do sobredito resulta. Por onde, é manifesto, que todas participam, de certo modo, da lei eterna (*legem æternam*), enquanto por estarem impregnadas dela é que se inclinam para os próprios actos e fins. Ora, entre todas as criaturas, a racional está sujeita à divina providência de modo mais excelente, por participar ela própria da providência, provendo a si mesma e às demais. Portanto, participa da razão eterna (*ratio æterna*), donde tira a sua inclinação natural para o acto e o fim devidos. E a essa participação da lei eterna (*legis æternæ*) pela criatura racional se dá o nome de lei natural (*lex*

A **LEI HUMANA** refere-se, pois, àquelas disposições particulares concernentes às sociedades concretas, que devem ser deduzidas da lei natural pelo legislador.[164]

Todavia, a lei natural e a lei humana (derivada da primeira) não são suficientes para conformar a ação do homem ao seu próprio fim, que é a "beatitude eterna".[165] Isto porque, segundo Aquino, essa beatitude excede à capacidade natural humana, uma vez que o homem não é só razão, o que torna o seu juízo incerto e contraditório. Além disso, o homem só é capaz de julgar os atos externos, não podendo extirpar, portanto, com suas leis todo o mal. Deste modo, é preciso que haja uma **LEI DIVINA**[166] que reconduza o homem ao seu fim.

---

naturalis). [...] Por onde é claro que a lei natural não é mais do que a participação da lei eterna pela criatura racional ("*Unde patet quod lex naturalis nihil aliud est quam participatio legis æternæ in rationali creatura*"). AQUINO, *Suma Teológica*, V. IX, *cit.*, p. 18-19 (Q. XCI, Art. II).

164 "Assim como a razão especulativa, de princípios indemonstráveis e evidentes, tira as conclusões das diversas ciências, cujo conhecimento não existe em nós naturalmente, mas, são descobertos por indústria da razão; assim também, dos preceitos da lei natural, como de princípios gerais indemonstráveis, necessariamente a razão humana há de proceder a certas disposições particulares. E estas disposições particulares, descobertas pela razão humana há de proceder a certas disposições mais particulares. E estas disposições particulares, descobertas pela razão humana, observadas as outras condições pertencentes a essência da lei, chamam-se leis humanas como já dissemos". AQUINO, *Suma Teológica, cit.*, p. 21 (V. IX, Q. XCI, Art. III).

165 Conforme vimos, esta "beatitude eterna" funda-se na ideia de que o homem fora criado à imagem e semelhando de Deus, de onde provém toda a razão, inclusive a humana, e para a qual o homem tende necessariamente.

166 "Além da lei natural e da humana, é necessário, para a direção da vida humana, haver uma lei divina. E isto por quatro razões. – Primeiro, porque, pela lei, o homem dirige os seus atos, em ordem ao fim último. Ora, se ele se ordenasse só para um fim que lhe não excedesse a capacidade das faculdades naturais, não teria necessidade de nenhuma regra racional, superior à lei natural e à humana desta derivada. Mas, como o homem se ordena ao fim da beatitude eterna, excedente

Portanto, tem-se que as leis humanas devem subordinar-se sempre à lei natural, que por sua vez representa a participação da razão humana na Razão divina (lei eterna).[167] Todavia, visto que as primeiras não são suficientes para conformar o homem à vida santa, suprimindo por si só todo o pecado, inclusive aquele cometido na privacidade de seus pensamentos, fez-se necessário o estabelecimento por Deus de uma lei que o arrebatasse e o conduzisse à beatitude, pelo amor e pelo temor (interno), que só uma lei divina, revelada através das Escrituras, poderia garantir.

Desse modo, uma vez que é a Igreja a guardiã dessa da lei divina, a ela devem se subordinar os Estados.

à capacidade natural das suas faculdades, como já estabelecemos, é necessário que, além da lei natural e da humana, seja também dirigido ao seu fim por uma lei imposta por Deus. – Segundo, da incerteza do juízo humano, sobretudo no atinente às cousas particulares, originam-se juízos diversos sobre actos humanos diversos; donde, por sua vez, procedem leis diversas e contrárias. Portanto, para poder o homem, sem nenhuma dúvida, saber o que deve fazer e o que deve evitar, é necessário dirija os seus actos próprios pela lei estabelecida por Deus, que sabe não poder errar. – Terceiro, porque o homem só pode legislar sobre o que pode julgar. Ora, não pode julgar os atos internos, que são ocultos, mas só, dos externos, que aparecem. E, contudo, a perfeição da virtude exige que ele proceda retamente, em relação uns aos outros. Portanto, a lei humana não podendo coibir e ordenar suficientemente os atos internos, é necessário que, para tal, sobrevenha a lei divina. – Quarto, porque, como diz Agostinho, a lei humana não pode minar todos os males, haveria, consequentemente, de impedir muitos bens, impedindo, assim, a utilidade do bem comum, necessário ao comércio humano. Por onde, a fim de nenhum mal ficar sem ser proibido e permanecer impune, é necessário sobrevir a lei divina, que proíbe todos os pecados." AQUINO, *Suma Teológica*, V. IX, *cit.*, p. 23-25 (Q. XCI, Art. IV).

167 Do mesmo modo, esclarece Salgado que: "A lei escrita (humana) determina o justo quando está ela conforme a lei natural (ou não a contraria) que, por sua vez, é a lei própria do ser racional e que participa da *lex æterna*, que se dá como vontade do criador nas criaturas". SALGADO, *A Ideia de Justiça em Kant*, p. 65.

Nesse sentido, ensina Carl J. Friedrich a propósito da posição tomásica que:

> É tarefa da Igreja assegurar que os príncipes, como já se disse, atuem de acordo com os princípios cristãos e a ordem cristã da vida. Se não respeitarem as admoestações da Igreja, devem ser desobedecidos por seus súditos. Nesse caso, as suas ordens deixam de ser leis.[168]

Portanto, da Razão divina deve derivar todo o direito e todas as leis, que, em virtude da falibilidade humana, não sendo suficientes para garantir o bem e afastar o mal, devem submeter-se, afinal, à palavra de Deus, manifestada através da lei divina. Desse modo, visto que essa lei está imersa em mistérios, guardados pela Igreja, todo preceito jurídico fundar-se-á, por via indireta, na sua autoridade.

Ora, se o conteúdo da lei divina não é dado ao conhecimento de qualquer um, se a legitimidade da lei humana ampara-se, de todo modo, na Razão suprema e, ainda, se os súditos são instados a descumprir as ordens do governante apóstata, tem-se que a validade de toda lei funda-se sobre o poder da Igreja.

Por outro lado, ao colocar a lei acima da vontade do príncipe e ao afirmar como objeto da lei o bem comum, Tomás de Aquino fornecera ao pensamento ocidental renovados pontos de partida, retomados e desenvolvidos pelos pensadores modernos.

A partir de Tomás de Aquino, o pensamento ocidental reforça um processo progressivo de racionalização dos seus pressupostos, afastando-se, pouco a pouco, das amarras das verdades religiosas inquestionáveis e intransponíveis. Todavia, àquela altura a força da Igreja transcendia os limites da vida espiritual, intervindo fortemente na vida política e jurídica

---

168 FRIEDRICH, *Perspectiva Histórica da Filosofia do Direito, cit.*, p. 63-64.

do baixo medievo e controlando, efetivamente, todo o conhecimento da época. Desse modo, as gerações que seguiram, apesar do apelo racional que as envolvia, ainda estavam atreladas à verdade revelada. Apenas a partir do século XVI, num processo encorajado pela Reforma Protestante, os pensadores modernos passaram a opor-se de forma mais ostensiva aos dogmas cristãos. Mas a vigilância e o poder da Igreja e mesmo a fé cristã tão arraigada no espírito ocidental adiaram por alguns séculos a proclamação do racionalismo e a reivindicação da devolução ao homem da sua essência.

CONSIDERAÇÕES FINAIS

OS FUNDAMENTOS ÉTICOS GREGO E CRISTÃO DO SENTIDO OCIDENTAL DE JUSTIÇA E DE DIREITO

APÓS TER PERCORRIDO esse extenso caminho que conduziu o homem ocidental na construção dos fundamentos do seu *ethos*, cumpre-nos, enfim, refletir sobre as consequências dessa trajetória para a fabricação do edifício axiológico sobre o qual se firmaram suas referências fundamentais acerca do mundo, da vida e das relações humanas.

O direito é a expressão máxima de todo o ideal cultural, no qual se recolhem os valores mais caros do homem ocidental em sua vida sociopolítica.

Por essa razão, o direito, como produto eminente da cultura, que impõe e garante à ação humana um conteúdo ético, historicamente construído, só pode ser compreendido e justificado, se situado no contexto cultural do qual emergiu, sem o que seu fim (sua razão de ser) ficaria esvaziado de todo sentido.

Ora, se o homem é o produto e o resultado de todo o caminho trilhado pela humanidade que o preenche, o direito, como elaboração humana, a fixar-lhe os termos de toda a sua evolução espiritual, é, pois, expressão resultante desse percurso.

Por essa razão, esforçamo-nos por reconstituir o evolver histórico do direito e do *ethos* da civilização ocidental, sobretudo dos seus pressupostos gregos e cristãos, a fim de situá-los dentre os vários elementos das culturas que os forjaram, identificando, pois, os fundamentos materiais que forneceram e fornecem à experiência jurídica conteúdos e significados.

Nesse sentido, vimos que a tradição ética do Ocidente é o resultado de uma elaboração multimilenar que lança suas raízes nas construções filosóficas dos antigos gregos, assumidas pelos romanos e, mais tarde, pela Igreja cristã, que preservou e recriou muitos dos seus pressupostos.

É importante perceber, conforme ensina Lima Vaz, que desde as suas remotas origens gregas, a civilização ocidental colocou decididamente no centro do seu universo simbólico a RAZÃO DEMONSTRATIVA como critério último de todo o conhecimento acerca do mundo e do homem, além de toda a compreensão das crenças e dos costumes, bem como de sua reordenação teórica e da consequente normatividade da ação humana.[1]

Nesse sentido, afirma o autor que:

> Os sistemas teológicos e éticos são, ao longo da história da nossa civilização, o campo desse labor e nele a *philosophia*, invenção tipicamente grega, destinada a pensar o conteúdo das crenças e a normatividade dos costumes, encontra sua matriz conceptual primeira e o espaço teórico dos seus problemas fundamentais.[2]

Desse modo, mesmo o sistema teológico cristão procurou compatibilizar fé e razão, buscando nessa última os instrumentos para formulação e demonstração teóricas de suas verdades e, ainda, utilizando-a como auxílio indispensável na preparação das almas para a compreensão (ou, ao menos, aproximação) dos mistérios da fé.

Portanto, reconhecer na "verdade" revelada da religião cristã alguns dos valores e mandamentos que preenchem a experiência jurídica do Ocidente não significa abandonar a racionalidade como ponto de partida de toda a sua ordenação normativa. Afinal, esta é a vocação precípua e irrenunciável do direito ocidental, construído sobre o legado greco-romano.

---

1 VAZ, Henrique C. de Lima. *Escritos de Filosofia II:* Ética e Cultura. 3ª ed. São Paulo: Loyola, 2000, p. 7.

2 VAZ, *Escritos de Filosofia II:* Ética e Cultura, *cit.*, p. 7

Todavia, não podemos fechar os olhos para o fato de que, conforme anota Fernand Braudel:

> O cristianismo ocidental foi e continua a ser o componente maior do pensamento europeu, mesmo do pensamento racionalista que se constitui contra ele, e também a partir dele. De um extremo ao outro da história do Ocidente, o cristianismo permanece no âmago de uma civilização que ele anima, mesmo quando se deixa levar ou deformar por ela, e a engloba, mesmo quando ela esforça por escapar-lhe. Porque pensar contra alguém é permanecer em sua órbita. Ateu, um europeu continua sendo prisioneiro de uma ética, de comportamentos psíquicos, poderosamente arraigados numa tradição cristã.[3]

Desse modo, a despeito do sentimento religioso individual que um ocidental nutre pela fé cristã, ele é produto de uma tradição cultural da qual o cristianismo é uma parte substancial, tendo, portanto, recebido e incorporado crenças, símbolos e valores cristãos, que influem em sua visão de mundo e em seu comportamento social.

Além disso, no embate entre mito (fé) e razão que sempre permeou o pensamento ocidental, mesmo nos momentos de radical racionalismo, buscou-se muitas vezes nas crenças os elementos sobre os quais a razão se debruçou para produzir os seus conhecimentos.

Com isso, mesmo com o proclamado racionalismo do Iluminismo, a suscitar uma profunda transformação da sociedade, com a revalorização do homem e da razão, os valores da tradição cristã não puderam ser abandonados definitivamente pelo simples fato de fundarem-se na

---

3 BRAUDEL, Fernand. *Gramática das Civilizações*. Trad. Antônio de Pádua Danesi. São Paulo: Martins Fontes, 2004, p. 309.

verdade revelada da fé. A essa altura, eles já constituíam o patrimônio cultural e ético do Ocidente.

Todavia, conforme vimos, as tendências positivistas, que por muito imperaram, acabaram por erigir uma barreira intransponível, a cercar o direito de qualquer afetação que não fosse verdadeiramente jurídica. Logo, em vista das restrições especulativas e metafísicas, o que puderam encontrar para caracterizá-lo fora somente a coercitividade (a força) e as formalidades de seus preceitos.

Por essa razão, faz-se imperativo resgatar o legado cultural a partir do qual o direito ocidental foi construído, para que, uma vez revelada tanto a nossa herança racional quanto a mitológica, ambas indispensáveis para compreensão da nossa história e dos significados das obras da nossa cultura, como o é o direito, pudéssemos contribuir para resgatar para os juristas as discussões acerca do conteúdo da norma e da justiça.

Embora o direito apareça na história enquanto obra da experiência dos romanos, tal fato só foi possível graças às importantes realizações culturais dos gregos.

O desenvolvimento pelos gregos de um raciocínio lógico a partir do qual se poderia compreender verdadeiramente o mundo e o homem, libertando este último do julgo das tradições e das verdades sagradas, abriu caminho para a afirmação da autonomia racional e moral do homem, elementos essenciais para o aparecimento do direito.

Os gregos, ao proclamarem a *autonomia racional* do homem, isto é, seu poder de encontrar em si mesmo toda a verdade, passaram a pensar que as normas de conduta deveriam ser fundadas na razão humana e não na vontade sagrada dos deuses ou nas paixões e opiniões individuais.

Com isso abriu-se caminho para pensar o homem não só como destinatário das leis, mas também como o seu autor.

Além disso, os gregos estabeleceram as primeiras reflexões sobre a justiça, enquanto medida ou obra propriamente humana, fundando,

Os fundamentos éticos da cultura jurídica ocidental 275

pois, os alicerces sobre os quais todo pensamento ocidental posterior sobre o tema se desenvolveu.

A justiça, tratada pelos antigos como a virtude suprema, era entendida como o fim último a ser buscado tanto pelos indivíduos em suas ações particulares quanto pela coletividade no estabelecimento das regras de ordenação da vida social.

Enquanto virtude individual, a justiça é, em Platão, o *governo do corpo (apetite e cólera) pela razão (alma)*, capaz de conhecer a verdade (a *ideia*) e de impor à ação um comportamento conforme a ela. Na esteira de Sócrates, Platão identificava conhecimento (sabedoria) e justiça (virtude), afirmando ser a ignorância a fonte de toda a injustiça. Aristóteles, ao desenvolver esta ideia, percebe que a justiça não poderia ser simples decorrência do conhecimento da verdade (como saber teorético). Na medida em que compreende o homem como um ser misto, dotado tanto de vontade racional, quanto de tendências irracionais, percebe que a ação depende sempre de uma escolha, pois o homem pode perfeitamente conhecer o sumo bem da ação, mas, por fraqueza ou por deliberação, agir com injustiça. Portanto, para Aristóteles a justiça refere-se sempre a uma ação possível, passando a ser entendida como o *exercício permanente da razão*, isto é, um esforço constante, uma *disposição voluntária e deliberada de moderação e prudência*, que em cada ação concreta modera seus fins particulares (as paixões e necessidades), segundo a medida da razão (justo meio).

Como virtude social ou política, a justiça era entendida por Platão como a distribuição de bens e funções conforme os méritos e as vocações de cada um, observado um critério de distribuição racional com vistas à realização do bem comum. Aristóteles soma a esta *justiça distributiva*, na qual se emprega o critério da *proporcionalidade* (os desiguais devem ser tratados desigualmente), uma *justiça corretiva*, cujo critério é a *igualdade* aritmética (os iguais devem ser tratados igualmente).

Eis o sentido fundamental de justiça que sustentará toda a construção histórica do conceito, inclusive suas sucessivas negações.

No período do helenismo, em suas várias manifestações intelectuais, o sentido da justiça acaba sendo reduzido a uma noção particular (abstrata), apresentando ora um caráter subjetivo alheio à coletividade, ora um caráter objetivo alheio às individualidades.

Enquanto no período clássico o contexto sociopolitico promovia uma comunhão entre interesses individuais e coletivos e uma interdependência entre as noções de justiça individual e justiça social, durante o helenismo essas noções são separadas e cada qual passa a representar a negação (o contrário) da outra.

Se o cidadão da antiga *polis* realizava-se nela, integrando-se completamente em suas atividades e encontrando o valor de sua ação na concreção do interesse coletivo, o homem do helenismo, diante dos impérios que se estabeleciam – o alexandrino e mais tarde o romano –, cujos limites e ações fugiam completamente da sua compreensão, passou a encontrar sua realização e o valor de seu comportamento ou em si mesmo ou num princípio abstrato e imanente.

Desse modo, a justiça passa a ser compreendida ora como uma virtude individual, muitas vezes confundida com os desejos e interesses particulares, como nas formulações do epicurismo, ora como uma virtude universal (cósmica) alheia à concretude do indivíduo ou da vida social, como nas reflexões do estoicismo. De todo modo, a noção de justiça acaba sendo animada pela ideia de *sujeição* do homem aos seus interesses (pela realização de sua natureza animalesca) ou a um princípio supremo e inexorável, uma razão universal (uma lei natural) que embora imanente, lhe é dada (não sendo, pois, por ele construída).

O sentido concreto e total da justiça – enquanto justiça que é, ao mesmo tempo, individual e social – acaba dissolvendo-se e pulverizando-se em aspectos abstratos (particulares).

Os FUNDAMENTOS ÉTICOS DA CULTURA JURÍDICA OCIDENTAL 277

Além disso, o sentido de sujeição, oposto ao sentido original de autonomia racional e moral (de submeter-se à própria razão), abre caminho para a construção de uma noção negativa de justiça pelo cristianismo, que afastou definitivamente do homem o critério para a sua realização.

Partindo-se da noção de que Deus é o princípio transcendental e pessoal de todas as coisas, criador e senhor amoroso e misericordioso do homem, a oferecer-lhe em troca da fé a graça da salvação eterna, a realização humana é transferida completamente para um outro plano de existência, a depender da vontade divina.

Com isso, a autonomia humana, fundamento de todo o *ethos* da antiguidade clássica, é fortemente ofuscado. Restava ao homem, em face da sua semelhança e, consequente, participação na Razão divina, uma *racionalidade limitada* (temporal, mutável e contingente), dependente, portanto, da fé na verdade revelada por Deus (essa sim, perfeita e imutável).

Da dependência racional do homem decorre, por conseguinte, sua *incapacidade moral*, que diante do livre-arbítrio concedido por Deus e da impossibilidade de alcançar pela razão a verdade em sua integralidade, precisa submeter-se à lei divina.

Com isso, *a justiça (ou a virtude) cristã acaba por se apresentar como a conformação do homem pela fé à vontade divina*, revelada nas Escrituras e depositada sob a guarda da Igreja. A injustiça, ou o pecado, é, ao contrário, o afastamento do homem dos preceitos de Deus.

Como a salvação, fim último do homem, só seria possível, segundo os cristãos, pela graça divina, a qual se alcança pela fé sincera em sua palavra e pela conformação do pensamento e da ação a ela, a ordem social deixa de representar o ambiente necessário para realização do homem. Além disso, diante de sua incapacidade moral, não seria possível qualquer justiça humana, razão pela qual ao cristão não restava alternativa senão resignar-se perante a autoridade temporal, visto que tudo é conforme a vontade de Deus, e depositar todas as suas energias e expectativas numa realização além-vida junto ao criador.

Desse modo, a justiça é entendida por Agostinho como o amor a Deus, a quem o homem deve se entregar inteiramente, cumprindo cabalmente a lei divina. A ordem social deveria, do mesmo modo, conformar-se à reta ordem divina, regendo-se pelo amor a Deus, o qual se desdobra no dever de amar ao próximo, de ajudar aos necessitados e de não causar mal a ninguém. Todavia, não existindo um Estado capaz de se guiar efetivamente conforme o amor a Deus, caberia à ordem política prover apenas a paz mundana e a ordem na cidade terrena, enquanto só na cidade de Deus poder-se-ia alcançar a salvação futura e a paz eterna. Portanto, a verdadeira justiça, entendida como amor e caridade, só seria possível, segundo Agostinho, na cidade celeste, representada na terra pela Igreja. Com isso, à Igreja caberia o encargo de realizar os valores humanos superiores, restando à comunidade política a tarefa inferior de manutenção da ordem terrena.

Mesmo Tomás de Aquino, a despeito de sua orientação francamente racionalista, acaba por apresentar a justiça como sujeição a Deus. Embora, no esteio de Aristóteles, Aquino afirmasse que a justiça era a *disposição constante* do homem para conformar a ação à sua própria razão, ele acrescenta que, em vista das suas limitações, o homem precisaria recorrer sempre à revelação da Razão divina. Dessa maneira, fazia-se necessário uma lei divina, revelada através das Escrituras, pela qual o homem poderia ser guiado pela fé, reconduzindo-se, portanto, à beatitude e à justiça. Além disso, entende o filósofo que como a lei divina fora confiada a Igreja, a ela deveriam se subordinar os homens e as ordens políticas.

É importante ressaltar que os conteúdos das normas jurídicas e o próprio critério de justiça, que ordena os valores e orienta a normatividade, encontram nessas reflexões éticas, aqui sintetizadas, os seus substratos materiais, que, construídos a partir das várias contradições suscitadas no processo de formação histórico do Ocidente, legitimam e validam o seu sentido.

Vale lembrar que o direito, conforme pretendido pelo Ocidente a partir de suas raízes romanas, é o conjunto de regras obrigatórias que impõe aos homens deveres objetivamente válidos, estabelecendo, pois, os padrões de conduta fixados pelo grupo ou por seus representantes, segundo os quais se convenciona o que é permitido, facultado e proibido fazer nas diversas relações intersubjetivas e nos mais variados âmbitos da vida social. Essas regras, garantidas pelo poder organizado do grupo, atribuem, ainda, aos destinatários dos deveres, o poder, ou a prerrogativa, de exigirem dos demais o respeito aos preceitos estabelecidos. Além disso, o conteúdo das normas jurídicas deve ser a expressão da vontade dos seus próprios destinatários. Desse modo, o legislador precisa impor deveres cujos conteúdos representem o consenso do grupo, o qual não é outra coisa senão o resultado do processo cultural, através do qual se elegem valores e pressupostos que orientaram todo o embate, que precede o acordo e a decisão normativa. Nesse processo, a tradição ética estabelecida, representante, pois, de todo o processo cultural precedente, apresenta-se como a força negadora dos novos valores e dos novos ideais reclamados pelo homem em seu evolver espiritual, opondo-se a eles até que, pelos sucessivos embates, consiga reconhecê-lo como um novo momento de si mesma, assumindo-os num novo consenso.

Por isso, não pode bastar para que o direito seja tido como legítimo e válido, o atendimento formal da representação da vontade do grupo e o do processo normativo. Ele reclama, haja vista sua própria natureza teleológica, uma legitimidade e uma validade materiais, concretizadas, respectivamente, pelo processo cultural que historicamente o produziu e pela concreção do fim pelo qual fora criado.

O direito, forjado num primeiro momento a partir da necessidade de se manter a paz social, necessária à vida humana, é concebido pelo

Ocidente como instrumento de realização da justiça. Desse modo, não basta a imposição da ordem pela força, é preciso que se estabeleça uma ordem justa, cujos mandamentos normativos expressem os valores do grupo.

Nesse sentido, é na história do pensamento ocidental que encontraremos o substrato ético que legitima e valida materialmente o direito do Ocidente. Não se trata de eleger as orientações de uma ou outra época, mas de poder perceber, a partir das várias manifestações particulares da tradição ética ocidental, o sentido de totalidade dessas construções.

Se, de um lado, o espírito greco-romano forneceu ao direito do Ocidente muito dos fundamentos teóricos, além de uma ampla justificação filosófica que esclarecia os seus fins e propunha uma tábua de valores sobre a qual ele organizou-se, de outro, o cristianismo, apesar de ter em muitos aspectos representado um retrocesso significativo para a experiência jurídica, forneceu novos valores, cuja importância para a constituição material dos seus preceitos normativos é inquestionável.

É importante anotar que o impacto da doutrina cristã sobre o direito ocidental foi, sobre vários aspectos, paradoxal. Por um lado, contribuiu fortemente para a sua decadência após o fim do Império romano e, por outro, forneceu vários dos valores que passaram a constituir seus princípios fundamentais quando da sua reabilitação definitiva, levada a cabo pelas revoluções que marcaram o início da Contemporaneidade.

Ao afirmar a *limitação da racionalidade humana* e sua inexorável *dependência moral*, o cristianismo negava os pressupostos basilares da vida jurídica, tal qual produzida pelos romanos.

Afinal, o direito fundava-se justamente na capacidade humana de formular juízos sobre o bem e o mal, a partir dos quais o cidadão (ou mesmo seu representante) poderia decidir sobre qual padrão de ação deveria ser adotado e imposto como lei objetivamente válida. Era sobre a perspectiva da justiça da norma imposta, segundo o melhor juízo humano, que se justificava a sua obrigatoriedade.

O cristianismo, ao contrário, proclamava que todo o bem emanava de Deus e só nele poderia ser encontrado. Desse modo, o homem, diante de suas limitações, necessitava, pois, crer na verdade revelada por Deus, submetendo-se e obedecendo cegamente a ela. Afirmava-se, ainda, que *só a Deus caberia o julgamento sobre todas as coisas*, visto que diante da incapacidade moral do homem, ele não deveria julgar os outros. Com isso, a doutrina cristã negava a possibilidade de qualquer justiça humana, rebaixando, pois, a vida jurídica (e a política) a mero recurso de manutenção da ordem, reservando à Igreja, guardiã da revelação divina, o juízo sobre o bem e o mal.

Destarte, o cristianismo introduzira um *ethos* da alienação e da submissão, que pregava a *resignação* (a passividade) diante dos mistérios da vontade divina e a *sujeição pela fé*, que implicava na abdicação da vida política e jurídica, nas quais não se poderia encontrar a salvação (só possível em Deus por meio da Igreja).

Além disso, a doutrina cristã apresentava, como substituto do direito, a caridade e o perdão, os quais, a princípio, representavam sua própria antítese. Afinal, o que caracterizava o direito era justamente a atribuição de prerrogativas (correspondentes aos deveres estabelecidos), as quais conferiam aos seus destinatários o poder de exigir dos demais o seu cumprimento, não ficando, portanto, à mercê da boa vontade ou da caridade alheia. Ademais, ao impor o perdão e a resignação, desestimulavam-se as demandas judiciais.

Portanto, o cristianismo, enquanto prosperou como referência cultural e ética quase que exclusiva do Ocidente, submeteu aos seus pressupostos o direito, impedindo, mesmo com a gradual reorganização política da Europa e com o florescimento dos estudos jurídicos a partir do século XI, a sua reafirmação como instrumento máximo do *ethos* humano, a expressar e garantir os valores mais caros eleitos pela cultura em seu processo histórico.

É verdade que desde o Renascimento nos séculos XVI e XVII, com a valorização das obras dos clássicos, rompeu-se lentamente com a visão teocêntrica de mundo e com as concepções teológicas medievais, inaugurando-se, pois, novos pontos de partida para o pensamento, os quais desafiavam os dogmas inarredáveis da fé cristã.

Todavia, é com o Iluminismo no século XVIII, quando a autoridade da Igreja sobre a vida ocidental já havia esmorecido, diante das várias transformações que enfrentara (organização e fortalecimento dos Estados nacionais, reforma protestante, revolução científica, difusão da racionalidade e das formas de vida dos antigos etc.), o homem e sua capacidade racional são recolocados definitivamente no centro dos pensamentos que se estabeleciam, impulsionando uma intensa reorganização da vida social e intelectual.

Nesse contexto, a fé como fonte de conhecimento e a autoridade da Igreja sobre a ordem política são intensamente negadas. O homem é, então, ostensivamente valorizado e, ao ser afirmado como valor supremo da vida, a verdadeira vida jurídica é, pois, gradativamente restabelecida, através das declarações de direitos e dos movimentos constitucionalista e de codificação que permearam os séculos XVIII, XIX e XX.

Todavia, se, por um lado, o banimento do cristianismo do pensamento científico e filosófico e da vida política permitiu o reflorescimento do direito, por outro, buscou-se no *ethos* cristão muitos dos valores sobre os quais ele se reconstituiu.

Sob a inspiração das filosofias gregas, suprimiam-se as afirmações de limitação racional e de incapacidade moral do homem, bem como os seus deveres inquestionáveis de submissão e obediência cegas à ordem divina; entretanto, a própria valorização do homem e a afirmação fundamental da igualdade humana buscavam na noção de *pessoa* e de *fraternidade universal*, desenvolvidas pela doutrina cristã, seus pressupostos basilares.

Além disso, os valores supremos cristãos do *amor* e da *caridade*, a despeito dos seus fundamentos religiosos, apresentavam-se como conquistas sublimes do espírito ocidental, cujo apelo universal transcendia quaisquer limites culturais específicos.

Do *dever de amar a todos os homens*, incluindo-se aí os amigos e os inimigos, o igual e o diferente, desdobraram-se alguns dos valores mais importantes do Ocidente, os quais, mesmo com a intensiva negação da fé promovida pela Contemporaneidade, não puderam ser afastados: 1) a *igualdade* de todos os homens; 2) a *caridade* como dever de participar pessoalmente nas necessidades e sofrimentos alheios (mesmo dos inimigos), tomando-os como se fossem próprios; 3) o *perdão*, a proclamar a proibição da vingança e o dever de misericórdia para com aquele que tenha errado ou ofendido e 4) a *tolerância* para com o diferente, o marginalizado e o excluído.

Portanto, tais valores integraram o patrimônio ético do homem ocidental, orientando significativamente o conteúdo normativo do direito contemporâneo.

Lembremos que o próprio lema da Revolução Francesa – *Liberdade, Igualdade e Fraternidade* – albergava, além do valor da autonomia humana, de inspiração clássica, os valores da igualdade e da fraternidade universal, cuja inspiração é inegavelmente cristã.

Desse modo, a fraternidade, isto é, o "reconhecimento do Outro como semelhante, ainda que diferente", acaba por ser afirmada, conforme ensina José Luiz Borges Horta, como o novo valor central do Estado de direito, inaugurando a era da cidadania mundial, o que exigia, pois, a sua universalização, estendendo, por conseguinte, os seus valores a toda humanidade.[4]

---

4 HORTA, José Luiz Borges. *Horizontes Jusfilosóficos do Estado de Direito*. Uma investigação tridimensional do Estado liberal, do Estado social e do Estado democrático, na perspectiva dos Direitos Fundamentais. Belo Horizonte: Faculdade de Direito da UFMG, 2002 (Tese, Doutorado em Filosofia do Direito), p. 230-232.

284 MARCELO MACIEL RAMOS

Além disso, a solidariedade tão proclamada nos dias atuais não é mais que o desdobramento do dever cristão de caridade, a impor juridicamente a corresponsabilidade do todo social para com os mais necessitados. Nesse sentido, são estabelecidos e garantidos pelo direito uma série de auxílios e benefícios aos mais carentes.

Ademais, os valores do perdão e da tolerância subjazem fortemente nos espíritos do Ocidente, promovendo uma proliferação das penas educativas e ressocializantes e, ainda, o banimento das penas perpétuas e capitais.

De todo modo, o esforço de resgate dos elementos culturais da civilização ocidental esboçado neste trabalho pretendera, pois, chamar atenção para o fato de que a Ciência do Direito não pode mais se limitar ao exame formal das suas normas de conduta. É preciso compreender os valores que orientam seus conteúdos, conformando-as, por conseguinte, ao fim último da justiça (a representar o ideal supremo de vida social culturalmente construído), sem o que o direito fica reduzido a um corpo normativo sem o seu necessário e vivificante espírito ético.

Portanto, é preciso reintroduzir nas reflexões do Direito o exame dos elementos culturais da civilização ocidental, sobretudo, as suas elaborações éticas e religiosas, marcadamente gregas e cristãs, as quais subjazem a toda manifestação jurídica do Ocidente.

Afinal, conforme ensina José Luiz Borges Horta:

> Considerar o direito mera forma, em evidente exacerbação das teorias normativistas, é ferir de morte a tradição ocidental.[5]

---

5 HORTA, *Horizontes Jusfilosóficos do Estado de Direito, cit.*, p. 276.

REFERÊNCIAS

AGOSTINHO. *A Cidade de Deus*. V. III. Trad. J. Dias Pereira. 2ª ed. Lisboa: Fundação Calouste Gulbenkian, 2000.

_____. *Confissões*. Trad. J. Oliveira Santos e A. Ambrósio de Pina. São Paulo: Nova Cultural, 2000.

AQUINO, Tomás. *Suma Teológica*. Das Leis. V. IX. Trad. Alexandre Correia. São Paulo: Odeon, 1936 (Edição Bilíngue Latim-Português).

_____. *Suma Teológica*. Do Direito, Da Justiça e das suas Partes Integrantes. V. XIV. Trad. Alexandre Correia. São Paulo: Odeon, 1937 (Edição Bilíngue Latim-Português).

_____. *Textos Selecionados*. São Paulo: Nova Cultural, 2000.

ARISTÓTELES. *Arte Retórica e Arte Poética*. Trad. Antônio Pinto de Carvalho. 16ª ed. Rio de Janeiro: Ediouro, [s/a].

_____. *Ética a Nicômaco*. Trad. Pietro Nasseti. São Paulo: Martin Claret, 2005.

_____. *Política*. Trad. Therezinha Monteiro D. B. Abrão. São Paulo: Nova Cultural, 2000.

ARNAOUTOGLOU, Ilias. *Leis da Grécia Antiga*. Trad. Ordep T. Serra e Rosiléa P. Carnelós. São Paulo: Odysseus, 2003.

ATTIE FILHO, Miguel. *Falsafa:* A Filosofia entre os Árabes. São Paulo: Palas Atenas, 2002.

BARBOSA, Arnaldo Afonso. *A Pessoa em Direito;* Uma Abordagem Crítico-construtivo Referenciada no Evolucionismo de Pierre Teilhard de Chardin. Belo Horizonte: Movimento Editorial da Faculdade de Direito da UFMG, 2006.

BATTAGLIA, O. *Introdução aos Evangelhos:* Um Estudo Histórico-crítico. Petrópolis: Vozes, 1984.

BÍBLIA SAGRADA. Tradução da *Vulgata* pelo Pe. Matos Soares. 34ª ed. São Paulo: Paulinas, 1977.

BILLIER, Jean-Cassien; MARYIOLI, Aglaé. *História da Filosofia do Direito.* Trad. Maurício de Andrade. Barueri: Manole, 2005.

BLOOM, Harold. *Jesus e Javé.* Os Nomes Divinos. Trad. José Roberto O'Shea. Rio de Janeiro: Objetiva, 2006.

BOBBIO, Norberto. *Teoria da Norma Jurídica.* Trad. Fernando P. Baptista e Ariani B. Sudatti. São Paulo: Edipro, 2001.

_____. *Teoria do Ordenamento Jurídico.* Trad. Maria Celeste Cordeiro L. dos Santos. 10ª ed. Brasília: UMB, 1999.

BOEHNER, Philotheus; GILSON, Etienne. *História da Filosofia Cristã.* Desde as Origens até Nicolau de Cusa. Trad. Raimundo Vier. 4ª ed. Petrópolis: Vozes, 1988.

BONAVIDES, Paulo. *Teoria do Estado.* 4ª ed. São Paulo: Malheiros, 2003.

BOURGEOIS, Bernard. *O Pensamento Político de Hegel.* Trad. Paulo Neves da Silva. São Leopoldo: Unisinos, 1999.

BRAUDEL, Fernand. *Gramática das Civilizações.* Trad. Antônio de Pádua Danesi. São Paulo: Martins Fontes, 2004.

BRETONE, Mario. *História do Direito romano.* Trad. Isabel Teresa Santos e Hossein S. Shooja. Lisboa: Estampa, 1988.

BROCHADO, Maria. *Consciência Moral e Consciência Jurídica*. Belo Horizonte: Del Rey, 2002.

_____. *Direito e Ética*. A Eticidade do Fenômeno Jurídico. São Paulo: Landy, 2006.

_____. Pedagogia Jurídica para o Cidadão: Formação da Consciência Jurídica a partir de uma Compreensão Ética do Direito. *Revista da Faculdade de Direito da UFMG*, Belo Horizonte, Faculdade de Direito da UFMG, número 48, p. 159-188, 2006.

BURDESE. *Manual de Derecho Público Romano*. Trad. Angel Martinez Sarrión. Barcelona: Bosch, 1972.

CAENEGEM, R. C. van. *The Birth of the English Common Law*. 2ª ed. Cambridge: Cambridge University Press, 1988.

_____. *Uma Introdução Histórica ao Direito Privado*. Trad. Carlos Eduardo Lima Machado. São Paulo: Martins Fontes, 2000.

CATECISMO DA IGREJA CATÓLICA. *Compêndio*. Vaticano: Libreria Editrice Vaticana, 2005. *Dísponível em:* http://www.vatican.va (acesso: janeiro de 2007).

CAVIGIOLI, Juan. *Derecho Canónico*. Trad. Ramon Lamas Lourido. Madrid: Revista de Derecho Privado, 1946.

CHAUÍ, Marilena. *Introdução à História da Filosofia*. Dos Pré-Socráticos a Aristóteles. 2ª ed. São Paulo: Companhia das Letras, 2002.

CÍCERO, Marcus Tullius. *Tusculan Disputations. Diponível em:* http://www.dominiopublico.gov.br (acesso: outubro de 2006).

CODIGO DE DERECHO CANÓNICO. In: http://www.vatican.va (Acesso: dezembro de 2006).

COELHO, Luis Fernando. *Introdução Histórica à Filosofia do Direito*. Rio de Janeiro: Forense, 1977.

COMPARATO, Fábio Konder. *Ética:* Direito, Moral e Religião no Mundo Moderno. São Paulo: Companhia das Letras, 2006.

COULANGES, Fustel de. *A Cidade Antiga*. Trad. Fernando Aguiar. São Paulo: Martins Fontes, 2000.

CROSSAN, John Dominic. *The Historical Jesus:* The Life of a Mediterranean Jewish Peasant. Nova York: Harper San Francisco, 1991.

DAVID, René. *Os Grandes Sistemas do Direito Contemporâneo*. Trad. Hermínio A. Carvalho. São Paulo: Martins Fontes, 1986.

DIGESTO DE JUSTINIANO. *Liber Primus*. (Edição Bilíngue Latim-Português) Trad. Hélcio Maciel França Madeira. 3ª ed. São Paulo: RT, 2005.

DILTHEY, Wilhelm. *Introducción a las Ciencias del Espíritu*. Trad. Eugenio Imaz. México: Fondo de Cultura Económica, 1949.

EAGLETON, Terry. *A Ideia de Cultura*. Trad. Sandra Castello Branco. São Paulo: Unesp, 2005.

ELIAS, Norbert. *O Processo Civilizador*. V. I. Trad. Ruy Jungmann. Rio de Janeiro: Zahar, 1994.

EPICURO. *Antologia de Textos*. Trad. Agostinho da Silva. 2ª ed. São Paulo: Abril Cultural, 1980.

FEUERBACH, Ludwig. *A Essência do Cristianismo*. Trad. Adriana Veríssimo Serrão. 2ª ed. Lisboa: Calouste Gulbenkian, 2002.

FRANCA, Leonel. *Noções de História da Filosofia*. 21ª ed. Rio de Janeiro: Agir, 1973.

FRIEDRICH, Carl Joachim. *Perspectiva Histórica da Filosofia do Direito*. Trad. Álvaro Cabral. Rio de Janeiro: Zahar, 1965.

GARCÍA MÁYNEZ, Eduardo. *Introducción al Estudio del Derecho*. 57ª ed. México: Porrúa, 2004.

GARGOLLO, Pbro. Pablo Arce. *El Romano Pontífice. Dísponivel em:* http:// www.encuentra.com (Acesso: novembro de 2005).

GEERTZ, Clifford. *A Interpretação das Culturas*. Rio de Janeiro: LTC, 1989.

GILISSEN, Jonh. *Introdução Histórica ao Direito*. Trad. A. M. Hespanha e L. M. Macaísta Malheiros. 3ª ed. Lisboa: Fundação Calouste Gulbenkian, 2001.

GIORDANI, Mário Curtis. *História dos Reinos Bárbaros*. Petrópolis: Vozes,1970.

GOODENOUGH, Ward H. *Cultura, Lenguage y Sociedad (1971)*. In: KAHN, J. S. (org.). *El Concepto de Cultura:* Textos Fundamentales. Trad. José R. Llobera, Antonio Desmonts y Manuel Uría. Barcelona: Anagrama, 1975.

GOLDSCHMIDT, Victor. *Os Diálogos de Platão*. Estrutura e Método Dialético. Trad. Dion Davi Macedo. São Paulo: Loyola, 2002.

GONZAGA, João Bernardino. *A Inquisição em seu Mundo*. 5ª ed. São Paulo: Saraiva, 1993.

HEERS, Jacques. *História Medieval*. Trad. Tereza Aline Pereira de Queiroz. 4ª ed. São Paulo: Difel, 1985.

HEGEL, G.W. F. *Fenomenologia do Espírito*. Trad. Paulo Meneses. 2ª ed. Petrópolis: Vozes, 2003.

HEGEL, G.W. F. *Introdução à História da Filosofia*. Trad. António Pinto de Carvalho. 2ª ed. Coimbra: Arménio Amado, 1961.

HERSKOVITS, Melville J. *Antropologia Cultural:* Man and his Works. Tomo III. Trad. Maria José de Carvalho e Hélio Bichels. São Paulo: Mestre Jou, 1963.

HESPANHA, Antônio Manuel. *Cultura Jurídica Europeia.* Síntese de um Milênio. Florianópolis: Fundação Boiteux, 2005.

HORTA, José Luiz Borges. *Filosofia do Estado:* Notas de Aula. Belo Horizonte: Programa de Pós-Graduação em Direito da UFMG, 2006.

_____. *História do Direito:* Notas de Aula. Belo Horizonte: Programa de Pós-Graduação em Direito da UFMG, 2005.

_____. *Horizontes Jusfilosóficos do Estado de Direito.* Uma investigação tridimensional do Estado liberal, do Estado social e do Estado democrático, na perspectiva dos Direitos Fundamentais. Belo Horizonte: Programa de Pós-Graduação em Direito da UFMG, 2002 (Tese, Doutorado em Filosofia do Direito).

_____. *Introdução aos Grandes Sistemas Contemporâneos do Direito:* Notas de Aula. Belo Horizonte: Faculdade de Direito da UFMG, 2006.

_____. O Canto do Cisne. *Revista da Faculdade de Direito da UFMG,* Belo Horizonte, Faculdade de Direito da UFMG, n. 38, p. 183-196, 2000.

HUNTINGTON, Samuel P. *O Choque de Civilizações;* e a Recomposição da Ordem Mundial. Trad. M. H. C. Côrtes. Rio de Janeiro: Objetiva, 1997.

HYPPOLITE, Jean. *Introdução à Filosofia da História de Hegel.* Trad. José Marcos Lima. Lisboa: Edições 70, 1995.

INWOOD, Michael. *Dicionário de Hegel.* Trad. Álvaro Cabral. Rio de Janeiro: Zahar, 1997.

INSTITUTAS DO IMPERADOR JUSTINIANO. Trad. Cretella Jr. e Agnes Cretella. 2ª ed. São Paulo: RT, 2005.

JAEGER, Werner. *Paideia:* A Formação do Homem Grego. Trad. Artur M. Parreira. 4ª ed. São Paulo: Martins Fontes, 2003.

JOHNSON, Paul. *História do Cristianismo.* Trad. Cristiana de Assis Serra. Rio de Janeiro: Imago, 2001.

KANT, Immanuel. *Fundamentação da Metafísica dos Costumes.* Trad. Paulo Quintela. Lisboa: Edições 70, 2005.

KELSEN, Hans. *Teoria Pura do Direito.* Trad. João Baptista Machado. São Paulo: Martins Fontes, 1998.

KROEBER, A. L.; KLUCKHOHN, Clyde. *Culture:* A Critical Review of Concepts and Definitions. Nova York: Vintage Books, 1952.

KROEBER, *Lo Superorgánico.* In: KAHN, J. S. (org.). *El Concepto de Cultura:* Textos Fundamentales. Trad. José R. Llobera, Antonio Desmonts y Manuel Uría. Barcelona: Anagrama, 1975.

LALOUP, Jean; NÉLIS, Jean. *Cultura e civilização*: Iniciação ao Humanismo Histórico. Trad. Sabino Ferreira Affonso. São Paulo: Herder, 1966.

LIMA, Oliveira. *História da Civilização.* 6ª ed. São Paulo: Melhoramentos, 1954.

LOSANO, Mario G. *Os Grandes Sistemas Jurídicos.* Trad. Marcela Varejão. São Paulo: Martins Fontes, 2007.

LUCE, J. V. *Curso de Filosofia Grega.* Do Século VI a.C. ao Século III d.C. Trad. Mario da Gama Kury. Rio de Janeiro: Zahar, 1994.

MALINOWSKI, Bronislaw. *La Cultura (1931).* In: KAHN, J. S. (org.). *El Concepto de Cultura:* Textos Fundamentales. Trad. José R. Llobera, Antonio Desmonts y Manuel Uría. Barcelona: Editorial Anagrama, 1975.

_____. *Uma Teoria Científica da Cultura.* Trad. José Auto. 3ª ed. Rio de Janeiro: Zahar, 1975.

MARCONDES, Danilo. *Iniciação à História da Filosofia;* Dos Pré-Socráticos a Wittgenstein. 4 ed. Rio de Janeiro: Zahar, 1997.

MARTÍN VELASCO, Juan. *Religião e Moral.* In: VIDAL, Marciano (org.). *Ética Teológica;* Conceitos Fundamentais. Trad. Jaime A. Clasen e Ephraim F. Alves. Petrópolis: Vozes, 1999.

MATA-MACHADO, Edgar de Godói da. *Contribuição ao Personalismo Jurídico.* Belo Horizonte: Del Rey, 2000.0

_____. Edgar de Godói da. Cristianismo e Direito. *Revista da Faculdade de Direito,* Belo Horizonte, Universidade Federal de Minas Gerais, bol. IX, p. 7-27, 1957.

MATTOS, Carlos Lopes. *Tomás de Aquino:* Vida e Obra. In: AQUINO, Tomás de. *Textos selecionados.* São Paulo: Nova Cultural, 2000.

MIRABEAU, Victor Riqueti. *L'ami des hommes, ou Traité de la population.* Paris: Avignon, 1756 (texto digitalizado pelo *Institut National de la Langue Française*). *Disponível em:* http://gallica.bnf.fr (Acesso: janeiro de 2007).

MOMMSEN, Theodor. *Compendio del Derecho Publico Romano.* Buenos Aires: Impulso, 1942.

MONCADA, L. Cabral de. *Filosofia do Direito e do Estado.* Coimbra: Coimbra, 1995.

MOSSÉ, Claude. *Alexandre, o Grande.* Trad. Anamaria Skinner. São Paulo: Estação Liberdade, 2004.

NOBREGA, Vandick L. da. *Compêndio de Direito Romano.* V. I. 9ª ed. Rio de Janeiro: Livraria Freitas Bastos, 1977.

NOVO TESTAMENTO. Interlinear Grego-Português. Trad. Vilson Scholz e Roberto G. Bratcher. São Paulo: Sociedade Bíblica do Brasil, 2004.

OS FUNDAMENTOS ÉTICOS DA CULTURA JURÍDICA OCIDENTAL   293

OHLWEILER, Otto Alcides. *A Religião e a Filosofia no Mundo Greco-Romano*. Porto Alegre: Mercardo Aberto, 1990.

ORTEGA Y GASSET, José. *Origem e Epílogo da Filosofia*. Trad. Luís Washington Vita. Rio de Janeiro: Livro Ibero-Americano, 1963.

PARMÊNIDES. *Da Natureza*. Trad. José Trindade Santos. São Paulo: Loyola, 2002.

PERRY, Marvin. *Civilização Ocidental;* Uma História Concisa. Trad. Waltensir Dutra e Silvana Vieira. 2ª ed. São Paulo: Martins Fontes, 1999.

PESSANHA, José Américo Motta. *Agostinho*: Vida e Obra. In: AGOSTINHO, *Confissões*. Trad. J. Oliveira Santos e A. Ambrósio de Pina. São Paulo: Nova Cultural, 2000.

PINTO COELHO, Saulo de Oliveira. *A Interpretação do Direito em Roma*. Belo Horizonte: Faculdade de Direito da UFMG, 2004 (Monografia, Bacharelado em Direito).

PLATÃO. *A República*. Trad. Maria Helena da Rocha Pereira. 9ª ed. Lisboa: Fundação Calouste Gulbenkian, 2001.

_____. *A República*. Trad. Enrico Corvisieri. São Paulo: Nova Cultural, 2000.

_____. *Fédon*. Trad. Enrico Corvisieri. São Paulo: Nova Cultural, 2000.

_____. *Górgias*. Trad. Jaime Bruna. São Paulo: Difel, 1970.

RAMOS, Marcelo Maciel. *Dilectio Proximi*. Uma Investigação sobre as Raízes Cristãs da Civilização Ocidental. Belo Horizonte: Faculdade de Direito da UFMG, 2004 (Monografia, Bacharelado em Direito).

RÁO, Vicente. *O Direito e a Vida dos Direitos*. 6ª ed. São Paulo: RT, 2004.

REALE, Giovanni. *História da Filosofia Antiga*: Das Origens a Sócrates. V. I. Trad. Marcelo Perine. 5ª ed. São Paulo: Loyola, 2005.

_____. *História da Filosofia Antiga*: Platão e Aristóteles. V. II. Trad. Henrique C. de Lima Vaz e Marcelo Perine. 2ª ed. São Paulo: Loyola, 2002.

_____. *História da Filosofia Antiga:* Os Sistemas da Era Helenística. V. III. Trad. Marcelo Perine. São Paulo: Loyola, 1994.

_____. *Para uma Nova Interpretação de Platão.* Releitura da Metafísica dos Grandes Diálogos à Luz das "Doutrinas não Escritas". Trad. Marcelo Perine. 2ª ed. São Paulo: Loyola, 2004.

REALE, Miguel. *Filosofia do Direito.* 20ª ed. São Paulo: Saraiva, 2002.

_____. *Lições Preliminares de Direito.* 27ª ed. São Paulo: Saraiva, 2004.

RECASÉNS SICHES, Luis. *Tratado General de Filosofia del Derecho.* 17ª ed. México: Porrúa, 2003.

RENAN, Ernest. *Vida de Jesus*; Origens do Cristianismo. Trad. Eliana Maria de A. Martins. São Paulo: Martin Claret, 2003.

RUNCIMAN, Steven. *A Civilização Bizantina.* Trad. Waltensir Dutra. 2ª ed. Rio de Janeiro: Zahar, 1977.

RUSSELL, Bertrand. *História da Filosofia Ocidental.* Livro Terceiro. Trad. Brenno Silveira. São Paulo: Companhia Editora Nacional, 1957.

RUSSELL, Bertrand. *Por qué no soy Cristiano.* Trad. Josefina Martinez Alinari. Barcelona: Edhasa, 1999.

SALGADO, Joaquim Carlos Salgado. *A Ideia de Justiça em Hegel.* São Paulo: Loyola, 1996.

SALGADO, Joaquim Carlos. *A Ideia de Justiça em Kant.* Seu Fundamento na Liberdade e na Igualdade. Belo Horizonte: Editora UFMG, 1995.

SALGADO, Joaquim Carlos. *A Ideia de Justiça no Mundo Contemporâneo*. Fundamentação e Aplicação do Direito como *Maximum* Ético. Belo Horizonte: Del Rey, 2006.

SALGADO, Joaquim Carlos. *Experiência da Consciência Jurídica em Roma*. Belo Horizonte: Faculdade de Direito da UFMG, 2001.

SALGADO, Joaquim Carlos. *Seminários Hegelianos Superiores*: Notas de Aula. Belo Horizonte: Programa de Pós-Graduação em Direito da UFMG, 2005-2006.

SILVEIRA, Ronie Alexsandro Teles da. *Judaísmo e Ciência Filosófica em G. W. F. Hegel*. Santa Cruz do Sul: Edunis, 2001.

SOARES, Matos. *Introdução aos Atos dos Apóstolos*. In: BÍBLIA SAGRADA. Tradução da *Vulgata* pelo Pe. Matos Soares. 34 ed. São Paulo: Paulinas, 1977.

SPENGLER, Oswald. *A Decadência do Ocidente*. Trad. Herbert Caro. Rio de Janeiro: Zahar, 1964.

STARR, Chester G. *O Nascimento da Democracia Ateniense;* A Assembleia no Século V a.C. Trad. Roberto Leal Ferreira. São Paulo: Odysseus, 2005.

TOYNBEE, Arnold J. *Estudos de História Contemporânea:* A Civilização Posta à prova; O Mundo e o Ocidente. Trad. Brenno Silveira e Luiz de Sena. 2ª ed. Rio de Janeiro: Civilização Brasileira, 1961.

TYLOR, Edward Burnet. *The Origins of Culture*. Nova York: Peter Smith, 1970.

VAZ, Henrique C. de Lima. *Escritos de Filosofia II:* Ética e Cultura. 3ª ed. São Paulo: Loyola, 2000.

_____. *Escritos de Filosofia IV:* Introdução à Ética Filosófica I. 2ª ed. São Paulo: Loyola, 2002.

296   MARCELO MACIEL RAMOS

_____. *Escritos de Filosofia V*: Introdução à Ética Filosófica 2. 2ª ed. São Paulo: Loyola, 2004.

VOLTAIRE. *Essai sur les mœurs et l'esprit des nations*. Paris: Éditions sociales, 1962 (texto digitalizado pela *Université du Quebec à Chicoutimi*). *Disponível em:* http://classiques.uqac.ca (Acesso: janeiro de 2007).

WARE, Kallistos. *A Igreja Ortodoxa*. Trad. Pe. Pedro Oliveira. *Disponível em:* http://www.ecclesia.com.br (Acesso: dezembro de 2006).

WIEACKER, Franz. *História do Direito Privado Moderno*. Trad. Antônio Manuel B. Hespanha. 3ª ed. Lisboa: Fundação Calouste Gulbenkian, 2004.

WOLKMER, Antonio Carlos (org.). *Fundamentos de História do Direito*. 3ª ed. Belo Horizonte: Del Rey, 2005.

_____. *Síntese de uma História das Ideias Jurídicas*: Da Antiguidade Clássica à Modernidade. Florianópolis: Fundação Boiteux, 2006.

AGRADECIMENTOS

AO PROFESSOR DOUTOR JOSÉ LUIZ BORGES HORTA, orientador exímio, pelos sucessivos anos de formação que tem me proporcionado, pelo suporte e encorajamento frequentes e, sobretudo, pela capacidade incontestável de agregar um ambiente esfuziante de constantes interlocuções e debates. Ademais, minha eterna gratidão por ter despertado em mim o *amor* (φιλια) pelo *saber* (σοφια), na forma do mais sublime conhecimento desenvolvido pelo gênio ocidental, a *Filosofia* (φιλοσοφια), sem dúvida, o único caminho para a verdadeira emancipação do espírito humano, a encontrar no direito os mecanismos de realização dos seus mais caros ideais.

À PROFESSORA DOUTORA MARIÁ BROCHADO, que com sua inteligência e sua densa pesquisa forneceu-nos elementos valiosos para o nosso trabalho. AO PROFESSOR DOUTOR ARTHUR JOSÉ ALMEIDA DINIZ, pela sua genialidade exuberante que por tantas vezes fizeram-nos romper com nossos próprios pressupostos. Ao PROFESSOR DOUTOR CARLOS EDUARDO DE ABREU BOUCAULT, nosso interlocutor da UNIVERSIDADE ESTADUAL PAULISTA (Unesp), pela gentileza com que tem nos recebido nestes últimos anos, pelo diálogo e pelas ricas fontes bibliográficas que sempre nos apresenta.

Aos colegas, PROFESSOR SAULO DE OLIVEIRA PINTO COELHO, companheiro desde os bancos da graduação, com quem compartilhei o despertar para a pesquisa acadêmica, em nossos vários interesses convergentes, PROFESSOR ILDER MIRANDA COSTA, PROFESSORA KARINE

SALGADO, PROFESSOR MÁRCIO LUIS DE OLIVEIRA, PAULO ROBERTO CARDOSO E SEBASTIÃO DINELLI LOPES, acadêmicos da mais alta estirpe, pelos diálogos frutuosos e pelas infindáveis reflexões suscitadas.

Aos graduandos, DANIEL CABALEIRO SALDANHA, pelo auxílio providencial com as traduções do latim, e FELIPE MAGALHÃES BAMBIRRA, ambos promissores pesquisadores da FACULDADE DE DIREITO DA UFMG, pela benfazeja renovação de nossos debates.

Ao CAIO BENEVIDES PEDRA, nosso assistente de pesquisa júnior, pela dedicação e apoio fundamental na finalização das pesquisas e na elaboração deste livro.

Por fim, à minha família, pelos incontáveis gestos de suporte, vindos de tantas direções, e que de tantas formas forneceram condições para a concretização deste trabalho; aos meus amigos, meus refúgios preciosos nos longos meses de dedicação integral à pesquisa; à GLÁUCIA, pela cumplicidade espiritual e pela presença alegre, a resgatar-me sempre da monotonia solitária das minhas leituras; e ao PEDRO, pela inteligência brilhante e pelo diálogo questionador com que brinda sempre minhas reflexões e, principalmente, pelo companheirismo e pelo altruísmo com que divide os espaços e a vida.

Esta obra foi impressa em Santa Catarina no inverno de 2012 pela Nova Letra Gráfica & Editora. No texto foi utilizada a fonte Minion Pro em corpo 10,5 e entrelinha de 16 pontos.